AKTIEN

Erfolgreiche Strategien an der Börse

Thomas Luther

INHALTSVERZEICHNIS

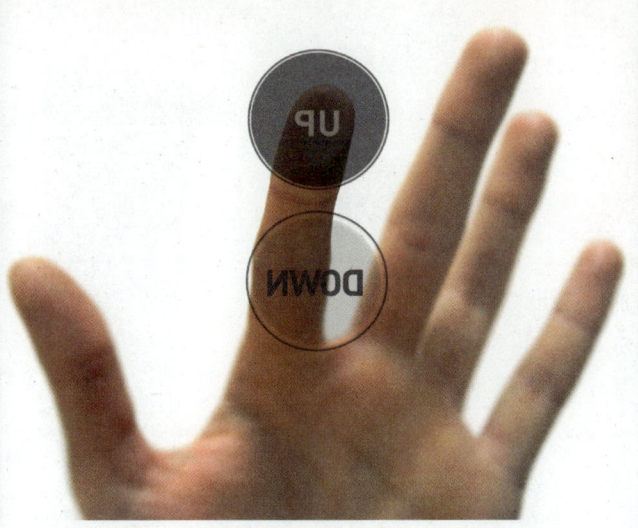

MIT KÜHLEM KOPF

Zugegeben: Die Börsen haben turbulente Zeiten hinter sich. Aber das sollte nicht den Blick dafür verstellen, dass Aktien auf lange Sicht hohe Anlagechancen bieten. Denn die Vergangenheit zeigt: Meist klettern die Kurse ebenso schnell wieder empor, wie sie gefallen sind. Wichtig ist es allerdings, den Einstieg sorgfältig vorzubereiten und einen kühlen Kopf zu bewahren.

IN DER KRISE LIEGT EINE CHANCE

Sind Aktien eine empfehlenswerte Anlageform? Bieten sie wirklich so hohe Renditen, wie immer wieder behauptet wird? Diese und andere Fragen stellen sich viele Anleger, wenn sie die Entwicklung an den weltweiten Aktienbörsen in den vergangenen Jahren nachverfolgen. Drei starke Kurseinbrüche in – gemessen an den Erfahrungen der Vergangenheit – kurzer Folge haben zweifellos ihre Wirkung bei den Investoren hinterlassen. Erst war es im Jahr 2000 die geplatzte Internetblase, die die Kurse auf eine lange Talfahrt schickte. Dann löste 2008 die Pleite der US-Großbank Lehman Brothers – ein Traditionshaus und gleichzeitig eine Institution in der amerikanischen Bankenlandschaft – eine tiefgreifende Krise aus, die nicht nur das internationale Finanzsystem, sondern in der Folge auch die gesamte Weltwirtschaft in Mitleidenschaft zog. Und schließlich sorgte im Sommer 2011 die Schuldenkrise Griechenlands und einiger anderer großer europäischer Staaten für ein Kursbeben an den Aktienbörsen. Die Folgen dieser ungewöhnlichen Ballung von Negativ-Ereignissen sind für Aktienanleger gravierend: Berücksichtigt man die zwischenzeitliche Inflationsentwicklung mit, haben die Investoren mit Aktien im neuen Jahrtausend nicht einen Cent verdient, sondern eher im Gegenteil bis Ende 2011 zum Teil hohe Verluste eingefahren. Die jahrelang geltende Grundregel, wonach Aktien aufgrund ihrer Kursschwankungen zwar kurzfristig riskant sind, aber auf lange Sicht überdurchschnittlich hohe Renditen abwerfen, ist damit bis auf Weiteres außer

Der Kursverlauf des deutschen Aktienindexes

Die Grafik zeigt den Verlauf des Deutschen Aktienindex Dax seit seiner Gründung am 1. Januar 1987 bis zum 19. Januar 2012.

Kraft gesetzt. Selbst wenn das Geld im gleichen Zeitraum auf einem Sparbuch gelegen hätte, wäre mehr dabei herausgekommen. Warum also in eine riskante Anlageform investieren, wenn sich das am Ende nicht auszahlt, mag sich der eine oder andere Anleger denken, wenn er beginnt, sich mit einem Investment in Aktien zu beschäftigen.

Doch vieles spricht dafür: Zwar gibt es keine Garantie, aber dass die kommenden zehn Jahre noch einmal so schlecht verlaufen wie die zurückliegende Dekade, ist mehr als unwahrscheinlich. Davon sind augenscheinlich auch viele deutsche Privatanleger überzeugt. Denn sie haben im vergangenen Jahr trotz sinkender Kurse eher Aktien gekauft, statt ihre Investments in diese Anlageform abzubauen. Nach Angaben des Deutschen Aktieninstituts hat sich erfreulicherweise 2011 die Zahl der Aktienbesitzer erhöht. Demzufolge hatten 8,7 Millionen Bundesbürger Aktien oder Aktienfonds in ihren Depots. Ende 2001, also nach dem Platzen der Internetblase, waren es zwar fast 13 Millionen Men-

schen, seitdem war die Zahl jedoch beständig zurückgegangen. Von einer Trendwende zu sprechen wäre vielleicht etwas zu früh. Ein gutes Jahr macht bekanntermaßen noch keinen Aktienfrühling. Aber Aktien scheinen wieder das Vertrauen zurückzugewinnen, das sie in der Finanzkrise eingebüßt haben. Und es gibt eine steigende Zahl von Privatinvestoren, die einen kühlen Kopf bewahrt und im jüngsten Börsenabschwung beherzt zugegriffen haben.

Dahinter mag in vielen Fällen die einfache Überlegung stehen, dass unternehmerische Investitionen – und letztlich sind Aktien nichts anderes – auf lange Sicht die höchsten Renditen abwerfen – sonst würde kein Mensch ein Unternehmen gründen oder ein Geschäft eröffnen und auf Dauer betreiben.

Die Krise schärft den Blick

Die Auswirkungen der Finanzkrise werden die Anleger freilich noch eine Weile beschäftigen. Die vielen Facetten und Veränderungen, die dieses einschneidende Ereignis gebracht hat, ziehen sich wie ein roter Faden durch die nachfolgenden Kapitel dieses Ratgebers. Krisen haben bei allen negativen Folgen auch etwas Gutes: Sie bewirken sinnvolle Veränderungen und schärfen den Blick für Fehlentwicklungen, die sich in Zukunft nicht wiederholen sollen. Zugegeben: Das klingt nach den vielen Sonntagsreden von Politikern wie eine abgegriffene Binsenweisheit. Doch die Erfahrungen nach dem Platzen der Internetblase und der Schieflage vieler Großbanken im Zuge der Finanzkrise, mit deren Folgen die Geldhäuser heute noch zu kämpfen haben, stützen diese Hoffnung. So war es zum Beispiel das spektakuläre Scheitern des Neuen Marktes infolge der geplatzten Internetblase, das die Börsenbetreiber dazu veranlasste, die Anforderungen an die Unternehmen, die ihre Aktien an der Börse handeln lassen, deutlich zu verschärfen – zum Wohle des Anlegers. Den Neuen Markt hatte die Börse vor mehr als zehn Jahren aus der Taufe gehoben mit dem Ziel, jungen, wachstumsstarken Unternehmen den Weg an den Kapitalmarkt zu ebnen, für den sie nach den damals gängigen Maßstäben noch nicht reif genug waren. Mangelnde Kontrolle und das übermäßige Profitstreben aller Beteiligten führten dazu, dass sich immer mehr schwarze Schafe an der jungen Börse tummelten. Nach einer Reihe von Bilanzskandalen und Pleiten verloren die Anleger das Vertrauen. Sie zogen sich zurück und der Hype um den Neuen Markt war genauso schnell vorbei, wie er begonnen hatte.

Unter dem Strich hat diese unschöne Episode der Börsengeschichte dennoch viel Gutes gebracht, weil die Börsenbetreiber ebenso wie die Aufsichtsbehörden Konsequenzen aus den negativen Erfahrungen gezogen haben – und einiges deutet darauf hin, dass es im Bankensektor in den kommenden Jahren ebenso der Fall sein wird.

So gehört zum Beispiel seit dem Ende des Neuen Marktes die Quartalsberichterstattung zum guten Ton. Heute ist jedes Unternehmen aus dem deutschen Leitindex Dax (siehe Seite 85) verpflichtet, seine Anteilseigner alle drei Monate über die aktuelle Geschäftssituation zu informieren und so auf dem Laufenden zu halten. Parallel dazu hat der Gesetzgeber den Anlegerschutz in etlichen Bereichen verbessert – etwa was die Beratungspflichten von Banken und Finanzvermittlern angeht oder längere Verjährungsfristen im Zusammenhang mit Anlagebetrug.

Gewinne trotz Börsentalfahrt

Auch das sollte nicht vergessen werden: Viele Anleger haben zwar mit Aktien im Schnitt kein Geld verdient. Gleichwohl hat es auch in Phasen, in denen die Kurse rasant in den Keller rauschten, immer noch eine Reihe von Aktien gegeben, die sich positiv entwickelt haben oder ihren Kurs zumindest stabil halten konnten.

Gemessen an der Entwicklung des Dax zum Beispiel haben deutsche Aktien im Jahr 2011 rund 15 Prozent an Wert verloren. Die Anteile des Softwarekonzerns

SAP und des Pharmaherstellers Merck – beide Unternehmen sind Mitglied im Dax – haben ihren Anlegern ein deutliches Plus beschert. Und die Aktien etwa des Medizinkonzerns Fresenius haben den Investoren in den vergangenen zehn Jahren trotz des zwischenzeitlichen Auf und Ab einen hohen zweistelligen Wertzuwachs gebracht – zuzüglich der zusätzlich ausgeschütteten Dividenden.

Nicht zuletzt erlebt die Börse auch in schlechten Phasen ihre kleinen und großen Erfolgsgeschichten – wie zum Beispiel das furiose Comeback von Infineon. Noch im Frühjahr 2009 stand der Chiphersteller vor der Pleite und der Aktienkurs strebte in eiligen Schritten auf die Nulllinie zu. Doch ein neues Management schaffte die (unternehmerische) Wende, brachte den Konzern zurück auf die Erfolgsspur und sorgte wieder für schwarze Zahlen. Positive Folge: Binnen zwei Jahren verzwanzigfachte sich der Aktienkurs in der Spitze. Sicherlich: Damals brauchte es viel Mut

und wirklich starke Nerven, auf dem Höhepunkt der Unternehmenskrise einzusteigen. Solche sagenhaften Kursgewinne sind die Ausnahme, und natürlich gehört auch Glück dazu, dass sich eine derart riskante Spekulation am Ende auszahlt. Aber je länger ein Anleger dabei ist und je mehr verschiedene Aktien er in seinem Depot sammelt, desto höher ist die Wahrscheinlichkeit, dass auch er irgendwann solch einen Glückstreffer landet.

Den idealen Zeitpunkt trifft man nicht

Freilich kann kein Experte sagen, wann der richtige Moment gekommen ist, um einzusteigen. Doch erfahrungsgemäß überwiegen in der Phase nach einem starken Kursabsturz die Chancen. Es macht daher Sinn, jetzt über einen strategischen und langfristig geplanten Einstieg in Aktien nachzudenken.

Denn was sind die Alternativen? Vorsichtige Anleger können ihr Geld auf sicheren, aber wenig rentablen Zinskonten

---

INFO   **Bulle & Bär – Sinnbild an den Märkten**

Bulle und Bär stehen als Symbol für das stetige Auf und Ab der Kurse an den Finanzmärkten. Warum gerade diese beiden? Dafür gibt es eine Reihe von Erklärungen. Am einleuchtendsten klingt die: Der Bär schlägt – bildlich gesehen – mit seiner Pranke die Kurse nieder und hält sie unten. Der Bulle

dagegen stürmt vorwärts und nimmt auf dem Weg nach oben die Kurse auf seine Hörner.
Eine andere Erklärung ist der Verlauf der Rückenlinien beider Tiere: Beim Bären fällt sie zum Kopf hin ab, beim Bullen steigt sie vom Rücken zum Kopf mit den Hörnern hin an.

parken oder Bundesanleihen kaufen. Oder sie warten ab und kaufen erst dann, wenn sich die Situation stabilisiert hat und die Masse der Anleger wegen der positiven Aussichten an die Märkte zurückkehrt. Allerdings sind die Kurse dann schon längst nach oben getrieben worden, sodass das Risiko von Kursverlusten und enttäuschten Hoffnungen bereits sehr hoch ist.

Den idealen Zeitpunkt für den Ein- und Ausstieg trifft man ohnehin nie. An diesen Gedanken sollten sich Aktieneinsteiger gewöhnen. Bei einer langfristigen und durchdachten Strategie wird dieses sogenannte Timing in der Endabrechnung kaum ins Gewicht fallen. Es sollte sich also keiner darüber ärgern, wenn einzelne Aktien nach dem Einstieg noch etwas günstiger zu bekommen gewesen wären.

Wer diese und einige nachfolgend erklärte Grundregeln beherzigt, wird mit Aktien mit hoher Wahrscheinlichkeit gute Anlageerfolge erzielen.

Das Aktienbudget bestimmen

Viel wichtiger als das richtige Timing ist die Frage, wie viel Geld ein Anleger überhaupt in Aktien investieren sollte. Eine allgemeingültige Antwort darauf gibt es leider nicht. Lange Zeit galt für den Aktienanteil im Depot die Faustregel „100 Prozent minus Lebensalter". Doch eine solche Einteilung ist viel zu pauschal und wichtige Entscheidungsfaktoren werden damit außer Acht gelassen.

NIE GELD INVESTIEREN, DAS SIE UNBEDINGT BENÖTIGEN

Die wichtigste Grundregel ist, dass Sie in Aktien nur Geld investieren sollten, das Sie auf unbestimmte Zeit – mindestens aber fünf Jahre, eher länger – entbehren können. Wer dagegen einen genau abgesteckten Anlagezeitraum oder sehr konkrete Anlageziele – etwa den Kauf einer Immobilie – hat, sollte lieber zu sicheren Anlageformen greifen.

Viele Anleger machen den Fehler, dass sie, nachdem sie ihre Zurückhaltung aufgegeben haben, am Anfang viel zu viel Geld in Aktien anlegen, sodass die Aufteilung ihres gesamten Vermögens nicht ausbalanciert genug ist. Folge: Das Anlagerisiko steigt auf diese Weise meist viel stärker, als ihnen lieb ist. Denn selbst bei einem durchdachten Depotaufbau ist man nicht gegen Verluste durch lang andauernde Flauten am Aktienmarkt gefeit – die jüngste Börsengeschichte ist der beste Beweis dafür. Zudem kann es unter Umständen sehr lange dauern, bis eine Anlageidee von Erfolg gekrönt ist. Und auch hier zeigen die Erfahrungen, wie wichtig es ist, Geduld zu beweisen.

Bei der Kalkulation und Aufteilung des Aktienbudgets müssen Anleger selbstverständlich ihre individuelle Einkommens- und Familiensituation berücksichtigen. Ein wohlhabender Anleger kann beispielsweise einen viel höheren Teil seines Vermögens in Aktien anlegen als ein junger Familienvater mit Durchschnittseinkommen, weil Ersterer mögliche Verluste ungleich besser verkraften kann. Auch hier gilt: In Aktien sollte nur Geld fließen, das für den Lebensunterhalt verzichtbar ist.

Pflichtübung:
Den finanziellen Überblick gewinnen

Zur Bemessung des individuellen Aktienbudgets ist es daher ratsam, sich den Durchblick bei den eigenen Finanzen zu verschaffen – etwa indem der Anleger einen Kassensturz macht und sämtliche monatlichen Einnahmen den Ausgaben gegenübergestellt. Der zweite Schritt besteht in einer Bestandsaufnahme sämtlicher Vermögenswerte – eine Art privater Bilanz also. Zu guter Letzt bestimmt dann aber auch das Lebensalter, wie viel Geld ein Anleger in Aktien investieren kann, ohne Haus und Hof aufs Spiel zu setzen. Erfahrungsgemäß wechseln nämlich die Vermögensziele im Lebenslauf. So wird sich zum Beispiel ein Berufseinsteiger neben dem Aufbau seiner Alterssicherung auch noch um einige Konsumwünsche kümmern, ein Mittfünfziger wird dagegen seine Vermögensbasis im Hinblick auf den nahenden Ruhestand absichern wollen. Der monatliche Finanzbedarf, die Sparziele und damit die Risikoneigung müssen der jeweiligen Lebenslage angepasst und bei der Vermögensplanung beachtet werden.

Das nötige Startkapital

Wie viel Geld sollte man in absoluten Zahlen gesehen nun für den Start an der Börse überhaupt zur Verfügung haben? Auf dem Papier scheint das selbst mit kleinen Beträgen ohne weiteres möglich, wie ein Blick in den Kursteil einer Tageszeitung zeigt: Viele Aktien von zum Teil sehr renommierten Unternehmen kosten nur ein paar Euro. Dennoch sollten Anleger bei einer Direktanlage in Aktien mindestens 5 000 Euro zur Verfügung haben, um am Anfang mindestens fünf bis zehn verschiedene Titel kaufen zu können. Wem das zu viel Geld ist oder wer sich am Anfang nicht zutraut, so viele Einzeltitel auszuwählen und weiterzuverfolgen, für den bieten sich Mischstrategien an (siehe Seite 174).

INFO **Die Arbeitnehmersparzulage nutzen**

Mehr Informationen zur Arbeitnehmersparzulage finden sich im Internet unter www.familienratgeber-nrw.de/index.php?id=3033 sowie unter www.bundesfinanzministerium.de, „Glossar", Stichwort: Arbeitnehmersparzulage.

Eine Übersicht aller aktiv angebotenen VL-Fonds hält der Bundesverband Investment und Asset Management (BVI) auf seiner Homepage www.bvi.de bereit. Empfehlungen zu guten VL-Fonds finden Sie unter www.test.de.

Starthilfen von Arbeitgeber und Finanzamt

5 000 oder gar 10 000 Euro für ein gut sortiertes Depot – da glauben viele Einsteiger angesichts ihrer Einkommensverhältnisse passen zu müssen. Doch dazu besteht häufig kein Grund. Beim Sprung an die Börse hilft zum Beispiel der Arbeitgeber im Rahmen der staatlich geförderten Vermögensbildung mit einem Zuschuss: der vermögenswirksamen Leistung, kurz VL genannt. Wer dieses zusätzlich zum Gehalt gezahlte Geld in einen Aktienfonds anlegt, kann – wenn er bestimmte Einkommensgrenzen nicht überschreitet – sogar noch mit einem Zuschlag vom Finanzamt rechnen: der Arbeitnehmersparzulage (Kasten links).

Wer in einem großen börsennotierten Unternehmen arbeitet, hat darüber hinaus mitunter auch die Möglichkeit, im Rahmen der Mitarbeiterbeteiligung an vergünstigte Aktien heranzukommen. In der Regel gewährt das Unternehmen dabei einen deutlichen Preisnachlass auf den aktuellen Börsenkurs – zum Teil bis zu 50 Prozent.

Allerdings: Belegschaftsaktionäre gehen ein doppeltes Risiko ein. Kommt nämlich das „eigene" Unternehmen in finanzielle Schwierigkeiten, rauscht nicht nur der Wert ihrer Beteiligungspapiere in den Keller. Am Ende steht unter Umständen auch noch ihr Arbeitsplatz auf dem Spiel. Deshalb ist es auch hier sinnvoll, nicht alles auf eine Karte zu setzen.

MIT SYSTEM ZUM ERFOLG

Wer am Anfang verstehen will, warum das Geschehen an der Börse so hektisch und bisweilen chaotisch verläuft, sollte sich vergegenwärtigen, dass sie ein Ort ist, an dem das Handeln der Akteure von Visionen, Mutmaßungen, aber auch Ängsten geprägt ist. Viele Anleger haben sehr konkrete Vorstellungen im Hinblick auf bestimmte zukünftige Entwicklungen. Dabei kommt es zwangsläufig zu Übertreibungen und Fehleinschätzungen in die eine wie in die andere Richtung. Normalerweise werden solche Irrtümer durch entsprechende gegenläufige Kursbewegungen schnell wieder korrigiert. Ein Blick in die Vergangenheit zeigt allerdings, dass es in unregelmäßigen Abständen immer wieder zu einer Überreaktion kommt – meist nach einem lang andauernden Kursaufschwung, in der Fachsprache Hausse genannt. Typisch ist, dass in diesen Phasen die überspannten Erwartungen der Anleger die Kurse stark nach oben treiben. Das endet in einem plötzlichen und scharfen Kurssturz, einem Crash, nachdem sich herauskristallisiert hat, dass diese Hoffnungen zum Teil maßlos überzogen waren.

Börsenzyklen: Das ewige Auf und Ab

Die Abwärtsbewegung, Baisse genannt, die sich einem Crash mit schöner Regelmäßigkeit anschließt, dauert meist mehrere Monate; manchmal dauert es sogar Jahre, ehe die Anleger wieder Mut fassen, und dann beginnt der Zyklus wieder von vorn – so wie sich das in der Phase zwischen 2000 und 2011 gezeigt hat.

Crashs gehören zum Börsenalltag

Von einem Crash sprechen Börsianer, wenn die Kurse an einem oder mehreren aufeinanderfolgenden Tagen oder auch Wochen sturzartig um mehr als 10 Prozent fallen. Allein in den vergangenen 20 Jahren mussten sie ein halbes Dutzend solcher Kursstürze überstehen.

Der Supercrash des 20. Jahrhunderts fand am 19. Oktober 1987 statt. Damals verbuchte der US-amerikanische Dow-Jones-Index (siehe Seite 80) ein Minus von über 500 Punkten, was gemessen am damaligen Indexstand von rund 2 200 Punkten einem dramatischen Verlust von 22 Prozent entsprach. Dieser Tag ist als „Schwarzer Montag" in die jüngere Finanzgeschichte eingegangen. Die Bezeichnung erfolgte in Anlehnung an den legendären „Schwarzen Freitag" am 29. Oktober 1929, der als Datum für den folgenschwersten Finanzkrach an den organisierten Kapitalmärkten gilt.

Die an diesem Tag ausgelösten Kursrückgänge waren der Auftakt einer langen Baisse, in deren Verlauf sich der Dow-Jones-Index zehntelte. Die Kursmarke vom Oktober 1929 erreichte er erst wieder 1954, also 25 Jahre später.

Anleger, schaut auf die Signale

Dabei kommen Crashs selten aus heiterem Himmel. Sie lassen sich zwar nicht exakt voraussagen, aber oft gibt es Warnsignale – so auch beim Crash 2008. Bereits im Spätsommer 2007 kam es zu den ersten Pleiten von US-Banken, was, wie sich später herausstellte, den Beginn der späteren Finanzkrise markierte. Dem damaligen Kursaufschwung tat dies aber zunächst keinen Abbruch. Denn, wie bereits gesagt, oft passiert ein Crash im Endstadium einer überzogenen Spekulationswelle.

Auf lange Sicht meist hohe Renditen

Chancen und Risiken von Aktien lassen sich auch an den jährlichen Renditen ersehen, die Anleger im Schnitt in den letzten 40 Jahren mit deutschen Aktien erzielen konnten. Wie die Grafik rechts zeigt, sind die Anlageergebnisse von zwei starken Trendphasen geprägt worden. In den 1980er- und 90er-Jahren stiegen die Aktienkurse – von zwischenzeitlichen Rücksetzern abgesehen – überdurchschnittlich stark an, was dazu geführt hat, dass ein Anleger, der sein Geld zum 1. Januar 1980 beziehungsweise 1. Januar 1990 in deutsche Aktien investiert hat, bereits nach zehn Jahren einen überdurchschnittlichen Ertrag erzielt hat. Die sogenannten „Nullerjahre" des laufenden Jahrtausends sind hingegen von starken Kurseinbrüchen

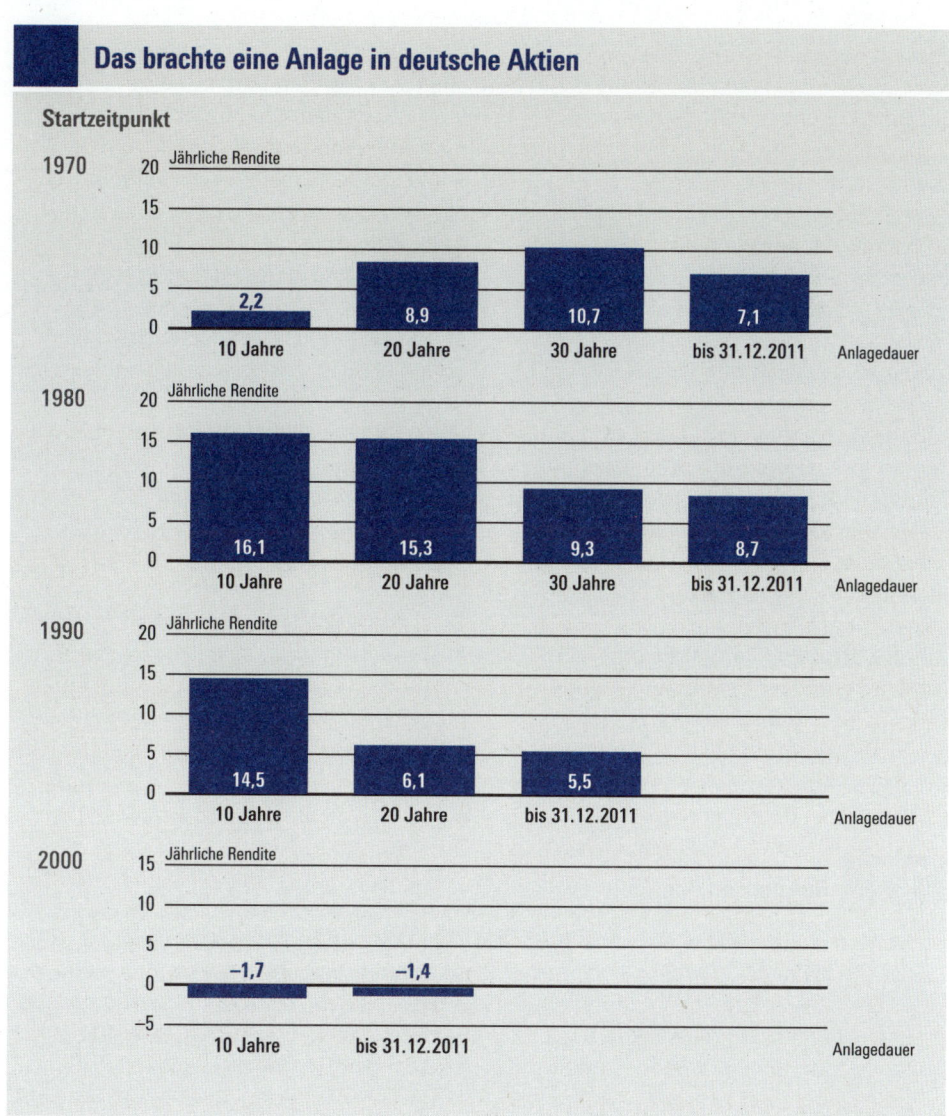

Das brachte eine Anlage in deutsche Aktien

Startzeitpunkt

1970

Jährliche Rendite

Anlagedauer	10 Jahre	20 Jahre	30 Jahre	bis 31.12.2011
	2,2	8,9	10,7	7,1

1980

Jährliche Rendite

Anlagedauer	10 Jahre	20 Jahre	30 Jahre	bis 31.12.2011
	16,1	15,3	9,3	8,7

1990

Jährliche Rendite

Anlagedauer	10 Jahre	20 Jahre	bis 31.12.2011
	14,5	6,1	5,5

2000

Jährliche Rendite

Anlagedauer	10 Jahre	bis 31.12.2011
	−1,7	−1,4

Die Grafiken zeigen die jährliche Durchschnittsrendite, die sich (in Prozent) in den vergangenen Jahren mit deutschen Aktien erzielen ließ. Startzeitpunkt der Berechnung der Anlage war jeweils der 31. Dezember des Vorjahres, also beim Startzeitpunkt 1970 der 31. Dezember 1969.

geprägt, was dazu führt, dass ein Investment nach zehn Jahren im Minus endet – die einzige Verlustphase in der Grafik.

Bei sehr langen Anlagezeiträumen machen sich Sondereinflüsse jedoch immer weniger bemerkbar. Auf Sicht von 30 oder 40 Jahren pendeln sich die Renditen von Aktien im Schnitt bei 6 bis 8 Prozent pro Jahr ein.

Das Deutsche Aktieninstitut erstellt regelmäßig ein Renditedreieck. Anhand dieser sehr umfangreichen Grafik können die Anlageergebnisse mit deutschen Aktien für jeden beliebigen Jahreszeitraum seit 1948 nachverfolgt werden. Diese steht für einen Beitrag von 2,50 Euro unter www.dai.de als Download zur Verfügung.

Auf die Strategie kommt es an

Wer das grundsätzlich höhere Anlagerisiko bei einem Investment in Aktien in den Griff bekommen will, kommt mit System am besten – also am erfolgreichsten – zu seinem Ziel. Das beginnt mit einer langfristigen und umfassenden Vermögensplanung, berücksichtigt die Risikoneigung und mündet in eine Strategie, nach der er sein Depot aufbaut und durch die Auswahl vieler verschiedener Aktien oder besser noch Aktienfonds (siehe Seite 149) das Kursrisiko streut. Die größten Unfälle an der Aktienbörse passieren nämlich, wenn Anleger alles auf eine Karte setzen. Das ist leichtsinnig und fahrlässig zugleich. Eine Fehlspekulation, auf die Aktienkäufer auch bei sorgfältiger Vorbereitung und Auswahl immer gefasst sein sollten, kann dann schnell einen erheblichen Teil des Vermögens vernichten.

Es ist noch kein Meister vom Himmel gefallen
Niemand schafft es nämlich, an der Börse immer nur Treffer zu landen. Vor allem Neueinsteiger sollten sich das Recht zugestehen, dass sich eine Spekulation auch einmal als Flop entpuppt. Solche Miss-

---

TIPP   **Im Internet üben**

Wer sich für die Aktienanlage interessiert, muss dafür nicht gleich mit realem Einsatz zu Werke gehen. Eine Alternative für Einsteiger, die es realistisch, aber dennoch erst einmal mit fiktivem Einsatz angehen lassen wollen, bietet das Internet. Dort gibt es Dutzende von Seiten – etwa die der Direktbanken und Discountbroker (siehe Seite 23) –, auf denen sich spielerisch und kostenlos ein fiktives Musterdepot anlegen und verwalten lässt. Auf diese Weise bekommen Einsteiger ein Gefühl für die Schwankungen an den Aktienmärkten und können langfristige Strategien testen.

griffe macht jeder irgendwann. Wichtig ist, rechtzeitig und konsequent auf solche Fehlentwicklungen (siehe Seite 20) zu reagieren. Und Vorsicht: Niemals Aktien auf Kredit kaufen!

Die fundamentale Regel der Geldanlage

Wer das Geschehen an der Börse eine Zeit lang verfolgt, weiß aus eigener Beobachtung: Hohe Renditen sind nicht ohne höhere (Anlage-)Risiken möglich. Risiko und Rendite sind wie die zwei Seiten einer Münze untrennbar miteinander verbunden.

Generell sind für jede Art der Vermögensanlage drei Kriterien ausschlaggebend: Sicherheit, Rendite und Liquidität, also die Frage, wie leicht sich eine Anlage zu Bargeld machen lässt. Der Haken ist, dass keine Anlageform bei allen drei Kriterien optimal abschneidet. Im Gegenteil: Je mehr eine Anlage bei einem Kriterium punktet, desto größere Abstriche muss man bei den anderen beiden machen. Aus diesem Grund spricht man vom magischen Dreieck der Geldanlage.

Die Tücken des magischen Dreiecks

Anleger müssen also Prioritäten setzen. Legen sie zum Beispiel sehr viel Wert auf Sicherheit, müssen sie sich bei der Renditechance bescheiden. Umgekehrt ist eine höhere Rendite möglich, wenn sie ein größeres Risiko und/oder eine geringere Liquidität in Kauf nehmen. Zinsanlagen wie etwa Anleihen weisen zum Bei-

spiel ein niedrigeres Risiko auf als Aktien, aber auch geringere Renditechancen. Es gilt daher, die individuellen Stärken der unterschiedlichen Anlageformen zu nutzen.

Eine passable Rendite nützt beispielsweise wenig, wenn sie mit überdurchschnittlich hohen Risiken erkauft wird. Auf der anderen Seite sind geringe Kursschwankungen schön und gut, doch haben Anleger nichts davon, wenn sie gleichzeitig eine Rendite auf Sparbuchniveau erzielen.

Der richtige Dreh

Die zündende Idee zur Lösung dieses Problems hatte Harry M. Markowitz. Er fand Ende der 1950er-Jahre heraus, dass es möglich ist, durch den Kauf verschiedener Anlageformen und durch die Mischung mehrerer Titel innerhalb dieser einzelnen Anlageformen das Risiko erheblich zu minimieren, ohne dass die Ertragschancen wesentlich sinken. Dies ist seitdem die eiserne Grundregel der Geldanlage.

Der Glaube an sie ist in der Finanzkrise zwar ins Wanken geraten, denn im Jahr 2008 erlebten die Anleger, dass fast alle Vermögensanlagen an Wert verloren. Doch dabei wird von vielen Kritikern der Markowitz-Idee übersehen, dass es auch in dieser historischen Ausnahmesituation Gewinnmöglichkeiten gab. Sichere Staatsanleihen erlebten zum Beispiel in dieser Phase einen wahren Boom, da die Anleger geradezu panisch auf der Suche nach möglichst sicheren Investments waren. Folge: Die große Nachfrage trieb die Kurse

der in normalen Zeiten als langweilig geltenden Zinspapiere in ungeahnte Höhen.
In einem breit gestreuten Depot glichen
so die Wertgewinne, die zum Beispiel mit
Bundesanleihen erzielt wurden, die Verluste anderer Vermögensanlagen zumindest teilweise aus. Zumal das schlechte
Börsenjahr 2008 statistisch gesehen bislang als Ausnahmefall gilt.

Markowitz' Schlussfolgerung gilt also
noch immer: Anleger sollten ihr Depot
nicht wahllos zusammenstellen, sondern
von Anfang an systematisch und struktu-
riert vorgehen.

Aktien, Zinspapiere und vielleicht noch
Immobilienfonds mehr oder weniger
wahllos zu mischen, macht allerdings
noch kein ausgewogenes Depot aus, bei

dem Rendite und Risiko in einem angemessenen Verhältnis zueinander stehen.
Ziel ist es, aus Individualisten ein Team
zu formen.

So lassen sich Risiken beschränken
Der erste Schritt, das Risiko zu streuen,
besteht darin, das eigene Gesamtvermögen so auf Aktien, Anleihen und liquide
Mittel aufzuteilen, wie es der individuellen
Risikoneigung entspricht. Der Fachmann
spricht von der Aufteilung auf einzelne
Vermögensklassen, in der Finanzsprache
auch Assetklassen genannt.

Im zweiten Schritt wird das Anlagekapital innerhalb der einzelnen Assetklassen mittels verschiedener Papiere auf
einzelne Branchen, Märkte und Währun-

INFO Die drei Säulen der Asset-Allocation

Struktur	Streuung	Risikokontrolle
Depotaufteilung Aufteilung zwischen Aktien, Anleihen, anderen Wertpapieren und Währungsanteilen	**Titeldiversifikation** Aufteilung auf Einzeltitel und Branchen	**Kapitaleinsatz** Festlegung von Höchstbeträgen pro Investment
Liquidität Bemessung der Barreserve und des Börsenbudgets	**Marktdiversifikation** Aufteilung auf verschiedene Märkte	**Risikobegrenzung** Festlegung von Höchstgrenzen für mögliche Verluste beziehungsweise Schwankungsintensität

gen verteilt und gewichtet. Dies nennen Profis die Asset-Allocation. Dabei achten sie darauf, Papiere auszuwählen, deren Kurse sich weitgehend unabhängig oder sogar entgegengesetzt voneinander entwickeln.

Zugegeben, das Ganze klingt gerade für Einsteiger ziemlich kompliziert und nicht gerade leicht zu handhaben. Wer sich allerdings die Mühe macht, sich mit den Fragen nach Anlegertyp und Asset-Allocation zu beschäftigen, erhält ein Anlagerezept, das am ehesten auf Dauer gute Ergebnisse mit Aktien verspricht, ohne deren Kursschwankungen fürchten zu müssen.

(K)Eine Frage des Charakters: Welcher Anlegertyp bin ich?

Viele Anleger sind gerade am Anfang nicht in der Lage, mit den Risiken, die sich aus den Kursschwankungen von Aktien ergeben, richtig umzugehen. Manch einer ist auf den schnellen Kursgewinn aus und möchte sein Geld nur für zwei oder drei Monate anlegen – was das Verlustrisiko unweigerlich vergrößert. Andere wiederum bringt es um den Schlaf, wenn die Kurse nur 1 oder 2 Prozent unter ihren Einkaufspreis rutschen.

Entscheidend ist daher, die Anlagestrategie bei Aktien an die eigene „Anlagementalität" anzupassen. Allein das Wissen darüber, dass einerseits Gewinne, andererseits aber auch Verluste eingefahren werden können, reicht dabei in vielen Fällen noch nicht aus. Das bedeutet nur, dass ein Anleger theoretisch weiß, was auf ihn zukommt, aber nicht, wie er in diesen Situationen wirklich reagiert.

Wichtig ist in diesem Zusammenhang zum Beispiel die Art und Weise, wie ein Anleger seine Entscheidungen trifft – also eher aus dem Bauch heraus oder analy-

TIPP **Die Anlagementalität bestimmen**

Im Internet haben Sie die Möglichkeit, eine anonyme, aber individuelle Auswertung Ihres Anlagetyps vorzunehmen – zum Beispiel unter folgender Adresse: www.postbank.de, Menüpunkt „Fonds und Börse", „Wissen und Services", „Anlagetypbestimmung". Unter der Adresse www.behavioral-finance.de/Risikotool bieten die Experten der Universität Mannheim einen Test an, mit dem Anleger ihre Risikoeinstellung bestimmen können. Denken Sie allerdings daran, dass diese Tests zwangsläufig sehr schematisch vorgehen und die Ergebnisse lediglich Anhaltspunkte für das individuelle Anlageverhalten liefern. Eine ausführliche und gute Anlageberatung durch einen gut ausgebildeten Wertpapierexperten ersetzen sie nicht.

tisch. Oder wie er im täglichen Leben mit Fehlentscheidungen und Erfolgen umgehen kann. Daraus ergibt sich ein bestimmter Anlagestil, der sich wiederum einem bestimmten Anlegertypus zuordnen lässt – wie beispielsweise ein vorsichtiger, chancenorientierter oder risikobereiter Anleger.

Stolperfalle: Die eigene Psyche

Experten haben herausgefunden, dass die meisten Anleger weit davon entfernt sind, ihre Anlageentscheidungen rational, also kühl und überlegt zu treffen. Stattdessen lassen sie sich in hohem Maße von Gefühlen leiten. Folge: Sie handeln irrational. Und da sie das alle gleichzeitig und in ähnlicher Weise tun, kommt es zu den Widersprüchen, Ungereimtheiten und Kapriolen, die die Börse mitunter so unlogisch und rätselhaft erscheinen lassen.

Die häufigsten Anlagefehler

Das Grundproblem vieler Anleger ist, dass sie bei ihren Entscheidungen regelmäßig den Fehler machen, Risiken falsch einzuschätzen und den Faktor Unsicherheit nicht ausreichend zu berücksichtigen.

So glauben Aktiensparer häufig, dass sie mit dem Kauf einer einzigen Aktie dieselben Risiken eingehen wie mit einem breit gestreuten Aktiendepot – was nicht der Fall ist. Paradoxerweise verschätzen sich Anleger dabei umso mehr, je größer das Risiko einer Anlage ist. Häufige Folge: Anleger streuen ihre Depotanlagen zu wenig und nehmen damit größere Risiken in Kauf, als sie eigentlich zu tragen bereit sind.

Es gibt noch ein weiteres Phänomen: Viele Investoren sind überzeugt, dass sie einheimische Unternehmen besser beurteilen können als ausländische Gesellschaften, sie investieren sozusagen „heimatorientiert".

Natürlich ist es für einen Anleger in Deutschland leichter möglich, sich zu inländischen Unternehmen umfangreiche Informationen aus verschiedenen und unabhängigen Quellen zu besorgen als etwa zu US-amerikanischen Konzernen. Falsch ist aber, zu glauben, dass deutsche Aktien mehr Rendite abwerfen und weniger Risiko bedeuten als US-amerikanische Werte, nur weil man Erstere besser zu kennen scheint. Wer aufgrund dieser Annahme ausschließlich in heimische Werte investiert, verschenkt Rendite und erhöht sein Anlagerisiko.

Der falsche Blickwinkel

Die meisten Anleger, die eine Reihe erfolgreicher Geschäfte an der Börse getätigt haben, neigen außerdem dazu, sich klüger und kompetenter einzuschätzen, als sie es sind. Insbesondere Neueinsteiger überschätzen sich gern nach ersten Erfolgen, aber auch Profis sind dagegen nicht immun. Und: Männer sind von diesem Phänomen häufiger betroffen als Frauen, wie viele Untersuchungen mittlerweile gezeigt haben.

Kontrollillusion

Eng mit der Selbstüberschätzung verbunden ist das Phänomen der Kontrollillusion.

Dahinter steckt die Beobachtung, dass Anleger dem Irrglauben unterliegen, alles „im Griff" zu haben. Erfolge schreiben sie ihren vermeintlich überdurchschnittlichen Fähigkeiten zu, auch wenn sie zu einem großen Teil auf Zufall basieren.

Kontrollillusion in Kombination mit Selbstüberschätzung führt in der Praxis zu dem Glauben, einen Markt beziehungsweise die Kursentwicklung einer bestimmten Aktie in hohem Maße richtig vorhersagen zu können.

Selektive Wahrnehmung

Ein weiteres Problem vieler Anleger ist, dass sie – wenn sie sich erst einmal eine Meinung über eine Aktie zurechtgelegt haben – beginnen, die tatsächliche Aussagekraft von Informationen nur noch eingeschränkt wahrzunehmen. Informationen, die die eigene Einschätzung bestätigen, werden überbewertet, gegenläufige Meldungen dagegen ignoriert. Folge: Die persönlichen Erwartungen werden durch die Realität laufend enttäuscht beziehungsweise überboten.

Übertriebener Optimismus

Eng mit dem Phänomen der Selbstüberschätzung verbunden ist die Beobachtung, dass viele Anleger den Chancen und Risiken eines Investments unterschiedliches Gewicht beimessen und dass sie nicht in der Lage sind, beide Größen in Beziehung zueinander zu setzen. Folge: Sie zeigen auch dann Zuversicht, wenn die Vergangenheit und das aktuelle Umfeld eine andere Prognose nahelegen.

So schätzt zum Beispiel das Gros der Investoren künftige Gewinne am Aktienmarkt grundsätzlich viel höher ein, als es die historischen Daten erwarten lassen. Das gleiche Phänomen lässt sich bei der Gewinnerwartung in der Lotterie beobachten, um einen anderen Lebensbereich zu nennen.

Verlustaversion

Dagegen bewerten Aktienanleger, die schlechte Erfahrungen mit ihrem Investment gemacht haben, Risiken fortan zu hoch ein – frei nach dem Motto „Gebranntes Kind scheut das Feuer". Folge: Aus Ängstlichkeit meiden sie ähnliche Geschäfte und verzichten so auf Rendite.

Mehr noch: Um reale Einbußen durch einen Verkauf von Aktien, die sich in der Verlustzone befinden, zu vermeiden, nehmen sie – meist unbewusst – höhere Risiken in Kauf, als sie bereit wären, in gleicher Weise für einen Gewinn zu tragen. In der Anlagepraxis führt das zum häufigsten Fehler: Verluste lässt der Anleger laufen und sitzt sie aus, Gewinne werden jedoch aus Angst viel zu früh „mitgenommen".

Auch dieses Verhalten lässt sich psychologisch leicht erklären: In die Freude über einen Kursanstieg mischt sich sofort die Sorge, dass dieser mit der nächsten Kursschwäche wieder zunichtegemacht werden könnte. Dagegen heißt, einen Verlust zu realisieren, dass man sich eingestehen muss, mit seiner Einschätzung falsch ge-

TIPP   Psychofallen erfolgreich vermeiden

Begrenzen Sie Ihre Verluste und lassen Sie Gewinne laufen: Das hört sich zunächst einfach an. Doch in der Praxis ist es schwierig, eine genaue Grenze zu ziehen zwischen einem Verlust, der gerade noch im Rahmen der für Aktien üblichen Schwankungsbreite liegt, und dem Punkt, ab dem es besser ist, auszusteigen, um Schlimmeres zu verhindern. Dennoch: Vermeiden Sie es, bei einem Verlustengagement zuzukaufen, nur weil die Aktien jetzt billiger sind. Oft werfen Anleger so gutes Geld schlechtem hinterher.

Beugen Sie dem Vergessen vor: Führen Sie eine Art Börsen-Logbuch. So erliegen Sie nicht so leicht der Versuchung, die beim Kauf zurechtgelegte Meinung angesichts zwischenzeitlicher Ereignisse zu ändern und genau das Gegenteil anzunehmen. Das heißt nicht, dass Sie nicht von Zeit zu Zeit in Ruhe überlegen sollten, ob Sie zum Beispiel die Aussichten für Aktien im Allgemeinen oder ein bestimmtes Unternehmen im Speziellen noch immer so positiv beurteilen wie zum Kaufzeitpunkt. Auf der anderen Seite sollten Sie nicht aufgrund jeder noch so unbedeutenden Nachricht Ihre Entscheidung infrage stellen.

Setzen Sie klare Ziele: In das Logbuch tragen Sie jeden Kauf (und Verkauf) mit entsprechender Begründung, dem Kursziel und der Verlustgrenze ein. Auf diese Weise können Sie auch aus der zeitlichen Distanz heraus selbst krasse Fehleinschätzungen nüchterner analysieren. Wichtig ist, sich klare Ziele zu setzen, welcher Kursgewinn in der geplanten Anlagedauer in etwa erzielt werden soll und welchen maximalen Verlust Sie bereit sind zu tragen. Als Faustregel gilt: Der maximale Verlust sollte höchstens ein Drittel des erwarteten Gewinns betragen.

Recherchieren und bewerten Sie alle verfügbaren Informationen: Dabei ist es hilfreich, von Zeit zu Zeit bewusst ein alternatives Szenario zu entwickeln und dazu auf Quellen zurückzugreifen, die Ihrer Kauf- und Verkaufsentscheidung oder der allgemeinen Marktstimmung völlig entgegenstehen (siehe Seite 67). Dann können Sie abschätzen, welches Verlustpotenzial sich daraus ergibt und entwickeln auf diese Weise ein Gefühl dafür, ab wann die Dinge in die falsche Richtung laufen.

Schaffen Sie Distanz zu Ihrem Depot: Erfahrungsgemäß sind diejenigen Anleger an der Börse am erfolgreichsten, die ihre Investments möglichst emotionslos handhaben. Verluste werden konsequent realisiert, ohne ihnen nachzutrauern, und dann abgehakt. Dagegen werden Gewinne nicht über die Maßen bejubelt. Ganz wichtig ist auch, keine emotionale Bindung zu einem bestimmten Papier zu entwickeln. Widerstehen Sie der Versuchung, bestimmte Werte zu Ihren „Lieblingsaktien" zu erklären – nach dem Motto: „Mit diesen Papieren habe ich bislang nur gute Erfahrungen gemacht. Die halte ich auf jeden Fall im Depot, ganz gleich was passiert." Derartige Vorlieben trüben den klaren Blick für die Realität.

legen zu haben. Folge: Man hält an seiner Entscheidung auf Biegen und Brechen fest und ist davon überzeugt, dass die betreffenden Papiere wieder zulegen werden. Dazu werden entsprechende Erklärungen zurechtgelegt („Es handelt sich nur um eine vorübergehende Schwächephase", „Der Markt sieht nicht das Potenzial, das die Aktie tatsächlich hat" und so weiter).

An mentalen Ankern festhalten

Schließlich tendieren Anleger dazu, sich bei ihrer Meinungsbildung an „Wegweisern" oder sogenannten „Ankern" zu orientieren, denen sie in hohem Maße vertrauen – beispielsweise dem Kaufpreis einer bestimmten Aktie. Bei der Beurteilung der weiteren Kurschancen des Papiers aufgrund neuer Meldungen ist von großer Bedeutung, ob sich das Engagement in der Gewinn- oder Verlustzone befindet.

Die realistischen Kurschancen werden meist ganz anders beurteilt dadurch, dass Anleger geradezu manisch auf ihren Einstiegspreis schielen, anstatt nüchtern zu überlegen, wie viel Kurspotenzial das betreffende Unternehmen aufgrund seiner wirtschaftlichen Perspektiven besitzt. Diese Sicht auf die Dinge, die Anleger aufgrund des „Ankers" haben, können sie ganz schwer revidieren.

EINMALEINS DES AKTIENKAUFS

Der Kauf einer Aktie ist keine Zauberei. Ein paar Klicks am heimischen PC – schon ist die Bestellung fertig und kann online an die Bank geschickt werden. Ein paar Dinge sollten sich Neueinsteiger allerdings vorher überlegen – beispielsweise, wo sie ihre Aktien kaufen wollen und ob sie sich bei ihren Wertpapiergeschäften beraten lassen möchten.

DIE WAHL DER PASSENDEN BANK

Wer mit Aktien handeln will, kann das nicht auf eigene Faust tun. Wertpapieranleger sind auf die Dienste einer Bank oder eines Brokers angewiesen, der die Kauf- und Verkaufsaufträge ausführt. Die Auswahl ist groß, denn Wertpapier- und Börsengeschäfte gehören zum Standardangebot eines jeden Geldhauses. Entscheidend ist daher, ein Institut zu finden, welches zu den persönlichen Bedürfnissen passt – und das gelingt nur selten auf Anhieb.

Filialbank oder Discounter?

Die erste und naheliegendste Möglichkeit besteht darin, zu einer der Filialbanken zu gehen. Bei den Geldhäusern vor Ort finden Anleger spezielle Berater als Ansprechpartner für ihre Anlagegeschäfte. Vorteil:

Der Banker nimmt im Idealfall am Anfang eine ausführliche persönliche Beratung vor, hilft bei der Auswahl der Papiere und steht danach weiter mit Rat und Tat zur Seite – zum Beispiel wenn es um die Erteilung der ersten Kaufaufträge oder um Fragen zur Abrechnung geht.

Eine Alternative dazu bieten Direktbanken und Discountbroker. Sie verzichten auf ein teures Netz von Geschäftsstellen und sind vorzugsweise über das Internet oder Telefon zu erreichen. Einer ihrer Pluspunkte gegenüber der Filialkonkurrenz: Ihre virtuellen Schalter sind vom frühen Morgen bis spät am Abend geöffnet. Das werden gerade diejenigen zu schätzen wissen, die während der banküblichen Öffnungszeiten keine Möglichkeit haben, sich um ihre Wertpapiergeschäfte zu kümmern.

Die Kosten vergleichen

Der eigentliche Trumpf der Direktinstitute gegenüber den Filialbanken sind jedoch die meist günstigeren Konditionen.

Die meisten Banken und Sparkassen berechnen beim Aktienkauf 1 Prozent vom Auftragswert. Dazu kommen noch Börsengebühren und mitunter ein paar Cent Maklercourtage, die beide zusammen im Vergleich zu den Bankprovisionen allerdings kaum ins Gewicht fallen. Entscheidend ist, dass fast jedes Institut hohe Mindestprovisionen berechnet. Das heißt, bei jeder Order wird unabhängig vom Gegenwert ein bestimmter Mindestbetrag fällig, wodurch gerade kleinere Orders unter dem Gesichtspunkt der Kostenbelastung preislich unattraktiv werden.

Viele Direktbanken verwenden dagegen ein Preismodell, bei dem ein Festbetrag mit einem prozentualen Provisionssatz kombiniert wird. Dazu macht es in den meisten Fällen einen Unterschied, ob der Kunde seine Order per Telefon oder Fax oder – kostengünstig – online per Internet aufgibt.

Diese unterschiedlichen Preisfaktoren machen es dem Anleger schwer, die Kosten der Discounter mit denen der Filialbanken zu vergleichen. Nach Erhebungen der Stiftung Warentest lässt sich zwar feststellen, dass die Direktbanken im Schnitt um gut ein Drittel preiswerter sind als die Filialkonkurrenz. Am besten ist es jedoch, die Kosten für einen konkreten Auftrag bei mehreren Anbietern modellhaft nachzurechnen und dann miteinander zu vergleichen. Internetnutzer können dazu zum Beispiel die Seite www.Broker-Test.de anklicken, die einen Überblick über die in Deutschland tätigen Discountbroker und ihre Konditionen gibt – ohne Gewähr!

Gute Beratung ist die Ausnahme

Preislich sind Discountbroker und Direktbanken meist deutlich günstiger. Doch dafür müssen Anleger einen Minuspunkt in Kauf nehmen: Eine persönliche Beratung bieten diese Institute wenn überhaupt nur gegen zusätzliches Honorar an. Wollen Anleger also den Kostenvorteil der Direktbanken ausnutzen, heißt das: Sie müssen sich allein zurechtfinden und selbst wissen, welche Aktien sie kaufen und verkaufen wollen.

Stellt sich die Frage, welche Bankform Aktieneinsteiger wählen sollen. Eine allgemeingültige Antwort darauf ist kaum zu geben. Bei einem Vergleich allein der Serviceleistungen scheinen Anleger bei ihren ersten Aktieninvestments in einer Filialbank in vielen Fällen besser aufgehoben zu sein.

Untersuchungen der Stiftung Warentest zu den Beratungsqualitäten der Filialbanken haben allerdings mehrfach zutage gebracht, dass es genau damit nur selten zum Besten steht. Kein Wunder: Viele Bankberater bekommen von ihren Vorgesetzten Vorgaben, wie viele Verträge sie in der Woche oder im Monat abschließen müssen. Unter diesem Verkaufsdruck ist es ihnen dann nicht immer so wichtig, ob ein Kunde ein Produkt möchte und ver-

steht oder ob es ihm womöglich sogar finanziell schadet – Hauptsache, die Bank verdient gut daran.

Auf die schlechten Beratungsergebnisse hat die Bundesregierung mittlerweile reagiert und die Rechte von Bankkunden beziehungsweise die Pflichten von Banken bei Anlagegeschäften deutlich erhöht.

Eindeutiger fällt die Antwort aus für diejenigen, die erste Erfahrungen an der Börse gesammelt haben und bei ihren Anlagegeschäften kaum noch Hilfe benötigen. Sie sollten sich ernsthaft überlegen, zu einem der Direktanbieter zu wechseln. Nicht immer ist ein solcher Wechsel notwendig, denn immer mehr traditionelle Banken und Sparkassen bieten als Reaktion auf den Markterfolg der Konkurrenz hausinterne Discountmöglichkeiten an – wenn der Kunde auf Beratung verzichtet. Vorteil: Der Anleger kann für seine ersten Börsenschritte Beratung in Anspruch nehmen und später wechseln, ohne dass er die Depot-Bankverbindung mit viel Zeit und Arbeitsaufwand verlegen muss.

Die Eröffnung eines Depotkontos

Wer Aktien kauft, muss auch eine Möglichkeit haben, seine Papiere zu verwahren. Sich die Urkunden aushändigen zu lassen und zu Hause im Schrank zu lagern, wäre nicht nur sehr aufwendig, sondern wegen des Diebstahlsrisikos auch äußerst unvorsichtig. Jede Bank bietet daher ihren Wertpapierkunden am Anfang an, ein Depot zu eröffnen, über das sämtliche Wertpapiertransaktionen laufen. Mit dem Depotkonto erledigt die Bank aber auch die laufende Verwaltung der Papiere. So kümmert sie sich zum Beispiel um die termingerechte Verbuchung von Dividenden, sie leitet Einladungen zu Hauptversammlungen weiter und informiert die betroffenen Aktionäre über Kapitalmaßnahmen und Übernahmeangebote, die ihr Unternehmen betreffen.

Logischerweise hat dieser Service seinen Preis. Für das Führen des Depotkontos bitten die meisten Geldhäuser zusätzlich zu den Auftragsgebühren zur Kasse, was die Kosten der Wertpapieranlage noch einmal erhöht. Allerdings hält sich die Belastung im Vergleich zu den Transaktionskosten in Grenzen. Nach den Untersuchungen der Stiftung Warentest schlägt ein Durchschnittsdepot, das Aktien, Anleihen und Investmentfonds im Gesamtwert von rund 30 000 Euro enthält, mit 30 bis 60 Euro pro Jahr zu Buche. Dazu kommen unter Umständen noch zusätzliche Kosten für das Verrechnungskonto, die in der Regel auf ähnlichem Niveau liegen. Einige wenige Direktbanken führen das Depot allerdings auch zum Nulltarif.

DARF ES EIN BISSCHEN BERATUNG SEIN?

Mit der Eröffnung eines Depots nimmt jede seriöse Filialbank eine erste, einführende Anlageberatung vor. Dazu ist sie sogar gesetzlich verpflichtet, wobei diese Regeln seit dem Jahresbeginn 2010 durch das „Gesetz zur verbesserten Durchsetzbarkeit von Ansprüchen von Anlegern aus Falschberatung" noch verschärft worden sind. Das neue Gesetz ergänzt die Regeln des Wertpapierhandelsgesetzes (WpHG) und die EU-Richtlinie über die Märkte für Finanzinstrumente, kurz Mifid genannt, zur Anlageberatung und den Aufklärungs- und Sorgfaltspflichten, die Banken ebenso wie freie Finanzberater und Vermögensverwalter gegenüber ihren Wertpapierkunden erfüllen müssen.

Das Beratungsprotokoll

Ein schriftliches Protokoll ist jetzt zwingender Bestandteil jedes Beratungsgesprächs, wenn es um Wertpapiere wie Aktien und Anleihen oder um Fonds geht. Eine Ausnahme gibt es jedoch: Geht der Kunde auf eigene Initiative in die Filiale oder ruft seinen Berater an und erteilt ihm ohne vorherige Beratung einen Auftrag, ist das Protokoll nicht notwendig. Doch was kann als eigene Initiative gelten? Und warum diese Ausnahme?

Nicht nur aufgrund solcher Unklarheiten ist die Unsicherheit im Umgang mit den neuen Regeln in vielen Fällen groß. Ein weiterer Grund dafür ist, dass sich die Bankenverbände und die deutsche Finanzdienstleistungsaufsicht Bafin bisher nicht auf ein einheitliches Formular oder Formblatt einigen konnten, das die wichtigsten Standardfragen auflistet und auf dem der Verlauf des Beratungsgesprächs dokumentiert wird.

Keine konkreten Vorgaben

Konkrete Vorgaben zum Verlauf und Inhalt des Beratungsgesprächs macht der Gesetzgeber nicht. Er hat lediglich einige Mindestanforderungen festgelegt. Danach müssen im Protokoll unter anderem

- der Anlass der Beratung,
- die Dauer des Gesprächs,
- die finanzielle Situation des Kunden,
- seine Anlageziele
- und die Empfehlungen der Bank inklusive Begründung

festgehalten werden. Diese Pflicht entfällt, wenn der Kunde mit seinem Berater lediglich über ein neues Sparprodukt wie beispielsweise Tagesgeld oder Festgeld spricht. Gleiches gilt, wenn der Kunde seiner Bank ein Vermögensverwaltungsmandat erteilt hat, in dessen Rahmen das Geldhaus eigenständige Anlageentscheidungen im Sinne des Kunden trifft.

Laut Gesetzestext muss der Berater dem Kunden eine Ausfertigung des Protokolls „unverzüglich" nach Abschluss der Anlageberatung zur Verfügung zu stellen, auf jeden Fall aber vor einem „auf der Beratung beruhenden Geschäftsabschluss" – und er muss das Dokument auch unterschreiben. Dass der Kunde das Schriftstück ebenfalls unterschreibt, sieht das Gesetz nicht vor. Im Beratungsalltag bestehen jedoch einzelne Geldinstitute darauf. Das Problem dabei: Bei einer möglichen Auseinandersetzung kann sich die Bank auf den Standpunkt stellen, die Unterschrift sei so zu deuten, dass der Kunde das Protokoll inhaltlich anerkannt habe. Doch genau das dürfte im konkreten Fall strittig sein. Daher ist jeder Bankkunde gut damit beraten, die Eingaben des Beraters genau nachzuverfolgen und eine Änderung des Protokolls zu verlangen, wenn er den Eindruck hat, dass einzelne Punkte nicht besprochen wurden oder der Berater sehr schnell darüber hinweggegangen ist.

Schwächen in der Praxis

Zu hohe Erwartungen sollten Bankkunden an die neuen Instrumente des Anlegerschutzes allerdings nicht haben. Die Stiftung Warentest hat in den vergangenen Jahren regelmäßig die Anlageberatung der Banken getestet und zum Teil erhebliche Schwächen bei den Leistungen der Geldhäuser festgestellt. So hangeln sich viele Berater mit Standardformulierungen ebenso durch die Dokumentation wie durch den sogenannten Suitability-Test. Dieser Test schreibt dem Berater vor, dass er nur Produkte empfehlen darf, die für den jeweiligen Kunden „geeignet" sind. Um beurteilen zu können, was als

TIPP Hinweise für ein gutes Beratungsgespräch

Anlageziele abstecken. Bereiten Sie sich auf das Beratungsgespräch vor. Überlegen Sie sich, warum Sie Ihr Geld an der Börse anlegen wollen und welche Zwecke Sie damit verfolgen – etwa einen langfristigen Vermögensaufbau oder die Finanzierung der Ausbildung für Ihre Kinder in beispielsweise 15 Jahren.

Termin vereinbaren. Eine Anlageberatung gibt es meist schon in der Bankfiliale um die Ecke. Viele Kreditinstitute haben aber spezielle Vermögensberatungs- oder Wertpapiercenter, in denen besonders geschulte Mitarbeiter bereitstehen. Nutzen Sie solche Angebote und vereinbaren Sie dort einen Beratungstermin, sodass sich der Bankmitarbeiter ausreichend Zeit für Sie nehmen kann.

Aufrichtig bleiben. Füllen Sie den Fragebogen der Bank zusammen mit dem Anlageberater nach bestem Wissen und Gewissen aus. Geben Sie nicht, etwa aus Eitelkeit, vor, mehr über die Börse und Aktien zu wissen, als es tatsächlich der Fall ist. Und betonen Sie nicht Ihre Risikobereitschaft. Auf diese Weise stellen Sie am ehesten sicher, dass eine realistische Einordnung in diejenige Risikokategorie erfolgt, die Ihren Anlagezielen und Ihrem Kenntnisstand entspricht. Andernfalls verschlechtern Sie Ihre Chancen, Ihre Bank oder Sparkasse bei einer möglichen Falschberatung haftbar machen zu können. Denken Sie aber auch daran, dass Sie nicht verpflichtet sind, alle Fragen zu beantworten.

Einblick fordern. Fordern Sie Einblick und eine gründliche Erläuterung des Kategoriesystems Ihrer Bank und darüber, warum Sie in welche Risikostufe eingeordnet worden sind. Sie haben ein gesetzlich verankertes Recht, dies zu erfahren.

Dokumentieren. Lassen Sie sich alles schriftlich geben. Verlangen Sie eine Kopie des Beratungsprotokolls und lassen Sie sich auch die Anlagevorschläge des Beraters schwarz auf weiß geben. Machen Sie sich außerdem Notizen während des Gesprächs – zum Beispiel, welche anderen Anlagevarianten Ihnen vorgeschlagen, wovon unter Umständen ausdrücklich abgeraten und welche Kosten genannt wurden.

Hart bleiben. Schließen Sie keine Geldanlage ab, ehe Sie nicht das Beratungsprotokoll bekommen und geprüft haben. Lassen Sie sich nicht einschüchtern, falls der Berater Sie auffordert, das Protokoll vorher zu unterschreiben. Sie sind gesetzlich nicht dazu verpflichtet. Gleiches gilt für Empfangsbestätigungen. Sollen Sie zu einem späteren Zeitpunkt Ansprüche vor Gericht wegen Falschberatung geltend machen wollen, müssen Sie damit rechnen, dass Ihre Unterschrift gegen Sie verwendet wird.

Zeugen mitnehmen. Gehen Sie, wenn möglich, nicht allein zum Beratungsgespräch. Mit der Aussage eines neutralen Zeugen verbessern Sie Ihre Ausgangslage, sollte es zu einem späteren Zeitpunkt zu einer Auseinandersetzung mit der Bank kommen.

„geeignet" gelten kann, muss sich der Berater zuvor nach den Kenntnissen und Erfahrungen mit Geldanlagen, den finanziellen Verhältnissen und den Anlagezielen seines Kunden erkundigen. Stichproben haben ergeben, dass so manche Finanzdienstleister seinen Beratungspflichten nur halbherzig oder gar nicht nachkommt. Auch die Qualität der Informationsblätter zu einzelnen Anlageformen hat das Bundesverbraucherministerium bereits gerügt und eine Überarbeitung angemahnt.

Die meisten Direktbanken bieten wie bereits dargestellt keine Beratung an. Bei ihnen muss sich der Kunde die entsprechenden Formulare aus dem Internet herunterladen und selbst ausfüllen. Die Bank ordnet den Anleger auf Basis dieser Unterlagen einer bestimmten Risiko- oder Anlagekategorie zu, die wiederum bestimmte Anlageformen umfasst, für die der Anleger dann „zugelassen" ist. Das gilt vor allem für den Punkt „Risiken" (der vorgeschlagenen Anlageform), über die der Berater aufklären muss. Unterschreiben sollten die Kunden das Protokoll jedoch auf keinen Fall.

Zusätzlich zum Protokoll muss jeder Anleger ein Produktionsformationsblatt zu denjenigen Anlageformen erhalten, die ihm im Zuge der Beratung vorgeschlagen beziehungsweise von der Bank empfohlen worden sind. Finanzvermittler und Banken sind seit dem 1. Juli 2011 dazu verpflichtet. Auf dem – werbefreien – Informationsblatt müssen kurz, knapp und leicht verständlich die wesentlichen Eigenschaften der jeweiligen Anlageform dargestellt wer-

den – ähnlich dem Beipackzettel bei einem Medikament.

Dabei darf das Produktinformationsblatt nicht mehr als zwei, in Ausnahmefällen, wenn es um komplexe Investments geht, nicht mehr als drei DIN-A4-Seiten umfassen und muss Folgendes leisten: Es muss

- die Art des Anlageproduktes beziehungsweise der Anlageform beschreiben,
- die Funktionsweise erläutern,
- die mit einer Anlage verbundenen Risiken darstellen,
- die Aussichten unter verschiedenen Marktbedingungen darstellen, inwieweit das eingesetzte Kapital zurückgezahlt wird und wie hoch die Ertragschancen sind,
- die mit der Anlage verbundenen Kosten aufzählen.

Auf diese Weise sollen vor allem Anleger, die mit Wertpapieren bislang wenig Erfahrung gesammelt haben, die Möglichkeit bekommen, verschiedene Finanzprodukte miteinander zu vergleichen. Sie sollen so eine neutrale Hilfestellung bei ihrer Anlageentscheidung haben und selbst abschätzen können, ob eine bestimmte Anlageform für sie geeignet ist.

Doch gerade der Versuch einer schematischen Kategorisierung führte bislang in der Praxis oft zu einer Art Schubladendenken, das für Anleger nicht unproblematisch ist. Wer beispielsweise nach der Erstberatung in eine untere Anlagekategorie eingeordnet wird, kann meist nicht so ohne weiteres Aktien kaufen. Jeder

Neueinsteiger sollte deshalb bei der Bank seiner Wahl eine individuelle, persönliche Beratung verlangen und bekommen – oder es anderswo versuchen.

Richter stärken Anlegerrechte

Der Kunde wiederum tut gut daran, seine Bank darüber zu informieren, wenn sich später einmal seine Vermögensverhältnisse verändert haben oder er den Wunsch hat, risikoreichere Anlagen zu kaufen. Dann kann nach einer weiteren Beratung eine Umgruppierung vorgenommen werden.

Mit zwei Urteilen Anfang 2007 hat zudem der Bundesgerichtshof (BGH) die Rechte von Bankkunden und Privatanlegern deutlich verbessert. Bis zu diesem Zeitpunkt hatten Anleger, die das Gefühl hatten, von ihrer Bank oder ihrem Finanzvermittler falsch beraten worden zu sein – etwa weil eine angeblich sichere Anlage plötzlich Verluste machte –, maximal drei Jahre nach dem Beratungsgespräch Zeit, um juristische Schritte einzuleiten. Danach war die Sache verjährt. Die Karlsruher Richter haben mit ihrem Spruch diese Praxis geändert (Az. XI ZR 44/06). Dem Urteil zufolge beginnt diese Verjährungsfrist nunmehr erst mit Anspruchsentstehung und der Kenntnis des Geschädigten, also erst dann, wenn das Investment tatsächlich rote Zahlen schreibt.

In einem zweiten Urteil kurz danach hat der BGH einem Käufer von Investmentfonds recht gegeben. Danach muss der Berater, der den Kauf vermittelt, gegenüber seinem Kunden sämtliche Provisionen, die er von der Fondsgesellschaft bekommt, ausdrücklich nennen und auflisten (Az. XI ZR 56/05) – so wie es mittlerweile auch die EU-Finanzrichtlinie verlangt. Außerdem haben Kunden danach Anrecht auf eine klare Auflistung sämtlicher Kosten, die mit einer Geldanlage verbunden sind, und sie haben Anspruch darauf, dass zum Beispiel die Bank jede Wertpapiertransaktion zum jeweils günstigsten Marktpreis abwickelt.

DIE FORM WAHREN

Da der Anleger, wenn er mit Aktien handelt, nicht selbst, sondern über seine Bank oder Sparkasse tätig wird, brauchen die Mitarbeiter des Geldhauses genaue Angaben über die Transaktion, damit sie das Geschäft wie gewünscht abwickeln können.

Für die Übermittlung der Order an die Bank gibt es mehrere Möglichkeiten. Der Auftrag kann zum Beispiel schriftlich am Schalter oder per Fax erteilt werden. Im schnellen Börsengeschäft ist es allerdings sinnvoll, Orders per Telefon oder noch besser per Internet zu erteilen. So ist am

 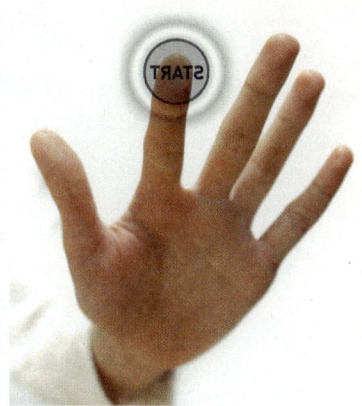

ehesten gewährleistet, dass der Auftrag zügig bearbeitet wird.

Welches Papier in welcher Stückzahl gekauft oder verkauft werden soll, ist dabei die wichtigste Information, die Anleger angeben müssen; daneben ihren Namen und ihre Depotnummer. Dazu muss der Auftrag auch eine Art Bestellnummer, die sogenannte Isin (Abkürzung für International Securities Number) der betreffenden Aktie enthalten. Die Isin muss bei jedem Kauf- oder Verkaufsauftrag mit angegeben werden, damit klar ist, welches Papier gehandelt werden soll, und es nicht zu kostspieligen Verwechslungen kommt. Schließlich werden an den Börsen weltweit Hunderttausende verschiedene Wertpapiere gehandelt.

Normalerweise trägt die Bank die Kennnummer auf dem Orderzettel ein. Internetnutzer, die Aufträge am PC selbst eingeben, können meist auf die Hilfe von elektronischen Datenbanken bauen, die bei einer Order den Code automatisch heraussuchen.

Limits: Nicht zu jedem Preis kaufen und verkaufen

Neben diesen formalen Angaben sollten sich Anleger überlegen, ob sie für eine Order eine Preisvorgabe machen wollen, auch Limit genannt. Bis eine Order an der Börse vorliegt, vergehen schließlich einige Minuten, in denen sich die Marktlage und damit der Preis mehr oder weniger stark verändern kann. Mit einem Limit verhindern Anleger, dass sie zu einem ihrer Meinung nach zu niedrigen Kurs verkaufen beziehungsweise zu hohen Kurs kaufen, indem sie eine Preisobergrenze (bei einem Kauf) beziehungsweise eine Preisuntergrenze (bei einem Verkauf) vorgeben.

Da Limits oft Gebühren kosten, sollte man sich diese vor allem für den Kauf von wenig gehandelten Aktien vorbehalten. Denn bei diesen illiquiden Aktien kommt es im Tagesgeschäft mitunter zu großen Preissprüngen.

Wenn ein Anleger Aktien eines bestimmten Unternehmens kaufen möchte, er dafür aber zum Beispiel nicht mehr als 38 Euro bezahlen will, setzt er bei der Auftragserteilung ein Kauflimit in eben dieser Höhe. Notiert das Papier, bis der Auftrag an der Börse vorliegt, über dieser Marke, wird die Order so lange nicht ausgeführt, bis der Kurs auf 38 Euro oder darunter sinkt.

Eine Order lässt sich nicht nur im Preis, sondern auch zeitlich limitieren, wenn sie nicht unmittelbar nach Erteilung ausgeführt wird. Üblicherweise gelten Limit-Orders bis zum Ende des laufenden Monats (Ultimo). Der Anleger kann aber auch ein konkretes Gültigkeitsdatum vorgeben.

DIE KRUX BEI LIMITIERTEN ORDERS

Der generelle Nachteil bei Limit-Orders ist, dass manchmal nur ein Teil des Auftrags ausgeführt wird. Wenn der Anleger zum Beispiel 500 Aktien geordert hat, bekommt er möglicherweise nur 150 Stück, weil sich zu diesem Zeitpunkt nicht genügend Verkaufsorders zu diesem Preis gefunden haben. Den Rest erhält er dann später oder gar nicht. Solche Teilausführungen können insbesondere bei kleineren Stückzahlen ins Geld gehen, denn jedes Mal werden die vollen Bankspesen und vor allem Mindestgebühren fällig.

Wer diesen Ärger vermeiden will, muss eine preislich unlimitierte Order, auch Market- oder „billigst"- beziehungsweise „bestens"-Order genannt, erteilen. Market-Orders werden am Tag der Auftragserteilung mit hoher Wahrscheinlichkeit vollständig ausgeführt.

Allerdings sollten Anleger daran denken, dass diese Orders bei hohen Kursschwankungen ordentlich ins Geld gehen können, denn der Sinn und Zweck eines Limits ist schließlich, dass der Anleger eben nicht zu jedem Preis kauft beziehungsweise verkauft.

Wer seine Order speziell im elektronischen Handelssystem Xetra der Frankfur-

ter Börse (siehe Seite 34) platziert, hat noch eine andere Möglichkeit, das Risiko von Teilausführungen zu senken. Er kann seine Order mit dem Zusatz Fill-or-kill (frei übersetzt: ganz oder gar nicht) versehen. Das heißt, die Order wird nur ganz ausgeführt. Ist das kurzfristig nicht möglich, wird der Auftrag als Ganzes gelöscht.

Mit Limits strategisch arbeiten

Ein Limit zu setzen ist allerdings nicht nur bei der Erteilung eines Auftrags sinnvoll. Sie sind auch ein wertvolles Hilfsmittel, mit dem sich Anleger vor allzu starken und plötzlichen Kursverlusten schützen können: Dazu platzieren sie eine „Stop-loss-Order". Dann wird das betreffende Papier verkauft, wenn der Börsenkurs die einmal gesetzte Limitmarke berührt oder gar unterschreitet – allerdings nicht zu diesem Preis, sondern erst zum nächsten, darauffolgenden Kurs, der an der Börse festgestellt wird. An sehr schwachen Börsentagen kann das unter Umständen dazu führen, dass die Papiere zu Tiefstkursen verschleudert werden.

Einige Banken und Discountbroker bieten ihren Kunden auch eine neue Limitform an: die Trailing-Stop- beziehungsweise Trailing-Stop-loss-Order. Damit werden die Verluste wie bei einer normalen Stop-loss-Order begrenzt, bei steigenden Kursen passt das Ordersystem allerdings den Limitwert, bei dessen Unterschreitung die Position aufgelöst wird, automatisch nach oben hin an.

TIPP — Mit Limits sinnvoll umgehen

Überlegt einsetzen. Limits sind keine preiswerte Angelegenheit. Viele Kreditinstitute verlangen für die Erteilung, Änderung und/oder Nichtausführung eines Limits Gebühren. Bei sehr liquiden, das heißt umsatzstarken Aktien wie etwa Siemens oder Bayer sind Limits in der Regel nicht notwendig. Sinnvoll sind sie dagegen bei wenig gehandelten Werten mit großen Kursschwankungen – zum Beispiel im Geregelten Markt (siehe Seite 114). Auch im elektronischen Handelssystem Xetra (siehe Seite 34) sollten Sie nie eine Order ohne Preisgrenze erteilen, da Sie sonst Gefahr laufen, von den Profis dort übervorteilt zu werden.

Strategie festlegen. Legen Sie sich eine klare Limit-Strategie zurecht. Möchten Sie zum Beispiel eine bestimmte Aktie unbedingt haben und geht es nur darum, sich vor Ausreißern nach oben zu schützen, setzen Sie ein Limit knapp über dem aktuellen Kurs (Abfragemöglichkeiten für aktuelle Kursinformationen siehe Seite 44). Wenn Sie dagegen gezielt bei „Kursausrutschern" zum Zuge kommen wollen, legen Sie ein „Abstauberlimit in den Markt". Das heißt, Sie setzen das Limit zum Beispiel 5 bis 10 Prozent unter (beim Kauf) beziehungsweise über (beim Verkauf) dem aktuellen Kurs fest.

Runde Zahlen meiden. Vermeiden Sie „runde" Zahlen bei Ihren Limits. Erfahrungsgemäß wählen sehr viele Anleger glatte Kursmarken. Erreicht der Kurs diesen Wert, kann das leicht eine kleine Verkaufs- beziehungsweise Kaufwelle auslösen. Deshalb vor allem Stop-Limits leicht über beziehungsweise unter solchen psychologischen Preisgrenzen ansetzen.

Notbremse einbauen. Nutzen Sie Stop-loss-Limits als Notbremse, um Verluste zu begrenzen – zum Beispiel, wenn Sie eine bestimmte Aktie eine Zeit lang nicht permanent verfolgen wollen oder können. In dem Fall setzen Sie die Marke deutlich (Faustregel: bis 25 Prozent) unter dem aktuellen Kurs fest. Denken Sie aber daran, bei steigenden Kursen die Limitmarke regelmäßig nach oben anzupassen, um Ihre zwischenzeitlichen Kursgewinne abzusichern. Da einige Banken jedes erteilte Limit gesondert in Rechnung stellen, kann diese Methode allerdings ins Geld gehen.

Beispiel: Ein Anleger kauft eine Aktie zu 100 Euro, seinen möglichen Verlust will er auf 10 Euro begrenzen. In diesem Fall setzt er ein Trailing-Stop-Limit von 10 Euro. Die Aktie wird automatisch verkauft, wenn der Kurs unter 90 Euro sinkt, steigt die Notierung hingegen auf 110 Euro, wird der Stop-Kurs auf 100 Euro nachgezogen.

Auf diese Weise lässt der Anleger den Gewinn laufen und begrenzt seinen Verlust, anstatt bei einem Minus die Reißleine, wenn überhaupt, erst dann zu ziehen, wenn es zu spät ist.

Wichtig zu beachten ist, dass Limitorders bei bestimmten Ereignissen wie beim Kursabschlag von Bezugsrechten (siehe Seite 102), der Ausgabe von Berichtigungsaktien (siehe Seite 105), Kursaussetzungen (siehe Seite 55, „Ad-hoc-Publizität") und in der Regel zum Jahresende automatisch von der Börsenverwaltung gelöscht werden. Der Anleger muss dann von sich aus einen neuen Auftrag erteilen.

DER WEG ZUR AKTIE

Neben dem Wertpapier selbst, der Menge und dem Limit können Anleger auch den Handelsweg bestimmen, über den ihre Order ausgeführt werden soll. Diese Wahl ist nicht ganz unerheblich, denn wie für Dinge des täglichen Gebrauchs auch, gibt es Preisunterschiede für dieselbe Aktie. Ein Vergleich der einzelnen Handelsplätze und -wege lohnt also, wobei jeder seine speziellen Vor- und Nachteile besitzt.

Der Kauf über die Börse: Klassisch und sicher

Zunächst gilt: Anleger können bei der Erteilung ihres Auftrags einen Handelsplatz bestimmen. Wenn sie jedoch auf eine Angabe verzichten, heißt das nicht, dass ihre Order nicht ausgeführt wird. Die Banken sind nach dem Wertpapierhandelsgesetz und der EU-Wertpapierrichtlinie Mifid (siehe Seite 26) verpflichtet, die Order an den für den Kunden günstigsten Handelsplatz zu leiten. In aller Regel ist das eine der deutschen Wertpapierbörsen – der klassische Handelsplatz für Wertpapiere.

Der Vorteil einer Börse ist, dass es sich dabei um hochentwickelte Märkte handelt, an denen sich durch die Bündelung von Nachfrage und Angebot ein liquider Handel mit marktgerechten und transparenten Preisen ergibt – also genau das, was sich Anleger und die Herausgeber von Wertpapieren wünschen. Damit der Handelsbetrieb dort reibungslos und ordnungsgemäß funktioniert, gibt es feste Regeln und eine straffe Organisation. Zudem werden institutionelle Börsen in Deutschland wie in vielen anderen Ländern auch staatlich kontrolliert.

Eine Aktie, viele Börsen

Viele Unternehmen lassen ihre Aktien gleich an mehreren Börsen notieren. Für Anleger ist es daher im Einzelfall gar nicht so einfach, die für ihre Order geeignetste, das heißt günstigste Börse herauszusuchen. Was nützt es etwa, einen Kaufauftrag an denjenigen Handelsplatz zu leiten, der zum Zeitpunkt der Orderaufgabe den niedrigsten Kurs bietet, wenn dort zu diesem Preis kein Umsatz zustande kommt, weil es an entsprechenden Verkäufern fehlt? Grundsätzlich gilt daher: Die Order sollte an derjenigen Börse mit dem lebhaftesten Handel platziert werden, denn dort haben Anleger am ehesten die Gewähr, nicht nur einen marktgerechten Preis zu erzielen, sondern mit ihrem Auftrag auch tatsächlich zum Zuge zu kommen.

Aus diesem Grund geben die Banken und Sparkassen ihre Kundenorders in den meisten Fällen nach Frankfurt – den mit Abstand größten und handelsstärksten Finanzplatz in Deutschland, an dem über 90 Prozent des Börsenhandels abgewickelt werden. Dort wird die Order entweder in das vollelektronische Handelssystem Xetra eingespeist, auf das wiederum der Löwenanteil des Frankfurter Handels

entfällt, oder sie landet bei einem sogenannten Spezialisten. Der Unterschied:
Anders als im Xetra-Handel, bei dem der
Computer selbsttätig für jeden Kaufauftrag eine passende Verkaufsorder findet,
führt der Spezialist ähnlich wie ein Makler
Aufträge von Käufer und Verkäufer zusammen, oder er selbst tritt in den Handel
ein, damit das Geschäft zustande kommt.
Dementsprechend nennt die Deutsche
Börse dies „betreuten Handel".

Eine Alternative zur Frankfurter Börse
bieten die fünf deutschen Regionalbörsen
Berlin-Bremen, Düsseldorf, Hamburg-Han-
nover (= Böag AG), München und Stuttgart (Adressen und Homepages im Serviceteil, siehe Seite 182. Eine Sammlung
von Links zu vielen internationalen Börsen
findet sich unter www.world-exchanges.
org). Speziell bei Aktien ausländischer Unternehmen kommt darüber hinaus noch
die jeweilige Börse im Heimatland in Be-
tracht, an der vielfach der größte Umsatz
stattfindet.

Bei der Wahl eines Börsenplatzes innerhalb Deutschlands spielen die Kosten
kaum eine Rolle. Die Preisunterschiede

zwischen den einzelnen Börsen sind gering, und viele Banken berechnen ihren
Kunden ohnehin einen (höheren) Pauschal-
betrag, der alle externen Kosten, in erster
Linie Makler- und Börsengebühren, umfasst. Entscheidend ist vielmehr eine hohe
Liquidität, was sich an der Zahl der abge-
schlossenen Geschäfte und der dabei umgesetzten Aktien ablesen lässt.

Daher ist Xetra vor allem bei den wichtigen deutschen Aktien erste Wahl, denn
hier wickeln insbesondere Großanleger
wie Fonds ihre Orders ab. Entsprechend
rege ist der Handel. Selbst Miniorders über
ein Stück werden fortlaufend über die gesamte Handelszeit hinweg angenommen
und damit faktisch jederzeit abgewickelt.
Das kann speziell dann von Bedeutung
sein, wenn der Kurs einer Aktie während
des Tages besonders stark fällt beziehungsweise steigt.

Die Tücken von Xetra

Das Xetra-System hat aber auch seine
Tücken gegenüber dem Präsenzhandel. So
haben die Profis wesentlich besseren Ein-
und Überblick über Art und Umfang von

TIPP **Die richtige Börse finden**

In den Kursdatenbanken vieler Discountbroker und Finanzportale (Adressen der Finanzportale siehe Seite 44)
lassen sich die Preise einzelner Papiere
und manchmal auch die Umsätze an

unterschiedlichen Börsen abfragen.
Auf diese Weise bekommen Sie einen
Überblick darüber, wo zum Beispiel
eine bestimmte Aktie besonders rege
gehandelt wird.

INFO **Kurszusätze: Kürzel für Kenner**

Jeder Betreuer oder Spezialist ist bei der Ermittlung der Börsenpreise, die er für ein bestimmtes Wertpapier feststellt, an bestimmte Verpflichtungen gebunden. So muss er dafür sorgen, dass bei einem Kurs stets der größtmögliche Umsatz zustande kommt und alle über dem Kurs limitierten Kaufaufträge beziehungsweise unter dem Kurs limitierten Verkaufaufträge ausgeführt werden. Nicht bei jeder Kursfeststellung lassen sich jedoch Angebot und Nachfrage vollständig ausgleichen. Der Betreuer verwendet dann bestimmte Kurszusätze, die dem Publikum Informationen über die Marktlage geben. Nachfolgend eine Übersicht der am häufigsten verwendeten Zusätze:

■ b oder kein Zusatz = bezahlt. Alle Aufträge wurden ausgeführt.
■ bG = bezahlt Geld. Nicht alle zu diesem Kurs limitierten Kaufaufträge konnten ausgeführt werden. Es bestand weitere Nachfrage.
■ bB = bezahlt Brief. Nicht alle zu diesem Kurs limitierten Verkaufaufträge konnten ausgeführt werden. Es bestand weiteres Angebot.
■ G = Geld. Zu diesem Kurs fand kein Umsatz statt. Es bestand nur Nachfrage.
■ B = Brief. Zu diesem Kurs fand kein Umsatz statt. Es bestand nur Angebot.
■ – G = gestrichen Geld. Ein Kurs konnte nicht festgestellt werden, da nur unlimitierte Kaufaufträge vorlagen.
■ – B = gestrichen Brief. Ein Kurs konnte nicht festgestellt werden, da nur unlimitierte Verkaufaufträge vorlagen.
■ T = Taxe. Ein Kurs konnte nicht ermittelt werden. Der Preis ist geschätzt.
■ ausg = ausgesetzt. Die Kursnotierung ist ausgesetzt.
■ ex D = Erste Notiz unter Abzug der Dividende (meist der Tag nach der Hauptversammlung, siehe Seite 97).

Angebot und Nachfrage. Wer es mit der Kaufmannsehre nicht so genau nimmt, kann andere Börsenakteure übervorteilen, indem er gezielt nach unlimitierten oder nicht marktgerecht limitierten Aufträgen für ein weniger stark gehandeltes Papier sucht und diese „abfischt".

Der Auftrag wird dann zu einem Preis ausgeführt, der angesichts der tatsächlichen Orderlage und Kurssituation nicht unbedingt als fair zu bezeichnen ist. Eine nicht oder falsch limitierte Order im Parketthandel fällt dagegen nicht weiter ins Gewicht. Dort ist der sogenannte Spezialist, bei dem die Orders für eine bestimmte Aktie zusammenlaufen, verpflichtet, einen marktgerechten Kurs festzustellen, der für alle vorliegenden Orders gilt. Das probate Gegenmittel, um sich bei Xetra-Orders vor solchen Zockern zu schützen, ist die Erteilung eines kursnahen Limits. Dann allerdings riskiert der Anleger eine teure Teilausführung (siehe Seite 31).

Die Regionalbörsen: Klein, aber oho

Wer diesem Zwiespalt aus dem Weg gehen will, sollte sich das Angebot der Regionalbörsen etwas näher ansehen. Da die kleineren Handelsplätze mit Frankfurt weder in puncto Umsatz noch Zahl der abgewickelten Geschäfte mithalten können, haben sie sich zum Ziel gesetzt, mit einem besseren Serviceangebot vor allem bei den Privatanlegern zu punkten. So locken sie ihre Kunden mit diversen Preis- und Ausführungsgarantien und dem Verzicht auf Teilausführungen. Auf diese Weise sollen Anleger günstiger und/oder schneller als bei Xetra zum Zuge kommen.

Dahinter steckt nicht etwa eine unseriöse Geschäftsmasche. Um diese Garantie zu verstehen, muss man jedoch wissen, dass im laufenden Börsenhandel für jedes Wertpapier üblicherweise zwei Kurse festgestellt werden: der Ankaufskurs, auch Geldkurs genannt, und der höhere Verkaufskurs, der als Briefkurs bezeichnet wird. Der Unterschied zwischen beiden Kursen heißt Spread. Er ist – neben der Courtage – die Verdienstbasis für Betreuer und Händler. Dass die Regionalbörsen bessere Kurse als zur gleichen Zeit in Xetra bieten, heißt in der Praxis nichts anderes, als dass die Händler engere Preisspannen stellen als ihr Computerkollege.

Zusätzlicher Pluspunkt des Parketthandels ist, dass dort der Handel bis 20 Uhr läuft, während der Xetra-Handel in Frankfurt um 17.30 Uhr endet. Bis 20 Uhr muss die Order dann über einen Spezialisten abgewickelt werden. Im Abendhandel können die Investoren in Europa auf aktuelle Nachrichten, vor allem aus den USA, reagieren. Allerdings verläuft der Handel am Abend meist sehr flau. Zudem gelten die auf Xetra bezogenen Preisgarantien, die einige Börsen geben, in dieser Zeit nicht mehr.

Wo was ordern?

Wer im Wirrwarr der Garantien und Serviceangebote der einzelnen Handelsplätze nicht mehr durchschaut, kann folgende Faustregel verwenden: Die großen deutschen Aktien kann man bedenkenlos an allen sechs Börsenplätzen kaufen und verkaufen. Bei Zertifikaten (siehe Seite 154) sind Stuttgart und Frankfurt erste Wahl. Bei ausländischen Aktien sind Berlin/Bremen und München stark. Wer Aktien sehr kleiner deutscher Unternehmen oder bestimmte ausländische Papiere kaufen will, muss zwangsläufig an den Börsen ordern, an denen sie notiert sind. Nicht jede US-Aktie wird zum Beispiel an allen deutschen Börsen gehandelt.

Vorteilhaft beim Kauf ausländischer Papiere sind die Preisgarantien, die einzelne Regionalbörsen wie etwa Stuttgart geben. Käufer oder Verkäufer werden dabei in puncto Kurs so gestellt, als würden sie an der Börse handeln, an der das Papier beheimatet und an der der Handel entsprechend liquider ist. Dennoch zahlen sie beim Kauf über die deutsche Börse nur die Spesen, die bei einer deutschen Aktie anfallen würden, und nicht die hohen Auslandsgebühren.

Direkthandel:
Ohne Umwege kaufen und verkaufen

Der Weg über die Börse ist die gängigste, aber mittlerweile nicht mehr die einzige Möglichkeit, die Anleger haben, um Aktien zu kaufen und verkaufen. Eine Reihe von Banken, vorwiegend Discountbroker, bietet ihren Kunden als Alternative zum organisierten Börsenhandel an, direkt per Internet mit einzelnen Wertpapierhäusern zu handeln.

Das Prinzip bei diesem Direkthandel ist, dass Anleger per Computer eine Preisanfrage für ein bestimmtes Wertpapier starten. Darauf bekommen sie von einem sogenannten Market Maker verbindliche Preise genannt. Market Maker sind einzelne Banken oder Händler, die laufend An- und Verkaufskurse stellen und auf diese Weise beide Handelsseiten darstellen. Ist ein Anleger mit dem Preis einverstanden, schließt er den Handel mit einem Mausklick ab und hat so augenblicklich gekauft oder verkauft. Der Vorteil für ihn: Es gibt keine Unsicherheit mehr bezüglich der Ausführung der Order und des Kurses. Außerdem kann er auf diese Weise auch nach dem offiziellen Börsenschluss handeln und so auf kursrelevante Ereignisse unmittelbar reagieren.

Der Service hat allerdings seinen Preis. Die Papiere im Direkthandel werden meist mit einem kleinen Auf- beziehungsweise Abschlag zum aktuellen Börsenkurs angeboten. Schließlich will der Händler auch etwas an dem Geschäft verdienen. Es ergibt sich beim Direktgeschäft also in vielen Fällen ein etwas schlechterer Kurs als an der Börse. Als Faustregel gilt: Je marktgängiger ein Papier ist, desto geringer ist die Differenz zum aktuellen Börsenkurs.

Interner Handel:
Wenig empfehlenswerte Alternative

Die Abwicklung vor allem kleinerer Wertpapieraufträge kostet die Banken immer mehr Geld. Daher bieten mittlerweile zahlreiche Institute ihren Privatkunden die Möglichkeit zu einem internen Direkthandel an, anstatt die Orders an externe Handelspartner oder die Börse zu leiten. Vorteil für die Geldhäuser: Sie kassieren den Kursunterschied zwischen An- und Verkaufskurs, verdienen also selbst an dem Geschäft und sparen zusätzlich noch Kosten, da die Order komplett im eigenen Hause abgerechnet wird. In manchen Fällen werden die Aufträge auch mit denen von anderen Kunden intern, also quasi auf einer „Hausbörse", zusammengeführt – manchmal sogar, ohne dass dies dem Kunden ausdrücklich gesagt wird.

Der Haken bei der Sache

Gerade bei wenig gehandelten Aktien kann dieser Preis unter Umständen nicht mehr den aktuellen Marktverhältnissen entsprechen. Wickeln außerdem immer mehr Banken ihre Kundenorders intern ab, trocknet die Liquidität an der Börse aus. Folge: Die dort festgestellten Preise spiegeln immer weniger die tatsächliche Marktlage wider. Seit Inkrafttreten der

Mifid-Richtlinie (siehe Seite 26) sind die Banken jedoch verpflichtet, den günstigsten Handelsplatz auszuwählen und bei einem internen Handel die entsprechenden Referenzkurse an der Börse zu diesem Zeitpunkt anzugeben.

Kosten gegen Nutzen

Jeder Anleger muss dennoch im Einzelfall abwägen, was ihm die Sicherheiten bei der Ausführung und beim Kurs wert sind. Wenn er zum Beispiel ein bestimmtes Papier auf jeden Fall abstoßen will, weil der Kurs stark fällt, kann für ihn ein schneller Verkauf bares Geld wert sein. Wer dagegen gute Nerven hat, Geduld besitzt und an der Börse mit Limits arbeitet, erzielt dort unter günstigen Umständen wesentlich bessere Preise.

DIREKTHANDEL MIT TÜCKEN

Nur in Ausnahmefällen empfiehlt es sich, außerhalb der offiziellen Börsenzeiten auf den Direkthandel zurückzugreifen, da es dann keinen aktuellen Börsenkurs gibt, der als Vergleichsmaßstab herhalten könnte.

Die größte Gefahr besteht jedoch darin, dass der Direkthandel, von Ausnahmen abgesehen, keiner börsengesetzlichen Regelung unterliegt. Die dort getätigten Geschäfte fallen in den Bereich privatrechtlicher Regelungen und Vereinbarungen. Allerdings sorgt die Mifid-Richtlinie dafür, dass Anleger Ansprüche gegenüber ihrer Bank geltend machen können, sollte es zu Unregelmäßigkeiten, zum Beispiel anderen als den genannten Abrechnungskursen, kommen.

WER HILFT, WENN ES PROBLEME GIBT?

Mangelhafte Beratung, Aktien gekauft statt verkauft, ein falsches Limit oder ein Abrechnungskurs, der weit über dem lag, was sonst an dem Handelstag für das Papier zu zahlen war – bei Aktiengeschäften kann wie bei jedem anderen Handel eine Menge schiefgehen. Das Problem dabei: Selbst kleine Fehler kosten meist viel Geld, vom Ärger der Betroffenen mal ganz abgesehen. Aus diesem Grund sind die Akteure im Wertpapiergeschäft (Händler, Banken und Skontroführer, siehe Seite

186, etc.) mittels Regeln und Gesetzen an eine Reihe von Sorgfaltsvorschriften gebunden, um die Kunden, aber auch sich selbst vor größerem Schaden zu schützen. Das fängt beispielsweise bei der Verpflichtung an, sämtliche Aufträge schnellstmöglich und unter Wahrung des Kundeninteresses abzuwickeln, und endet beim Recht des Anlegers, spätestens zwei Tage nachdem ein Geschäft an der Börse abgeschlossen wurde, eine Abrechnung in Händen zu halten.

Die staatliche Finanzaufsicht

All diese Gesetze und Vorschriften hätten aber keinen Sinn, wenn sich niemand um deren Einhaltung kümmern würde. Das würde nicht nur das ganze Regelwerk sinnlos machen, auch der Anlegerschutz und damit das Vertrauen in die Börse würden ausgehöhlt. Daher gibt es in Deutschland – wie in vielen anderen Ländern – Institutionen, die das Geschehen an und außerhalb der Börse beaufsichtigen.

Hierzulande ist das zuerst einmal die Bundesanstalt für Finanzdienstleistungsaufsicht (Bafin) – eine staatliche Allfinanzaufsicht, die Mitte 2002 aus den ehemaligen Bundesaufsichtsämtern für Kredit-, Versicherungswesen und Wertpapierhandel hervorgegangen ist.

Die Bündelung der Aufsichtskompetenzen unter einem Dach hat das Ziel, den immer stärkeren Verflechtungen im Finanzsektor – beispielsweise durch den Zusammenschluss von Großbanken und Versicherungen – Rechnung zu tragen. An der Börse hat die Bafin vor allem die Aufgabe, verbotene Insidergeschäfte (siehe Seite 57), Versuche von Kursmanipulationen und Verstöße gegen die Regeln der Ad-hoc-Publizität seitens der Emittenten (siehe Seite 55) aufzuspüren

---

TIPP   Hier finden geschädigte Bankkunden Hilfe

Wenn Sie eine Auseinandersetzung mit einer Privatbank haben, zum Beispiel eine Reklamation, der Ihre Bank nicht nachgehen will, ist es erfolgversprechender, sich an den zuständigen Ombudsmann (bei Sparkassen, Volks- und Raiffeisenbanken an die zuständige verbandsinterne Beschwerdestelle) zu wenden als an die Bafin. Die Bafin können Sie dann noch zusätzlich informieren (alle Adressen im Serviceteil ab Seite 182).

Anleger, die sich speziell beim Abrechnungskurs einer Order benachteiligt fühlen, können von der Handelsüberwachungsstelle (Hüst) der jeweiligen Börse überprüfen lassen, ob bei der Kursfeststellung alles mit rechten Dingen zugegangen ist. So hat beispielsweise die Hüst der Frankfurter Börse eine gebührenfreie Hotline (Tel. 0 800 2/ 30 20 23) für Kundenbeschwerden, an die sich Anleger wenden können, wenn sie ihre Order an der Mainmetropole platziert haben. Die Hüst kann dabei auch die Daten mit dem Kursverlauf an anderen deutschen Börsenplätzen vergleichen, sofern das Papier dort gehandelt wird. Ergibt die Analyse, dass es zum gleichen Zeitpunkt erhebliche Preisunterschiede gegeben hat, können Anleger das Geschäft rückgängig machen oder beim Makler den Differenzbetrag als Schadenersatz einfordern.

und zu verfolgen. Darüber hinaus überwacht die Behörde die Einhaltung der Verhaltensregeln, die für Kreditinstitute bei Kundengeschäften gelten (siehe Seite 26), und sie ist für die Zusammenarbeit der Aufsichtsbehörden auf internationaler Ebene zuständig.

Die Bafin bietet auch ganz praktische Hilfe an. So finden Privatanleger zum Beispiel auf der Homepage (www.bafin.de) eine Broschüre zum Herunterladen, in der die Arbeit der Börsenkontrolleure ebenso beschrieben wird wie zahlreiche Anlegerfallen, die es an und abseits der Börse gibt (Menüpunkt „Verbraucher").

Kritiker bemängeln allerdings, dass die Bafin – anders als etwa ihr Pendant in den USA, die Security Exchange Commission (SEC) – keine eigene Strafverfolgungskompetenz besitzt. Sie kann lediglich Bußgelder verhängen. Bei gravierenden Verstößen muss sie den Staatsanwalt mit der weiteren Strafverfolgung beauftragen.

Die Verteilung der Finanz- und Börsenaufsicht auf verschiedene Ebenen und Stellen führt zudem zu Reibungsverlusten und einem hohen Organisationsaufwand. Denn neben der zentralen Kontrolle durch die Bafin überwacht zusätzlich die Handelsüberwachungsstelle (Hüst) an jedem Börsenplatz das Geschehen direkt vor Ort (mehr Informationen dazu unter der offiziellen Homepage der Länderaufsichtsbehörden www.boersenaufsicht.de).

Die Hüst wertet alle Handelsdaten wie die Höhe der Umsätze und die Kursentwicklung eines Wertpapiers innerhalb einer oder mehrerer Börsensitzungen aus und prüft sie auf Auffälligkeiten. Auf diese Weise soll gesichert werden, dass die Skontroführer beziehungsweise Spezialisten ihre Kurse ordnungsgemäß feststellen und es keine Manipulationsversuche gegeben hat. Zusätzlich nimmt die Hüst Kontrollen der Eigengeschäfte der Makler vor und überwacht die Sicherheiten, die die Teilnehmer am Börsenhandel zu leisten haben, bevor sie Geschäfte auf dem Parkett tätigen dürfen.

Um die Kontrolleure besser koordinieren zu können, die Abstimmung untereinander zu verbessern und die Überwachung neuer Regeln, die im Zuge der Finanzkrise aufgestellt wurden, zu erleichtern, gibt es in der Politik Überlegungen, zukünftig die gesamte Aufsicht des Banken-, Versicherungs- und Wertpapiersektors unter dem Dach der Bundesbank zu bündeln. Konkrete Entscheidungen dazu gibt es jedoch noch nicht.

Die Aufsichtsbehörden der Länder

Zu guter Letzt kümmern sich neben den Handelsüberwachungsstellen spezielle Börsenaufsichtsbehörden in den einzelnen Bundesländern darum, dass an der Börse alles mit rechten Dingen zugeht. Diese Behörden beaufsichtigen beispielsweise die Skontroführer. Neben den Handelsüberwachungsstellen sind auch sie für die Einhaltung der Börsenregeln und den ordnungsgemäßen Ablauf des Handels zuständig.

INFORMATION ALS GRUNDLAGE

Dank Internet ist es jederzeit möglich, sich mit Nachrichten und Daten zu versorgen. Für Anleger ist das von großem Vorteil, denn aktuelle Informationen spielen für den Anlageerfolg mit Aktien eine entscheidende Rolle. Doch die moderne mediale Welt hat auch ihre Nachteile. Wer in der Flut von Nachrichten nicht den Überblick verlieren will, benötigt eine gute Strategie, um wichtige Informationen herauszufiltern und richtig zu interpretieren.

INTERNET: AM PULS DER BÖRSE

Das Internet hat für eine Revolution in der Informationstechnologie gesorgt, die auch an den Finanzmärkten nicht spurlos vorbeigegangen ist. Denn die Stärken des Netzes sind seine Aktualität und Schnelligkeit – und die kann es vor allem ausspielen, wenn es um Finanzinformationen geht, bei denen jede Sekunde bares Geld wert sein kann.

Es gibt Dutzende von Webseiten mit Kursen, Kennziffern, Finanznachrichten und Charts (siehe Seite 136/137) und nicht zuletzt den neuesten Meldungen. Der entscheidende Vorteil dabei: Der surfende Anleger kann auf jede neue Entwicklung an den Börsen und jedes aktuelle Ereignis sofort reagieren und mit ein paar Mausklicks seine Order umgehend an der Börse platzieren.

Kurse, Kurse, Kurse

Vor allem die Seiten der Direktbanken und Discounter bieten fast alles, was das Herz des Aktienanlegers begehrt. Die meisten Informationen, die dort zu finden sind, dienen dazu, die Kunden bei ihren Anlageentscheidungen zu unterstützen. Doch auch Nichtkunden werden in der Fülle der Daten fündig. Parallel dazu stellen die Börsen selbst im Internet Kurse und Informationen bereit (siehe Serviceteil, Seite 182). Und nicht zuletzt sind auch die klassischen Nachrichtenagenturen im Netz vertreten, auf deren Seiten das Aktuellste aus Wirtschaft und Politik zu finden ist. Dazu kommen Finanzdienstleister wie Banken und Anbieter, die sich auf spezielle Anlageprodukte wie Investmentfonds oder Zertifikate (siehe Seite 154) spezialisiert haben,

INFO   Finanzportale und Nachrichtenagenturen im Netz

Aktuelle Kurse und weitere Informationen zu Aktien und Indizes finden Sie bei Finanzportalen und Nachrichtenagenturen. Hier eine Auswahl:

Finanzportale
- www.aktiencheck.de
- www.ariva.de
- www.finanztreff.de
- www.onvista.de
- www.wallstreet-online.de

Nachrichtenagenturen
- Deutsche Presseagentur www.dpa.de
- Bloomberg www.bloomberg.com
- Reuters www.reuters.com
- Vereinigte Wirtschaftsdienste VWD www.vwd.de
- ABC New Media www.finanznach-richten.de

und die Betreiber sogenannter Finanzportale, die ihre Seite ausschließlich dem Thema Geld und Börse widmen.

Zwischen den einzelnen Seiten gibt es gravierende Unterschiede in puncto Aktualität und Umfang der angebotenen Daten. So sind beispielsweise die Kurse auf einigen Seiten schlichtweg unbrauchbar, weil sie nicht laufend aktualisiert werden. Einzelne Adressen überzeugen durch Nutzerfreundlichkeit, auf anderen Seiten wiederum droht sich der Besucher zu verlaufen. Und nicht zuletzt ist die Frage ein Kriterium, ob die angebotenen Informationen kostenlos zur Verfügung stehen oder – zumindest in Teilen – nur gegen Entgelt zu haben sind. So werden in der Regel Aktienkurse und selbst die meisten Indexstände nur mit einer Verzögerung von 15 Minuten ins Netz gestellt. Zugriff auf die sogenannten Echtzeitkurse bekommen nur Kunden (etwa im Fall der Direktbanken) oder zahlende Besucher.

Investor Relations: Werbung in eigener Sache

Dass nicht nur Banken und andere Finanzdienstleister, sondern jedes größere Unternehmen mit einer Homepage im Internet vertreten sind, gehört mittlerweile zum guten Ton. Im Netz präsentieren die Firmen nicht nur ihre Produkte und bieten sie oft sogar direkt zum Kauf an. Börsennotierte Konzerne nutzen ihre Homepage auch, um bei den Anlegern Werbung in eigener Sache zu betreiben. Investor Relations wird diese Beziehungspflege eines Unternehmens zu seinen Aktionären und potenziellen Investoren genannt. So ist es beispielsweise üblich, dass die jüngsten Geschäfts- und Quartalsberichte auf der Seite zum Herunterladen bereitliegen. Dazu kann der Netzbesucher oft auch zusätzliche Informationen wie das Unternehmensprofil (siehe Seite 125) und wichtige Termine wie zum Beispiel den Tag der nächsten Hauptversammlung

(siehe Seite 97) abrufen. Doch es gibt durchaus Unterschiede, wie Unternehmen ihre Anteilseigner mit Informationen versorgen. Während manche Investor-Relations-Seiten technisch und inhaltlich alle Register ziehen und kaum eine Frage offen lassen, haben andere Gesellschaften den Sprung in das Internet noch nicht recht geschafft und behandeln Anleger und Aktionäre bei der Gestaltung ihrer Homepage etwas stiefmütterlich.

Vorsicht in Chatrooms und Diskussionsforen

Vorsicht im Internet ist angebracht bei E-Mails und bei Chatrooms oder Diskussionsforen, in denen sich Aktienfans austauschen können. Solche „Kommunikationsbörsen" mögen bei bestimmten Themen durchaus sinnvoll sein, beim Thema Aktienanlage sind sie jedoch mit Vorsicht zu genießen. Denn selten werden dort gewissenhaft recherchierte Informa-

INFO **Eine gute Seite erhält die Freundschaft**

Damit Anleger und Analysten (siehe Seite 59) alles Wissenswerte finden, sollte die Internetpräsenz eines Unternehmens folgende inhaltliche Punkte enthalten:

- Auf der Unternehmens-Homepage haben die Investor Relations (IR) eine eigene Unterseite, die über das Menü direkt angesteuert werden kann.
- Unternehmensprofil und Unternehmenspräsentation
- Aktueller Kurs der Aktie und Chart
- Geschäfts- und Quartalsberichte liegen vollständig zum Download bereit.
- Finanzkalender mit Terminen für Hauptversammlung, Geschäftsberichte etc.

- Archivierung der letzten Ad-hoc-Meldungen (siehe Seite 55)
- Namentliche Vorstellung von Management und Aufsichtsrat
- Archiv mit Pressemitteilungen der vergangenen Monate
- Hinweise auf Art und Umfang bestimmter Selbstverpflichtungen wie beispielsweise den Corporate-Governance-Kodex (siehe Seite 132). Dazu gehören auch Informationen über die Vergütung von Aufsichtsrat und Management.
- Hinweise und gegebenenfalls Links zu Bankstudien, die die eigenen Aktien betreffen
- Newsletter per E-Mail-Versand

tionen und fundierte Meinungen ausgetauscht. Stattdessen machen oft nur Gerüchte und Spekulationen nahezu ungehemmt die Runde – und nicht jeder Autor eines Beitrags, der in diesen Foren seine Meinung veröffentlicht, hat ehrenhafte Absichten. So gibt es immer wieder Versuche, mit per E-Mail versendeten Halbwahrheiten und Lügen die Kurse einzelner Aktien, in die der Absender vorher ein- oder aus denen er ausgestiegen ist, gezielt „hoch-" beziehungsweise „tiefzureden".

NICHTS FÜR LEICHTGLÄUBIGE

Seien Sie kritisch, wenn Sie das Internet für Ihre Informationsbeschaffung nutzen! Fragen Sie nach und überprüfen Sie Informationen, die Sie in Diskussionsforen und Chatrooms zu einzelnen Aktien aufschnappen!

Diese Art der Kursmanipulation ist fast so alt wie die Börsen selbst. Mit dem Internet haben sich allerdings die Möglichkeiten dafür verbessert. Denn es ist heutzutage mit vergleichsweise geringem technischen Aufwand möglich, eine große Zahl von Anlegern auf die falsche Fährte zu locken. Glücklicherweise haben viele Investoren aus ein paar besonders aufsehenerregenden Vorfällen vor einigen Jahren, bei denen vor allem US-Anleger um Millionen geprellt wurden, gelernt. Die Methode, die Fachleute „humping and dumping" nennen (frei übersetzt: aufpumpen und abstoßen), ist fast immer

die gleiche. Mit Vorliebe suchen sich die Akteure wenig gehandelte Aktien von kleinen Unternehmen aus, über deren Geschäftsverlauf sie Halbwahrheiten und Gerüchte in Umlauf bringen. Denn bei diesen Titeln reicht bereits eine geringe Nachfrage aus, um die Notierung nach oben zu bewegen. Solche Manipulationen sind in Deutschland – ebenso wie in den USA, wo die Börsenaufsicht SEC mit drakonischen Strafen gegen die Initiatoren vorgeht – verboten. Doch bis der Schwindel auffliegt und die Kurse der entsprechenden Papiere sturzartig in sich zusammenfallen, haben die Täter ihre Anteile oft schon längst wieder verkauft und ihre elektronischen Spuren im Netz verwischt.

Allerdings: Diese Methode funktioniert nicht zuletzt deshalb immer wieder, weil es Anleger gibt, die jeden Tipp ungeprüft aufnehmen und danach handeln. Das gilt im Übrigen auch für missbräuchliche Aktienempfehlungen von Börsengurus und Finanzjournalisten, das sogenannte Scalping, was sich am besten mit „den Anlegern das Fell über die Ohren ziehen" übersetzen lässt.

Das Prinzip bei dieser Masche ist nicht wesentlich anders als beim humping and dumping: Der Herausgeber eines Börsenbriefs oder ein Fondsmanager kauft vorher genau die Papiere, die er hinterher in den Medien empfiehlt. Steigen daraufhin viele Anleger in die Aktie ein und der Kurs klettert nach oben, kann der Tippgeber seinen Gewinn einstreichen.

DIE TRADITIONELLEN MEDIEN: NICHT AUS DER MODE

Das Internet ist zweifellos erste Wahl, wenn es für Anleger darum geht, Informationen zu einzelnen Aktien und zum Thema Börse insgesamt zu sammeln. Doch wäre es falsch, deswegen die traditionellen Medien wie Tageszeitung oder Fernsehen gänzlich außer Acht zu lassen. Im Gegenteil: Auch sie besitzen ihre speziellen Stärken, die Anleger nutzen sollten.

Tageszeitungen:
Neuigkeiten schwarz auf weiß

Die (überregionale) Tageszeitung ist nicht nur eine der ältesten, sondern für Anleger nach wie vor eine der wichtigsten Informationsquellen. Gleichwohl erlebt dieses Medium einen Wandel. Denn die gedruckte Ausgabe hat einen gravierende Nachteil: Für Börsianer ist sie bereits veraltet, wenn sie der Bote frühmorgens vor die Haustür legt. Kurs- und Unternehmensinformationen (siehe Seite 50) zum Beispiel lassen sich durch das Internet tags zuvor viel schneller und damit aktueller abrufen.

Deshalb steht heute auch bei der Tagespresse das Internet im Fokus – mit tiefgreifenden Folgen. Denn: Immer mehr Menschen lesen die Online-Version ihrer Tageszeitung und bestellen die gedruckte Ausgabe ab – nicht zuletzt deshalb, weil Erstere in der Regel kostenlos ist. Was umgekehrt dazu führt, dass die Verlage mit ihren Internetangeboten bislang kaum Geld verdienen, da der Verkauf von Anzeigen die Einnahmeausfälle nicht ausgleicht. Es ist also fraglich, ob die Tageszeitungsverlage ihr Angebot noch lange kostenfrei zur Verfügung stellen.

Doch auch wenn irgendwann die virtuelle Ausgabe der Tageszeitung nicht mehr zum Nulltarif zu haben ist, sollten Anleger nicht darauf verzichten. Was sie unentbehrlich macht, ist die Tatsache, dass professionelle Redakteure die Ereignisse eines Tages journalistisch aufbereiten. Sie wählen nicht nur die wichtigsten Meldungen

---

INFO **Die wichtigsten Tageszeitungen im Netz**

- Börsenzeitung www.boersen-zeitung.de
- Die Welt www.welt.de
- Financial Times Deutschland www.ftd.de
- Frankfurter Allgemeine Zeitung www.faz.de
- Handelsblatt www.handelsblatt.com
- Süddeutsche Zeitung www.sueddeutsche-zeitung.de

INFO   Die wichtigsten Wirtschafts- und Anlegermagazine im Netz

- Börse online www.boerse-online.de
- Capital www.capital.de
- Finanztest, die Zeitschrift der Stiftung Warentest www.test.de
- Focus Money www.focus-money.de
- Manager Magazin www.manager-magazin.de
- Wirtschaftswoche www.wiwo.de

aus und fassen sie zusammen. Viel wichtiger ist, dass sie Ereignisse und Daten analysieren, in einen größeren Zusammenhang einordnen, kommentieren und Hintergründe erläutern.

Auf diese Weise bekommt der Leser zum Beispiel nicht nur einen Überblick über das Geschehen an den deutschen und den wichtigsten internationalen Finanzmärkten. Er erfährt auch, welche Themen die Kurse am Tag zuvor bewegt haben und welche Schlüsse daraus zu ziehen sind, ebenso wie aus den Geschäftsergebnissen der großen börsennotierten Unternehmen, über die laufend berichtet wird. Vor allem das Problem, sich Informationen selbst zu besorgen – etwa auf der Internetseite eines Unternehmens (siehe Seite 45) – und die Flut von Nachrichten zu selektieren und zu interpretieren, wird dem Tageszeitungsleser damit weitgehend abgenommen.

Andere Printmedien

Neben den Tageszeitungen gibt es eine Reihe von wöchentlich und monatlich erscheinenden Wirtschaftsmagazinen. Deren Stärke liegt weniger in der aktuellen Berichterstattung als in ausführlichen Analysen und Reportagen. Hier finden Aktienanleger selten den heißen Tipp,

eher fundierte Anlagerezepte und Investmentideen.

Stärker an konkreten Anlagebedürfnissen orientieren sich spezielle Börsenjournale und Geldzeitschriften, in denen sich von der ersten bis zur letzten Seite alles um Aktien, Anleihen, Fonds und andere Wertpapiere dreht.

Hinzu kommt noch ein gutes Dutzend sogenannter Börsendienste, die nicht am Kiosk, sondern nur per Post, Fax und E-Mail zu beziehen sind. Gekauft werden diese Publikationen vor allem wegen ihrer zahlreichen Kaufempfehlungen, für die Aktieninvestoren erfahrungsgemäß immer ein offenes Ohr haben.

Börsenjournale: Selten ihr Geld wert

Abgesehen von den möglichen Gefahren, die damit verbunden sind, wenn Anleger sich blindlings auf die Meinung anderer verlassen, stellt sich natürlich die Frage, welche Erfolge sich mit den Tipps dieser Publikationen erzielen lassen. In der Regel keine berauschenden, wie bereits einige Untersuchungen, darunter auch eine der Stiftung Warentest, herausgefunden haben. So ist es mehr als fraglich, ob der Leser das Geld für das Abonnement oder den Kauf eines einzelnen Exemplars durch geldwerte Ratschläge wieder reinholen kann.

 TEURE HOTLINES, ZWEIFELHAFTE TIPPS

Ganz besonders problematisch sind dabei anmeldepflichtige Internetseiten und teure Telefonhotlines, mit denen dubiose Börsengurus versuchen, Geld zu verdienen. Mit Werbesprüchen wie „Neue Kursraketen" oder „1 000-Prozent-Chance" gehen sie auf Kundenfang. Je nach Angebot und Nutzungsintensität müssen Anleger dafür zwischen 20 bis 30 Euro pro Monat berappen – dafür gibt es in vielen Fällen nicht mehr als ein paar zweifelhafte Tipps und Gerüchte rund um die Börse. Auf solche Angebote sollten Anleger getrost verzichten.

Radio und TV

Zu guter Letzt dürfen das gute alte Radio und der Fernseher nicht vergessen werden. Auch hier hat die Berichterstattung über das Thema Geldanlage und Börse in den vergangenen Jahren deutlich mehr Raum bekommen. Reine Nachrichtensender wie n-tv und N-24 berichten täglich mehrfach live vom Geschehen an der Frankfurter Börse. In puncto Schnelligkeit

können es Radio und TV mit dem Internet jederzeit aufnehmen. Ihr Schwachpunkt ist allerdings die Nutzerfreundlichkeit. Die gesendeten Informationen kann der Anleger vor dem Bildschirm oder Lautsprecher in der Kürze der Zeit oftmals nur zu einem Bruchteil aufnehmen und verarbeiten. Dennoch: Um beispielsweise auf eine gute Investmentidee oder ein neues Unternehmen aufmerksam zu werden, taugen die vielen Wirtschafts- und Börsensendungen allemal.

Den Videotext nicht verachten

Fast jeder Fernseher kann darüber hinaus einen zusätzlichen Datendienst empfangen: Videotext. Die großen TV-Anstalten bieten darin Finanz- und Wirtschaftsnachrichten sowie zeitnahe Kurse zu Aktien und Investmentfonds, die per Fernbedienung über einen Nummerncode abgefragt werden können. Das ist zwar häufig nicht so komfortabel und umfangreich wie das Angebot einer Internetseite. Doch ihren Zweck, Nachrichten und Kursinformationen zum Nachlesen zur Verfügung zu stellen, erfüllt diese mediale Variante auf jeden Fall.

UNTERNEHMENSINFORMATIONEN: PFLICHT FÜR AKTIONÄRE

Auch wenn die meisten Medien weitgehend objektiv berichten: Kein Anleger, der Aktien eines bestimmten Unternehmens kaufen möchte, sollte sich nur mit Informationen aus zweiter und dritter Hand zufriedengeben. Letztlich basieren alle Berichte und Meldungen zu einem wesentlichen Teil auf Daten, die von den jeweiligen Unternehmen selbst zusammengestellt und an die Öffentlichkeit gegeben wurden. Was für professionelle Anleger, zum Beispiel Fondsmanager, zur täglichen Arbeit gehört, sollten deshalb auch Privatanleger praktizieren: anlagerelevante Informationen direkt bei der jeweiligen Gesellschaft – an der Quelle also – anzufordern.

Mit der Zulassung zum Börsenhandel übernimmt jeder Emittent zusätzlich zu den gesetzlichen Publizitätsvorschriften von der Börsenverwaltung festgelegte Informationspflichten (siehe Seite 114). Durch eine regelmäßige Berichterstattung soll sichergestellt werden, dass Aktionäre, aber auch potenzielle Anleger jederzeit einen Einblick in die aktuelle Lage eines Unternehmens bekommen können.

Der Geschäftsbericht

Ein zentraler Punkt der Publizitätspflichten ist die Veröffentlichung des jährlichen Geschäftsberichts. Auch wenn die Lektüre dieser teilweise Katalogstärke erreichenden Unterlage mitunter etwas trocken erscheint: Es lohnt sich, sie zu studieren, denn hier finden Interessierte die Angaben, wie sich Umsätze, Erträge und Kosten des Unternehmens entwickelt haben. Das Management ist auch verpflichtet, darin etwas zur Lage, insbesondere zu den Risiken für das Unternehmen zu sagen und einen Ausblick für das bereits angelaufene Geschäftsjahr zu geben.

Zum Geschäftsbericht gehört ein Anhang mit ausführlichen Erläuterungen zu einzelnen Angaben in der Bilanz und in der Gewinn-und-Verlust-Rechnung. Vor allem Bilanzprofis beginnen hier zu lesen, um notwendige Informationen für die Einzelanalyse (siehe Seite 125) zu sammeln. Dazu enthält die Unterlage eine Reihe von Zusatzinformationen, die für Anleger von Nutzen sind – zum Beispiel, inwieweit das Management die Vorgaben des Corporate-Governance-Kodex (siehe Seite 132) einhält, aber auch Angaben über die Aktienkursentwicklung, zur Unternehmensphilosophie und zum Produktprogramm.

Nur bedingte Transparenz

Der Wust von Zahlen dürfte allerdings jeden, der nicht über betriebswirtschaftliche Grundkenntnisse verfügt, am Anfang hoffnungslos überfordern. Ein schwacher Trost mag dabei sein, dass sich an der detaillierten Analyse von Bilanzen ganze Heerscharen von Experten abarbeiten – um am Ende doch nicht alles herauszufinden, was sie wissen wollen. Bilanzen haben nämlich zwei grundlegende Schwachstel-

INFO **Leitfaden im Zahlendschungel der Geschäftsberichte**

Lesen Sie nie nur das Exemplar eines Jahres, sondern betrachten Sie mehrere zusammenhängende Perioden. So erkennen Sie, ob bei bestimmten Bilanzpositionen plötzlich starke Veränderungen auftreten, ohne dass die Unternehmensleitung eine Erklärung gibt.

Ein schlechtes Zeichen ist es beispielsweise, wenn der Umsatz steigt, der Rohgewinn aber gleichzeitig fällt. Genauso sind plötzliche Ergebnissprünge ohne erkennbaren Grund ein Anlass, in die Gewinn-und-Verlust-Rechnung zu schauen. Sie rühren manchmal daher, dass Kosten verschoben und Gewinne aus „kosmetischen" Gründen vorgezogen werden. Der Jahresüberschuss sagt – im Gegensatz zum Betriebsergebnis vor Steuern – daher so gut wie nichts über die tatsächliche Geschäftslage des Unternehmens aus. Denn das Jahresergebnis lässt sich fast nach Belieben verändern.

Sehr flexibel ist beispielsweise der Posten „Sonstige Erträge". Durch die Realisierung von Buchgewinnen und stillen Reserven lässt sich damit das Ergebnis über die Nulllinie hieven, auch wenn die Firma eigentlich Verluste macht. Wie funktioniert dieser – ganz legale – Trick? Ganz einfach. Ein Buchgewinn entsteht zum Beispiel, wenn die Firma ein Grundstück zu einem weit höheren Preis verkauft als zu dem Wert, mit dem es in der Bilanz steht – etwa an eine rechtlich selbstständige Tochtergesellschaft.

Gerne werden von den Bilanzprofis auch sogenannte Pro-forma-Zahlen verwendet. Dabei blenden sie außerordentliche, das heißt einmalige, Einflüsse auf den Jahresgewinn aus, um ein kontinuierliches, mit den Vorjahren vergleichbares Ergebnis zu präsentieren. Der Bilanzbuchhalter hat auch hier Gestaltungsspielräume.

Möglich ist auch, die Bewertungsmethoden zu wechseln – beispielsweise indem die Abschreibungsmethode für den Maschinenpark geändert wird. Der Anhang muss dann aber Aufschluss über den Methodenwechsel geben. Dort findet sich auch die sogenannte Kapitalflussrechnung, mit deren Hilfe der Leser erkennen kann, wie gut ein Konzern seinen Zahlungsverpflichtungen nachgekommen ist.

Größte Vorsicht ist bei immateriellen Vermögensgegenständen wie etwa erworbenen Lizenzen und Markennamen angebracht. Deren Werte kann der Buchhalter recht willkürlich ansetzen. Ein kritischer Blick sollte den „Firmenwerten" auf der Aktivseite der Bilanz gelten. Sie entstehen, wenn ein Unternehmen ein anderes kauft und dafür mehr bezahlt, als das Vermögen abzüglich der Schulden laut Bilanz wert ist. Mit dem Aufpreis wird zum Beispiel das gute Image der übernommenen Firma bezahlt. Je höher der Bilanzposten „Firmenwerte" ist, desto gravierender sind womöglich die Folgen. Denn der Goodwill, wie er auch genannt wird, muss den neuen Regeln des IFRS zufolge (siehe Seite 52) regelmäßig einem Werthaltigkeitstest unterzogen und gegebenenfalls abgeschrieben werden.

len: Zum einen betreffen die darin enthal- tenen Zahlen und Daten das zurücklie- gende Geschäftsjahr, womit der Geschäfts- bericht, wenn er vorgelegt wird, an der Börse bereits als veraltet gilt. Zum Zwei- ten enthalten sie nicht immer die ganze Wahrheit. Der Finanzvorstand kann näm- lich mit einer Reihe legaler Kniffe und Tricks das Unternehmen nach außen hin reicher oder ärmer rechnen, als es tat- sächlich ist. Experten sprechen in diesem Zusammenhang auch von Bilanzpolitik. Dazu gehört zum Beispiel, einzelne Ver- mögensgegenstände, etwa die Lager- bestände, zu einem viel niedrigeren Preis in der Bilanz anzusetzen, als sie tatsäch- lich wert sind. Der Finanzvorstand darf allerdings nicht alle seine Bilanzkniffe für sich behalten, sondern muss dazu Hin- weise im Anhang machen.

Trau, schau, wem!

Dass gesetzlich erlaubte Gestaltungsspiel- räume bestehen, heißt jedoch nicht, dass die Unternehmen in ihrem Zahlenwerk reine Luftbuchungen vornehmen und mit Fantasiezahlen operieren dürfen, denn die Finanzmärkte und Anleger sind auf seriöse und zuverlässige Informationen von den Emittenten angewiesen. Aus diesem Grund werden die Unternehmensbilanzen von einem unabhängigen Wirtschafts- prüfer unter die Lupe genommen und tes- tiert, das heißt abgenommen, wenn alles in Ordnung ist. Vor allem zu Anfang des Jahrtausends erschütterten Dutzende Bilanzskandale die Finanzwelt in den USA,

aber auch in Deutschland. Und noch heute steht der Unternehmensname Enron für den brüchigen Informationswert von Bilanzen und die Tatsache, dass bei der Arbeit der Wirtschaftsprüfer ein gewisses Maß an Misstrauen angebracht ist (siehe Kasten rechts).

Die Politik hat in Deutschland auf die Bilanzskandale und ihre Folgen reagiert, indem sie per Gesetz eine private „Bilanz- Polizei" installiert hat, die die Unterneh- mensabschlüsse prüft, wenn es Anhalts- punkte für Unregelmäßigkeiten gibt.

Seit 2005 sind alle großen deutschen börsennotierten Gesellschaften zudem verpflichtet, ihre Bilanz nach dem Interna- tional Financial Reporting Standard (IFRS) aufzustellen. Auf diese Weise lassen sich die Geschäftsberichte von EU-Unterneh- men untereinander besser vergleichen. Für die im Prime-Standard (siehe Seite 115) gelisteten Gesellschaften ändert sich durch die neue Regelung allerdings nicht viel. Sie sind ohnehin verpflichtet, ihre Zahlen wahlweise nach den internationalen Bilanzierungsstandards IFRS oder US-ame- rikanischen Regeln (Generally Accepted Accounting Principles – US-GAAP) zu erstellen. Beide Methoden gelten nach Einschätzung von Experten als aussage- kräftiger und anlegerfreundlicher als die Abschlüsse nach dem deutschen Han- delsgesetzbuch (HGB) – auch wenn der Unterschied meist nur im Detail liegt.

Nach Ansicht von Experten hat sich darüber hinaus der Informationswert der Geschäftsberichte in den vergangenen

INFO Bilanzskandale machen Schlagzeilen

Die Finanzkrise weckte bei vielen aufmerksamen Bilanzlesern und Anlegern unliebsame Erinnerungen. Denn schon vor dem Zusammenbruch der US-Bank Lehman mussten zahlreiche Banken ihren Anteilseignern gestehen, dass viele der Wertpapiere, Kredite und sonstigen Forderungen, die in ihren Bilanzen standen, weit weniger wert waren, als das ursprünglich der Fall war. Folge: Vom Jahr 2008 an schrieben viele Geldhäuser einen Teil ihrer Vermögenswerte ab, was ihnen dicke Verluste bescherte. Das Problem dabei: Mit dem Voranschreiten der Krise stiegen die Abschreibungen und damit die Verluste immer weiter. Das Vertrauen der Aktionäre und Investoren wurde dadurch nicht nur strapaziert, es entstand auch der Eindruck, dass es viele Banken mit der Aufstellung ihrer Bilanzen nicht allzu genau genommen hatten.

Schnell wurden daher an den Finanzmärkten unliebsame Erinnerungen an eine Epoche wach, die längst zu den Akten gelegt schien. Ende 2001 stand das US-Unternehmen Enron von heute auf morgen vor der Pleite – keine x-beliebige 2-Mann-Hinterhoffirma, sondern ein Energiehandelskonzern, der zu seinen Glanzzeiten rund 20 000 Mitarbeiter beschäftigte und über 100 Milliarden Dollar Umsatz machte. Der Skandal war perfekt, nachdem Stück für Stück herauskam, dass Enron seine Aktionäre und die Börse mithilfe der Wirtschaftsprüfer jahrelang mit frisierten Bilanzen vorsätzlich getäuscht hatte.

In der Folge gestanden auch andere bekannte Großkonzerne zweifelhafte Bilanzpraktiken ein, und als das US-Telekommunikationsunternehmen Worldcom im Juni 2002 Falschbuchungen in Höhe von 3,85 Milliarden Dollar (!) zugab und eine Rekordpleite hinlegte, kam es zu einer tiefgreifenden Vertrauenskrise, die die amerikanische Regierung zum Handeln zwang.

So sind in der Folge die an den US-Börsen gelisteten Unternehmen gegenüber der Börsenaufsicht SEC zu viel mehr Offenheit verpflichtet als etwa in Deutschland. In den sogenannten SEC-Fillings (online abrufbar unter www.sec.gov) müssen sie beispielsweise klar und auch für Nicht-Fachleute verständlich weit mehr Informationen geben als in ihren Bilanzen und Quartalsberichten.

Das hat zwar die Finanzkrise nicht verhindert. Aber anders als bei den Pleiten à la Enron & Co. müssen die Unternehmen heute zügig und vor allem offen ihre Karten auf den Tisch legen, sodass die Banken ihre Anteilseigner und die Akteure an den Kapitalmärkten nicht jahrelang über ihre wahre Lage hinwegtäuschen konnten.

Jahren deutlich verbessert. Vielfach bemängeln sie jedoch, dass eine gut formu-
lierte Zusammenfassung für den schnellen Leser und eine klare Struktur, in der
sich auch Laien zurechtfinden, fehlen.

Auch wenn noch nicht alles zum Besten steht, sollten die Bedeutung und die
Aussagekraft des Geschäftsberichts beziehungsweise der Bilanz und Gewinn-und-
Verlust-Rechnung nicht gering geschätzt
werden. Für Aktienexperten sind diese
Unterlagen die zentralen Hilfsmittel im
Rahmen der fundamentalen Aktienanalyse
(siehe Seite 125).

Die Quartalsberichte

Neben dem jährlich erstellten Geschäftsbericht verlangt die Deutsche Börse von
den Mitgliedsunternehmen in den Dax-
Indizes (siehe Seite 82) und von den Gesellschaften im Prime-Standard (siehe
Seite 115) eine laufende Quartalsberichterstattung, wie sie auf internationaler Ebene
mittlerweile üblich ist. Sinn und Zweck
dieser vierteljährlichen Reports ist, dass
Anleger und Aktionäre nicht bis zum Ende
des Geschäftsjahrs warten müssen, ehe
sie offiziell über den Geschäftsverlauf des

jeweiligen Unternehmens informiert werden. Allzu heftigen Spekulationen und
substanzlosen Gerüchten wird dadurch so
weit wie möglich der Boden entzogen.
Denn bei der Frage, wie angemessen der
aktuelle Aktienkurs im Verhältnis zur tatsächlichen Geschäftsentwicklung ist, können die Anleger stets auf zeitnahe Daten
zurückgreifen. Die regelmäßig wiederkeh-
renden Termine für die Publikation von
Quartalsberichten vor allem der großen,
in wichtigen Indizes gelisteten Unternehmen werden deshalb an den Aktienmärkten stark beachtet.

Der Nachteil ist allerdings, dass die
Quartalsberichterstattung bei vielen Anlegern – und auch bei den jeweiligen Managern – zu einem sehr kurzfristigen Denken
führt, ungeachtet der Tatsache, dass das
Geschäft zahlreicher Unternehmen im
Jahresverlauf saisonalen Schwankungen
unterliegt. Eine solche Zyklik muss daher
bei der Interpretation der Quartalsberichte
berücksichtigt werden.

Der Ausblick ist entscheidend

Besondere Aufmerksamkeit richten Anleger und Analysten bei der Vorlage der
Vierteljahreszahlen auf den Ausblick, den

die Geschäftsführung auf den weiteren Verlauf des Geschäftsjahrs gibt. Mittlerweile gehört es bei vielen börsennotierten Unternehmen zum Standard, dass das Management am Anfang des Jahres Angaben zu seinen Zielplanungen macht. In den Quartalsberichten wird dann darüber berichtet, wie genau diese Planungen eingehalten wurden. Solche Planungen können sich angesichts aktueller Ereignisse freilich schnell als Makulatur erweisen – die Finanz- und Wirtschaftskrise ist der beste Beleg dafür.

Zeichnet sich ab, dass das geplante Ergebnis und/oder der Umsatz nicht erreicht werden, gibt die Unternehmensverwaltung entweder umgehend, spätestens aber mit dem nächsten Quartalsbericht eine „Gewinnwarnung" heraus. Wörtlich betrachtet ist eine solche Gewinnwarnung ein Unwort, denn kein Unternehmen warnt ernsthaft vor seinem Gewinn. Vielmehr geht es dabei um Fairness gegenüber den Anlegern. Sie sollen die Möglichkeit haben, angesichts einer neuen Faktenlage ihre Anlageentscheidung zu überdenken, und sich gegebenenfalls von dem Papier trennen können.

Ad-hoc-Publizität

Damit alle Aktionäre und außenstehenden Anleger eine faire Chance haben, auf neue Entwicklungen bei einem Unternehmen zu reagieren, sind alle im amtlichen Handel und dem Geregelten Markt (siehe Seite 114) gelisteten Gesellschaften nach dem Wertpapierhandelsgesetz (WpHG) verpflichtet, ihre Jahres- und Quartalsberichte und andere kursbewegende Ereignisse unverzüglich (ad hoc) dem breiten Anlegerpublikum bekannt zu machen. Zu solchen kursrelevanten Meldungen gehören neben den regelmäßigen Geschäftszahlen zum Beispiel Veräußerungen von Kernbereichen des Unternehmens, Übernahmeangebote (siehe Seite 117), Kapitalmaßnahmen (siehe Seite 102), aber auch die drohende Illiquidität und Überschuldung des Unternehmens. Diese Verpflichtung dient dem allgemeinen Schutz der Anleger, denn auf diese Weise soll verhindert werden, dass frühzeitig Eingeweihte, die sogenannten Insider (siehe Seite 57), aus ihrem Wissensvorsprung Kapital schlagen können. Ad-hoc-Mitteilungen muss der Emittent, bevor er sie ins Internet stellt, der Börsenverwaltung und der Bundesanstalt für Finanzdienstleistungsaufsicht (Bafin) vorlegen, die dann die Veröffentlichung genehmigt. Die Behörde kann, wenn nötig, für eine bestimmte Zeit die Kursfeststellung aussetzen, damit ein ordnungsgemäßer Handel und eine faire Kursfeststellung für alle Anleger gewährleistet bleiben und Insidergeschäfte verhindert werden.

Aus den Sünden der Vergangenheit gelernt

Die Öffentlichkeitswirkung der Ad-hoc-Meldungen, die grundsätzlich über alle großen Nachrichtenagenturen laufen, ist hoch. Damit die Emittenten diesen Tatbestand nicht nutzen, um mit einer Flut von letztlich nichtssagenden und verworrenen Mitteilungen die Aufmerksamkeit der Investoren auf sich zu ziehen, gibt es für die Eilnachrichten einige Regeln: So unterliegen nicht kursrelevante Meldungen ausdrücklich einem Veröffentlichungsverbot. Dazu sind die Emittenten verpflichtet, in ihren Ad-hocs nur im Geschäftsverkehr übliche und vergleichbare Zahlen zu verwenden.

Lange Zeit neigten einzelne Unternehmen dazu, in ihren Ad-hocs die geschäftliche Situation durch blumige Formulierungen und Fantasiekennzahlen zu beschönigen, um den Kurs künstlich nach oben zu treiben beziehungsweise zu stützen. Nachzuweisen war das den betreffenden Managern kaum, Aufträge können schließlich storniert, Umsatz- und Gewinnplanungen aufgrund veränderter Marktverhältnisse verfehlt werden – das kommt bei den renommiertesten Firmen vor.

Mittlerweile gilt diese Art der Kursmanipulation in Deutschland als Straftatbestand, was die Verfolgungsmöglichkeiten für die Bafin, die für die Einhaltung der Ad-hoc-Regeln zuständig ist, verbessert hat. Vor allem aber hat die Finanzkrise zu einem Umdenken bei den Unternehmen gesorgt. Insbesondere Banken mühen sich, durch eine offene und ehrliche Berichterstattung verloren gegangenes Vertrauen zurückzugewinnen.

Anleger können außerdem, wenn ihnen aufgrund einer unrichtigen, unterlassenen oder verspäteten Veröffentlichung einer Ad-hoc-Mitteilung ein Schaden entstanden ist, nach einem höchstrichterlichen Urteil des Bundesgerichtshofs sogar Schadenersatz von den jeweiligen Mitgliedern der Unternehmensverwaltung (Manager, Aufsichtsräte etc.) verlangen, die für die falsche Ad-hoc-Meldung verantwortlich sind (Az. II ZR 217/03, 218/03 und 402/02).

TIPP   Der richtige Umgang mit Ad-hocs

Ad-hoc-Meldungen finden sich unter anderem auf der Seite www.boerse-Frankfurt.com, Menüpunkt „Nachrichten", der Seite der Deutschen Gesellschaft für Ad-hoc-Publizität (www.dgap.de) und der Nachrichtenagentur VWD (www.vwd.de).

Fragen Sie Ad-hocs stets über das Internet ab. Nur so sind Sie auf dem Laufenden. Erfahren Sie die Mitteilung erst am nächsten Tag aus der Zeitung, können Sie kaum noch darauf reagieren, weil der Kurseffekt in der Regel bereits am Vortag vorweggenommen wurde.

WENN INFORMATIONEN BARES GELD WERT SIND

Informationen bewegen zweifellos die Kurse. Wenn zum Beispiel ein Unternehmen ein anderes übernimmt oder ein großer Konzern einen unerwartet hohen Verlust erwirtschaftet, reagieren die Aktiennotierungen fast sekundenschnell auf diese Nachrichten – in die eine wie die andere Richtung. Da liegt die Versuchung für diejenigen, die eher als andere in den Besitz der Information kommen, nah, dieses Spiel zu eigenen Gunsten auszunutzen.

Insider: Mehr wissen als der Rest

Es liegt auf der Hand, dass es in jeder Publikumsgesellschaft Personen gibt, die aufgrund ihrer Stellung oder ihrer Tätigkeit regelmäßig Zugriff auf vertrauliche und gleichzeitig kursrelevante Informationen haben. An erster Stelle sind dabei die Vorstands- und Aufsichtsratsmitglieder zu nennen. Dazu kommen Großaktionäre, aber auch Steuerberater, Wirtschaftsprüfer und die Berater der Hausbank. Im Einzelfall kann es auch mal ein Wissenschaftler in der Forschungsabteilung sein, dessen bedeutende Erfindung oder Neuentwicklung Einfluss auf den Börsenkurs hat.

Diese Insider könnten im Vorfeld eines kursbewegenden Ereignisses – etwa einer Übernahme – ihr Wissen potenziell zu Geld machen, indem sie die Aktien ihres Unternehmens kaufen beziehungsweise verkaufen, ehe die Neuigkeit offiziell bekanntgegeben wird und der Kurs darauf reagiert. In Deutschland ist dieses Frontrunning (frei übersetzt: dem Markt vorweglaufen), wie in vielen anderen Ländern auch, gesetzlich verboten.

Das Wertpapierhandelsgesetz unterscheidet zwischen Primärinsidern – im Wesentlichen die genannten Personen – und Sekundärinsidern. Das sind diejenigen Personen, die eher unabsichtlich Kenntnis von einer Insiderinformation bekommen. Etwa die Sekretärin, die zufällig ein vertrauliches Telefongespräch ihres Chefs mithört, oder der Taxifahrer, der seine Fahrgäste belauscht, können auf diese Weise zu Insidern werden.

Wem schaden Insidergeschäfte?

Insidergeschäfte schaden auf Dauer dem Ansehen eines Finanzplatzes. Schließlich muss das Gros der Anleger fürchten, keine faire Chance bei den eigenen Aktiengeschäften zu haben, weil ihnen stets jemand zuvorkommt.

Dennoch ist insbesondere im Vorfeld von Übernahmen (siehe Seite 117) immer wieder zu beobachten, dass es bei den betroffenen Unternehmen zu sprunghaften Kursbewegungen kommt. Zwar werden solche Auffälligkeiten von der Finanzaufsicht geprüft. Doch ihre illegalen Geschäfte sind Insidern oftmals nur schwer nachzuweisen. Die Erfolgsbilanz der Behörden hat sich in den vergangenen Jahren erfreulicherweise aber verbessert.

Karten auf den Tisch

Gewahrt werden soll die Chancengleich-heit der Anleger auch durch die Melde-pflichten, denen in Deutschland Vorstände, Aufsichtsräte, deren Ehe- oder Lebens-partner und Verwandte ersten Grades un-terworfen sind. Diese Personen müssen ihre legalen, das heißt, abseits von irgend-welchen kursbewegenden Tatsachen stattfindenden Geschäfte mit Aktien des eigenen Unternehmens, die sogenannten Directors Dealings, öffentlich bekannt ma-chen. Interessierte Anleger können diese Geschäfte ganz einfach nachverfolgen. So unterhält die Bafin eine Datenbank, die In-ternetnutzer unter ww2.bafin.de/database/ DealingsInfo/ aufrufen können. Eine gut gemachte Datenbank eines privaten Be-treibers zum Thema Directors Dealings findet sich unter www.insiderdaten.de.

Die Veröffentlichungspflicht besteht, wenn die Unternehmensinsider innerhalb von 30 Tagen Aktien im Gesamtwert von 25 000 Euro und mehr kaufen oder ver-kaufen. Allerdings kann die Behörde ohne begründeten Verdacht nicht verlässlich prüfen, ob und wann die Betroffenen Ge-schäfte abschließen, die sie zu einer Mel-dung verpflichten, da die Aufsichtsbehörde keine individuelle Konteneinsicht hat. Zudem gilt die Pflicht nur für natürliche, nicht aber für juristische Personen wie etwa eine GmbH, bei der ein Großaktionär

sein Aktienpaket, etwa aus steuerlichen Gründen, parken könnte. Auch aus dem Unternehmen ausgeschiedene Manager müssen, wenn sie danach Anteile ihres ehemaligen Arbeitgebers verkaufen, diese Transaktionen nicht melden.

Aktionärsschützer fordern daher seit Jahren eine Regelung, wie sie in den USA gilt. Dort müssen alle Käufe und Verkäufe vorher bekanntgegeben werden. Effekt: Der Markt kann bereits auf die Ankündigung reagieren. Zudem verfolgt die US-Aufsicht akribisch jedes Geschäft nach. Schummeln ist für Insider im Land der unbegrenzten Möglichkeiten also kaum möglich.

Von Insidergeschäften profitieren

Insidergeschäfte gelten, wenn sie unbe-merkt ablaufen, vollkommen zu Recht als etwas, vor dem die Allgemeinheit an der Börse geschützt werden muss. Anleger können aber von den ganz legalen Trans-aktionen der Vorstände und Aufsichtsräte profitieren. Wenn diese Personen ihr priva-tes Geld in die eigene Gesellschaft inves-tieren, ist davon auszugehen, dass sie vom unternehmerischen Erfolg „ihrer" Gesellschaft überzeugt sind und der Kurs dies nicht hinreichend widerspiegelt. Stei-gen dagegen Management oder Groß-aktionäre im großen Stil aus, ist das oft-mals ein Zeichen dafür, dass es mit den Geschäften nicht so gut bestellt ist oder dass die Insider ihre Firma an der Börse angesichts der tatsächlichen Lage zumindest für überbewertet halten – und sie müssen es schließlich wissen.

Unternehmen, bei denen das Management große Pakete eigener Aktien ordert, verdienen somit einen genaueren Blick, da sie offensichtlich Kurschancen versprechen. Dagegen sollten Anleger Gesellschaften, deren Anteile von den jeweiligen Vorständen verschmäht oder gar abgestoßen werden, aus ihrem Depot werfen oder von der Kaufliste streichen.

In den USA gehen professionelle Anleger wie etwa Fondsmanager mit dieser Methode regelmäßig auf Renditejagd. Zumindest gelten Zahl und Umfang der Insidertransaktionen als ein guter Indikator dafür, ob ein Aufschwung am Aktienmarkt noch weiteres Potenzial besitzt oder die Notierungen ausgereizt sind und schon bald der Absturz droht. Jedoch werden jenseits des großen Teichs die Directors Dealings auch lückenlos erfasst und jedermann zugänglich gemacht.

Die vergangenen Jahre haben allerdings gezeigt, dass auch Insider trotz ihres Informationsvorsprungs nicht immer richtig liegen. Vor und am Anfang der Finanzkrise haben eine Reihe von Managern ihre Aktien verkauft, obwohl die Kurse zu diesem Zeitpunkt noch deutlich gestiegen sind. Nach der Pleite der US-Bank Lehman wiederum sind viele deutlich zu schnell eingestiegen und haben daher die folgenden Kurseinbrüche voll zu spüren bekommen. Die Ursachen und das Ausmaß der

Finanzkrise waren allerdings für Manager letztlich genauso schwer abzuschätzen wie für Zentralbanker und Wissenschaftler, die den Crash ebenfalls nicht vorhergesehen haben.

Bankstudien und -analysen: Rat mit Tücken

Bei ihren Anlageentscheidungen sind Privatanleger nicht allein auf sich gestellt. Fast jede große Bank und die auf das Wertpapiergeschäft spezialisierten Broker und Investmenthäuser beschäftigen ein Heer von Experten, das regelmäßig Analysen und Reports erstellt, in denen die Fachleute einzelne Unternehmen, Branchen und Märkte aus Anlegersicht unter die Lupe nehmen und Empfehlungen dazu aussprechen. Vor allem bei Studien zu einzelnen Aktien ist es üblich, dass die Analysten am Ende eine klare Empfehlung abgeben. Sie sind bei Anlegern begehrt, Tageszeitungen und Börsenmagazine berichten regelmäßig darüber.

Schlechte Bilanz

Doch ähnlich wie bei den Börsenbriefen (siehe Seite 48) ist auch bei den Tipps der Analysten aus einer Reihe von Gründen Skepsis angebracht. So zeigen viele Fehleinschätzungen, dass auch die Anlageprofis letztlich nur mit Wasser kochen. Unabhängigen Untersuchungen zufolge liegt die Wahrscheinlichkeit, dass sich die Prognose der Analysten als zutreffend erweist, nicht besser als bei absoluten

Börsenlaien. Dies liegt zum einen daran, dass die Bankexperten in ihren Einschätzungen der Marktentwicklung hinterherlaufen: Wenn die Kurse bereits stark gestiegen sind, raten sie oftmals zum Einstieg, während sich umgekehrt ihre Verkaufsempfehlungen erst dann häufen, wenn sich die Notierungen bereits im freien Fall befinden.

Dazu erweisen sich die meisten Analysten als notorische Berufsoptimisten, die im Durchschnitt zu eher positiven Urteilen neigen. Ein psychologischer Grund dafür ist, dass negative Empfehlungen naturgemäß von den betroffenen Unternehmen und den Anlegern viel kritischer wahrgenommen werden als Kaufvorschläge – vor allem, wenn sie dem allgemeinen Stimmungs- und Meinungsbild komplett entgegenstehen. Der Analyst muss dann damit rechnen, dass er eine Verkaufsempfehlung besonders überzeugend rechtfertigen können muss.

Sachzwänge und Interessenkonflikte

Als wesentlich entscheidender für die zu selten abgegebenen Verkaufsempfehlungen gelten jedoch die massiven Interessenkonflikte, denen Analysten ausgeliefert sind. Die Studien und Reports, die sie erstellen, sind genau betrachtet nichts anderes als eine Art Werbemittel, mit dem die jeweilige Bank neue Kunden und Anlagegelder ins Haus holen will. Mit Negativurteilen ist das kaum zu erreichen. Dazu muss das jeweilige Institut bei einer Negativaussage damit rechnen, vor allem einen potenten Kunden, nämlich den jeweiligen Emittenten, zu verlieren – und an dem kann es weitaus mehr verdienen als an den Provisionen im Anlagegeschäft.

Noch gravierender ist der Konflikt, wenn die Bank gleichzeitig auch noch Kredite in größerem Ausmaß an das betreffende Unternehmen vergeben hat oder gar dessen Großaktionär ist. Von Unabhängigkeit und Objektivität bei den hauseigenen Experten kann dann kaum noch die Rede sein, wie einige Skandale in den USA belegt haben. Kurz nach der Jahrtausendwende wurde bekannt, dass die Analysten einiger großer, bekannter Banken an der Wall Street auf Geheiß ihrer Vorgesetzten „Gefälligkeitsurteile" in ihren Studien vergeben hatten, damit ihre Arbeitgeber lukrative Geschäfte mit den jeweiligen Unternehmen an Land ziehen konnten. Um dem vorzubeugen, sind Banken und andere Finanzdienstleister in Deutschland ähnlich wie auch in den USA und Frankreich daher mittlerweile gesetzlich verpflichtet, auf mögliche Interessenkonflikte hinzuweisen – etwa, ob sie am Börsengang des bewerteten Unternehmens beteiligt waren oder Anteile am Unternehmen halten.

Die Kodes der Analysten

Abseits dieser gesetzlichen Regelung haben viele Analysten ihre eigene Methode entwickelt, mit dem Dilemma umzugehen, in dem sie stecken: Sie verwenden in ihren Studien Urteilsformulierungen, die Raum für Interpretationen lassen.

Einschätzungen wie „kaufen", „halten" und „verkaufen" lassen eigentlich keinen Spielraum zu. „Untergewichten", „reduzieren" und „Bestände abbauen" ist dagegen sehr viel unverbindlicher. In der Praxis ist jedoch oft schon die eigentlich unverfängliche Herabstufung eines Wertes von zum Beispiel „kaufen" auf „neutral" oder „halten" nichts anderes als eine verkappte Verkaufsempfehlung, denn für Anleger, die vor dem Einstieg stehen, heißt das: Man muss das Papier nicht haben. Zudem

DIE GÄNGIGSTEN ANALYSTENURTEILE UND IHRE BEDEUTUNG

Einschätzung in der Analyse	Das will der Analyst damit sagen
Starker Kauf/Strong buy/Key buy	Absolute Kaufempfehlung, das Papier muss man haben.
Kaufen/buy	Dem Papier wird ein überdurchschnittlicher Kursanstieg zugetraut, der Einstieg lohnt.
Zukaufen/akkumulieren/add	Das Papier wird etwas besser als der Markt laufen, Zukaufen kann sich lohnen, ist aber kein Muss.
Halten/hold	Papier lohnt nicht den Neueinstieg, verkappte Verkaufsempfehlung.
Reduzieren/reduce	Aktienposition abbauen.
Verkaufen/sell	Papier unbedingt meiden beziehungsweise aus dem Depot nehmen.
Neutral	Zu dem Papier hat die Bank keine Meinung.
Outperformer	Das Papier wird sich besser entwickeln als der jeweilige Gesamtmarkt.
Underperformer	Das Papier wird sich schlechter entwickeln als der jeweilige Gesamtmarkt.
Marketperformer	Das Papier wird sich in etwa wie der jeweilige Gesamtmarkt entwickeln.
Long-term buy	Interessant für Langfristanleger.
Übergewichten	Die Aktie ist kein unbedingter Kauf, sollte aber beobachtet werden.
Untergewichten	Die Aktie sollte eher verkauft werden.

kann die Kaufempfehlung von Bank A ganz anders gemeint sein als die von Bank B. Für die einen Analysten bedeutet die Einschätzung „kaufen" nach der hauseigenen Definition, dass sie etwa mit einem Anstieg von 10 Prozent in den nächsten zwölf Monaten rechnen. Andere prognostizieren mit genau demselben Urteil ein Kurspotenzial von vielleicht 20 Prozent in sechs Monaten.

Grundsätzlich verwenden die Banken zwei Arten von Empfehlungssystemen:

Bei einem absoluten Urteil gibt die Bank oder der Analyst eine Prognose über das absolute Kurspotenzial einer Aktie ab – unabhängig von der Entwicklung des Gesamtmarkts.

Wesentlich häufiger werden allerdings relative Bewertungssysteme verwendet. Sie enthalten eine Aussage darüber, wie sich die Aktie im Verhältnis zum Markt entwickeln wird – also zum Beispiel, ob das Papier besser oder schlechter läuft als der Dax (siehe Seite 80). Gedacht sind solche relativen Systeme vor allem für institutionelle Bankkunden wie Versicherungen und Vermögensverwalter. Spricht eine Bank etwa eine „Übergewichten"-Empfehlung aus, bedeutet das vor allem: Sie rät, den Anteil dieser Aktie im Depot höher anzusetzen, als es ihrem Gewicht im entsprechenden Vergleichsindex entspricht. Für den privaten Anleger ist das wenig praktikabel, dennoch interpretiert er ein „Übergewichten" häufig so, dass die Aktie dem Urteil der Analysten zufolge steigen wird.

Wie mit den Berichten umgehen?

Wie sollen nun vor allem Privatanleger mit den Analystenberichten umgehen? Ein pauschaler Rat dazu ist schwierig. Die beste Strategie besteht darin, nicht nach den Empfehlungen der Analysten zu handeln, aber die Studien als nützliche Hintergrundinformationen zu betrachten. Denn die Daten und Fakten werden von den Experten in der Regel sehr sorgfältig zusammengetragen und analysiert. Eine andere Orientierungsmöglichkeit stellen ferner die regelmäßig veröffentlichten Ranglisten von unabhängigen Datenanbietern dar, in denen Banken und Broker hinsichtlich der Treffsicherheit ihrer Prognosen und Empfehlungen bewertet und eingestuft werden.

DEN ÜBERBLICK BEHALTEN

Angesichts der Tatsache, dass der Kauf einer einzelnen Aktie ein vergleichsweise risikoreiches Investment ist, müssen sich Anleger vor dem Einstieg fragen, wie intensiv sie sich mit dem Geschehen rund um die Aktienbörse beschäftigen wollen beziehungsweise müssen. Eine pauschale Antwort darauf ist kaum möglich. Als Faustregel gilt jedoch: Je spekulativer und kleiner die im Depot versammelten Unternehmen sind, desto wichtiger ist es, ständig auf dem Laufenden zu bleiben und alle verfügbaren Nachrichtenquellen auszuwerten.

Pflichtprogramm abstecken

Zu den Hausaufgaben jedes Aktienanlegers gehört es, die aktuelle Berichterstattung über die internationalen Finanzmärkte zu verfolgen und die wichtigsten internationalen Indizes (siehe Seite 88) im Blick zu behalten, um zu wissen, wie sich die Kurse von Aktien im Allgemeinen entwickeln. Dabei muss er die Nachrichten daraufhin prüfen, ob es notwendig oder sinnvoll erscheint, einen bestimmten Wert aus dem Depot zu verkaufen. Außerdem sollte er die täglichen Meldungen nach neuen Investmentideen abklopfen. Wer zum Beispiel im Internet oder der Zeitung liest, dass die Preise von Computerchips anziehen und gleichzeitig die Nachfrage nach Personalcomputern steigen soll, muss wissen, welche Konzerne aufgrund ihrer Produkte von dieser Entwicklung besonders profitieren werden, damit er als Anleger seine Entscheidung damit verknüpfen kann.

Zusätzlich gilt es, firmenbezogene Informationen zu sammeln, um ein möglichst genaues Bild von dem Unternehmen zu bekommen, dem der Anleger sein Kapital zur Verfügung stellen will – also eine Art Unternehmensprofil zu erstellen: Mit welchen Produkten und Dienstleistungen verdient das Unternehmen sein Geld – in der Fachsprache Geschäftsmodell genannt? Wie haben sich die finanziellen Verhältnisse, zum Beispiel Umsatz und Ertrag, in den vergangenen Jahren entwickelt? Mit welchen Kennziffern wird die Gesellschaft an der Börse bewertet (siehe Seite 126)?

Zu Anfang gleicht das einem Puzzle, bei dem es darum geht, die einzelnen Teile zu einem schlüssigen Bild zusammenzusetzen. Doch die Mühe lohnt auf jeden Fall. Denn wer sein Geld in ein vollkommen unbekanntes Unternehmen investiert, das er bestenfalls vom Hörensagen kennt, riskiert leichtfertig seinen Einsatz.

Erst die Branche, dann das Unternehmen

Natürlich kann niemand die Vielzahl der Unternehmen bis ins Detail durchleuchten. Das schaffen selbst die Profis nicht. Entscheidend ist hier, eine erste Informationsebene zu bilden, um die benötigten Informationen einzugrenzen – beispielsweise indem man sich zunächst mit einzelnen ausgewählten Branchen beschäftigt. Folgende Fragen bieten dabei eine Orientierung:

- Wie groß ist der jeweilige Markt?
- Wie entwickeln sich die Absatzpreise der Produkte oder Dienstleistungen am Markt?
- Welche Wachstumsperspektiven gibt es?

- Wie entwickelt sich die Branchenkonjunktur und wie verläuft sie zur Gesamtkonjunktur (siehe Seite 67)?
- Wer sind die insgesamt führenden Anbieter?

Zusammengenommen ergibt sich daraus bereits eine sehr gute Beschreibung der Branchensituation. Das allein ist zwar für Anleger noch keine Garantie für die Auswahl einer erfolgreichen Aktie. Aber es ist ein erster systematischer Schritt auf diesem Weg.

TIPP   **Informieren mit System**

Das Zeitbudget abstecken. Überlegen Sie, wie viele Stunden pro Woche oder Monat Sie investieren können, um sich mit der Aktienanlage beschäftigen zu können, und wie intensiv Sie sich um Ihre Aktien kümmern wollen. Planen Sie zu Anfang mindestens drei bis vier Stunden pro Woche ein, um Informationen zu sammeln und auszuwerten. Und richten Sie sich darauf ein, dass Sie beim Aufbau eines breit gestreuten Aktiendepots mit einer Vielzahl von Titeln noch mehr Zeit für Ihre Geldanlage erübrigen müssen.

Nicht hektisch werden. Verfallen Sie aufgrund einer einzelnen Meldung nicht in hektischen Aktionismus, sondern überlegen Sie in Ruhe, welche wirtschaftlichen Auswirkungen die Nachricht haben könnte. Häufig sind die Kurseffekte infolge einer Meldung nur von kurzfristiger Natur. Zudem gilt: Eine neue Nachricht sollte Ihre Einschätzung des betroffenen Unternehmens in der Regel lediglich ergänzen, aber nicht bestimmen.

Die Informationsbasis erweitern. Greifen Sie nicht nur auf speziell für Anleger zugeschnittene Informationsmaterialien wie etwa den Geschäftsbericht eines Unternehmens zurück. Suchen Sie vielmehr gezielt nach – auch für Laien verständlichen – Fachinformationen, zum Beispiel in Fachzeitschriften, Branchenmitteilungen von Verbänden, Marktstudien und so weiter. Auf diese Weise gewinnen Sie einen besseren Eindruck, welche Themen eine Branche oder ein Unternehmen wirklich bewegen.

Auf das Wesentliche konzentrieren

Die große Menge an verfügbaren Informationen verführt viele Aktienanleger dazu, jede noch so unbedeutende Nachricht in ihrem Anlagekalkül berücksichtigen zu wollen – in dem Glauben, dadurch sicherere Anlageentscheidungen zu treffen. Aber so funktioniert es nicht. Die Auswertung von mehr Informationen führt nicht unbedingt zu besseren Anlageergebnissen. Im Gegenteil: Oft sinkt die Erfolgsquote, wenn der Anleger versucht, alle nur denkbaren Eventualitäten, Szenarien und Wechselwirkungen einzubeziehen.

Dabei ist zu berücksichtigen, dass der Anlageerfolg mit Aktien nicht hundertprozentig planbar ist. Zu jedem Kauf gehört eine gewisse Portion Spekulation zwangsläufig dazu, was die Möglichkeit einschließt, dass die nachfolgenden Ereignisse dem Anleger einen Strich durch die Renditerechnung machen. An der Börse wird zwar Zukunft gehandelt, aber deswegen wird sie dort nicht besser als anderswo vorhergesagt.

Sich selbst (ver)trauen

Die wirklich hohe Kunst gerade bei der Aktienanlage besteht deshalb auch darin, abzuschätzen, ob eine Meldung oder ein Ereignis langfristige Bedeutung für den Aktienkurs hat oder eben nur eine Eintagsfliege ist, die ein Strohfeuer an der Börse entfacht. Der eigene gesunde Menschenverstand ist dabei oft der beste Ratgeber. Der Erfolg eines Unternehmens begegnet uns unter Umständen im täglichen Leben viel schneller als beim trockenen Studium von Kennzahlen und Kursen. Wenn zum Beispiel plötzlich alle Bekannten davon sprechen, wie sie bei Online-Auktionshäusern kaufen und verkaufen, oder wir beobachten, dass immer mehr Menschen in unserem Umfeld mit dem neuesten Handy einer bestimmten Marke telefonieren, könnte das ein Anlass sein, sich die jeweiligen Unternehmen einmal näher anzuschauen.

DIE MARKTLAGE EINSCHÄTZEN

Gute Informationen sind ein Faktor für den Erfolg an der Börse.
Aber Anleger müssen auch in der Lage sein, sie zu interpretieren.
Dafür müssen sie wissen, welche wirtschaftlichen Größen die Kurse
beeinflussen. Nur wer die Wirkungsmechanismen innerhalb einer
Volkswirtschaft kennt, kann in etwa abschätzen, wann ein guter
Zeitpunkt gekommen ist, um in Aktien einzusteigen oder seine
Papiere besser zu verkaufen.

DER WIRTSCHAFTLICHEN ZUKUNFT AUF DER SPUR

Streng genommen stehen Aktienanleger immer auf der Grenze zwischen Heute und Morgen. Denn in jeder Anlageentscheidung drücken sich Erwartungen hinsichtlich der weiteren Wirtschaftsentwicklung und damit der Erfolgsaussichten von Aktien aus. Das tagtägliche Spiel von Angebot und Nachfrage an der Börse ist damit nichts anderes als die Reaktion der Anleger auf aktuelle Meldungen aus Wirtschaft und Politik. Wer heute kauft, geht davon aus, dass die nahe Zukunft bessere Zeiten und damit höhere Kurse bringen wird – und umgekehrt. Die Folge ist, dass die Entwicklung der Aktienbörsen der Realität um sechs bis zwölf Monate vorauseilt. Um einigermaßen sicher zu sein, dass der Kurstrend über kurz oder lang von harten Fakten untermauert wird, achten die Börsianer mit Argusaugen auf eine Reihe von Indikatoren, von denen sie sich Aufschluss über die weitere Wirtschaftsentwicklung erhoffen.

Konjunktur:
Der Pulsschlag der Wirtschaft

An der Aktienbörse gibt die Konjunktur zweifellos den Takt vor. Läuft die Wirtschaft rund, beflügelt das die Aktienkurse. Droht sie heißzulaufen und geht ihr dann die Puste aus, legen die Notierungen den Rückwärtsgang ein. Was die ganze Sache vermeintlich kalkulierbar macht, ist die Tatsache, dass die Wirtschaftsentwicklung in den meisten Industrieländern in Zyklen verläuft. Auf mehr oder minder ausgeprägte Aufschwungphasen folgen Perioden, in denen sich das wirtschaftliche Klima abkühlt. Mitunter schrumpft in diesen Fällen die Wirtschaftsentwicklung sogar, was Fachleute als Rezession bezeichnen. Kein noch so renommierter Wirtschaftsexperte kann allerdings mit Sicherheit sagen, wie lange die einzelnen Phasen dauern, wie stark sie ausfallen und vor allem, wann eine Trendwende ansteht.

Frühindikatoren: Dem Trend voraus

Wie sich die Konjunktur in Form des Bruttoinlandsprodukts (BIP) aktuell entwickelt, genießt bei den Börsianern allerdings nur eine vergleichsweise geringe Aufmerksamkeit. Das ist paradox, schließlich ist das BIP eine der wichtigsten wirtschaftlichen Kennzahlen. Es umfasst die Summe aller produzierten Waren und Dienstleistungen innerhalb einer Volkswirtschaft in einer bestimmten Periode. Doch Aktienanleger schauen wie im vorangegangenen Abschnitt dargestellt voraus. So liegt ihr Hauptaugenmerk vielfach auf einer Reihe von Frühindikatoren, die den Konjunkturtrend entweder bestätigen oder frühzeitig einen Richtungswechsel anzeigen.

Zu den konjunkturellen Frühindikatoren gehören beispielsweise regelmäßig durchgeführte Stimmungsumfragen bei Unternehmen und Verbrauchern (siehe Kasten Seite 72). Einige dieser Demoskopien haben sich den Ruf erworben, sehr zuverlässige Vorboten zu sein, da sie den Konjunktur-Trend auf Sicht von rund einem halben Jahr mit relativ hoher Genauigkeit vorhersagen.

Der Grund dafür liegt darin, dass beispielsweise die befragten Manager nicht nur relativ gut über die Situation im eigenen Unternehmen, sondern auch über die bei Zulieferern, Unternehmenskunden und Konkurrenten informiert sind. Zudem muss die eigene Produktion bereits einige Monate vorher kalkuliert und müssen Vorprodukte bestellt werden. In all diese Planungen fließen die konkreten Geschäftserwartungen der Unternehmen ein.

Auftragseingänge: Die Produktion von morgen

Aber es gibt auch Frühindikatoren, die auf harten Zahlen beruhen, wie die Auftragseingänge und -bestände der Unternehmen, vor allem wenn sie frühzyklische Branchen (siehe Seite 166) betreffen. Dabei gilt: Steigende Orders sind gut für steigende Kurse. Dies beruht auf der Logik, dass die heutigen Bestellungen der Produktion von morgen zugrunde liegen. Die Auftragseingänge von langlebigen Investitionsgütern sind dabei ein wichtiger Teilaspekt. Sie spiegeln das Vertrauen der Unternehmen in die Zukunft wider, denn nur wer längerfristig optimistisch ist, führt größere Investitionsvorhaben durch, die sich üblicherweise erst über mehrere Jahre hinweg amortisieren.

Arbeitslosenquote: Indikator mit Beigeschmack

Die Arbeitslosenquote gilt dagegen als Nachzügler unter den Wirtschaftsindikatoren, denn erst wenn der Aufschwung bereits relativ weit vorangeschritten ist, steigt in der Regel die Zahl der neugeschaffenen

Stellen und sinkt dementsprechend die Arbeitslosenquote. Der Grund: Die Unternehmen stellen erst dann neue Mitarbeiter ein, wenn sich der Aufschwung als stabil erweist. Ein dauerhafter und starker Rückgang der Arbeitslosenquote gilt deshalb – so paradox es auf den ersten Blick auch klingt – am deutschen Aktienmarkt eher als Warnzeichen, weil dies darauf hindeutet, dass die Produktivitätsreserven (Rationalisierungsinvestitionen, Kapazitätsauslastung etc.) der Unternehmen ausgeschöpft sind. Umgekehrt sahen die Börsianer lange Zeit in einem Anstieg der Arbeitslosenzahlen ein positives Signal – zum Leidwesen der Betroffenen. Sie interpretieren es als Zeichen dafür, dass sich die Unternehmen gesundschrumpfen. Daraus schlussfolgern sie: Die wirtschaftliche Talsohle ist bald oder bereits erreicht.

In den USA bewegen sich Arbeitslosenquote und Konjunktur dagegen nahezu im Gleichschritt. Denn dort gibt es so gut wie keine Kündigungsschutzregeln und es ist für die Unternehmen wesentlich einfacher, Mitarbeiter zu entlassen. Auf der anderen Seite stellen sie dementsprechend rasch neues Personal ein, wenn die Geschäfte florieren. An den US-Börsen gelten aktuelle Arbeitsmarktdaten daher als wegweisendes Datum für die Konjunkturentwicklung.

Konsum: Beweis für den Aufwärtstrend

Eine wirtschaftliche Größe, die eng mit der Arbeitslosenquote verbunden ist, ist die Konsumneigung der privaten Haushalte. Sie gilt als wichtige Konjunkturstütze. Es liegt auf der Hand, dass ein steigender Anteil von Arbeitslosen in einer Volkswirtschaft den privaten Konsum der Bevölkerung drosselt. Sitzt dagegen das Geld bei den Verbrauchern locker, spricht das für einen tragfähigen Wirtschaftsaufschwung, der an Stärke gewinnt. Doch Vorsicht: Wenn die Notenbank den Eindruck hat, dass die Verbraucher zu viel des Guten tun, drückt sie auf die Zinsbremse („Schreckgespenst Inflation" siehe Seite 71) und die Aktienkurse geraten unter Druck.

Aussagekräftig für den Zustand einer Wirtschaft sind auch der Beginn von Bauvorhaben und der Verkauf von Immobilien. Denn was Investitionen für die Unternehmen sind, bedeuten die eigenen vier Wände für die privaten Haushalte. Nur wer die Zukunft positiv einschätzt, wird sich entschließen, ein Bauvorhaben zu beginnen oder ein fertiges Objekt zu kaufen. Eine Übersicht wichtiger Anlaufadressen im Internet, die bei der Beurteilung der Wirtschaftsentwicklung helfen, gibt es im Kasten auf Seite 70.

Unternehmensgewinne: Treibstoff für die Kurse

Zu guter Letzt bedeutet ein Konjunkturaufschwung nichts anderes, als dass die Geschäfte der Unternehmen immer besser florieren. Steigende Umsätze schlagen sich unter normalen Umständen wiederum in steigenden Unternehmensgewinnen nieder, wovon die Aktionäre in Form von Kurssteigerungen und höheren Dividenden direkt profitieren. Denn mit jedem Euro, der am Ende des Geschäftsjahrs übrig bleibt, ist ihre Firma mehr wert, was dem Aktienkurs einen Schub nach oben verschafft. Der Unternehmensgewinn, vor allem aber dessen zukünftige Steigerungsraten – an der Börse wird wie gesagt die Zukunft gehandelt! – gelten daher als zentrale Bewertungsmaßstäbe für Aktien (siehe Seite 126).

Im Allgemeinen kommt es zu den höchsten Gewinn- und damit Kurssteigerungen im Frühstadium eines Konjunkturaufschwungs. Danach flachen die Steige-

---

INFO   **Internetadressen zur Wirtschaftsentwicklung**

Die folgenden Adressen helfen Ihnen dabei, sich ein Bild von der möglichen Wirtschaftsentwicklung zu machen:

- www.bundesbank.de: Unabhängige Berichte zu Konjunktur, Währung, Zinsen und Aktien. In Auszügen deutsche Übersetzungen des EZB-Monatsberichts, umfangreiche Link-Liste
- www.census.gov: Seite des US-amerikanischen Pendants zum Statistischen Bundesamt
- www.dbresearch.com: hauseigenes „Wirtschaftsforschungsinstitut" der Deutschen Bank mit Analysen zu Branchen, Ländern, Zinsen und Kursen
- www.destatis.de: Die Seite des Statistischen Bundesamts bietet Daten zur volkswirtschaftlichen Gesamtrechnung, Produktion, zu Auftragseingängen, Preisen etc.
- www.economy.com/dismal: Aufbereitung und Analyse überwiegend US-amerikanischer, aber auch internationaler Indikatoren, empfehlenswerter Kalender. Eine der umfangreichsten Seiten zu diesem Thema, von Ökonomen gemacht, allerdings nur in englischer Sprache
- www.ecb.int: Seite der Europäischen Zentralbank mit zahlreichen Statistiken und Berichten, nur teilweise in deutscher Sprache
- www.federalreserve.gov: Seite der US-Notenbank Federal Reserve mit vergleichbar umfangreichem Angebot wie die Seite der Europäischen Zentralbank
- www.markt-daten.de: Umfangreiche deutschsprachige Seite zu fast allen US-Konjunkturdaten mit Veröffentlichungskalender. Empfehlenswert!
- www.diw.de, www.hwwi.org, www.ifo.de (als Teil von www.cesito-group.de), www.iwh-halle.de, www.rwi-essen.de, www.ifw-kiel.de: Internetseiten der sechs führenden Wirtschaftsforschungsinstitute in Deutschland, bekannt vor allem durch die Frühjahrs- und Herbstgutachten zur Konjunktur; jedes Institut setzt eigene Schwerpunkte, daher alle empfehlenswert, jedoch eher für Nutzer mit fortgeschrittenen wirtschaftlichen Kenntnissen geeignet.

rungsraten mehr und mehr ab, bis die Gewinne schließlich auf der Stelle treten. Dies wird als Anzeichen gewertet, dass die Konjunktur ihr zyklisches Hoch erreicht hat und eine Abkühlungsphase bevorsteht.

Ebenfalls beachtet werden die Entwicklung von Produktionskosten, insbesondere die Löhne, und die Kapazitätsauslastung der Unternehmen. Steigende Kosten schmälern schließlich den Gewinn. Andererseits sind anziehende Löhne ein Zeichen, dass die Branche boomt und daher Arbeitskräfte sucht. Auf gesamtwirtschaftlicher Ebene ist die Kapazitätsauslastung ein Merkmal dafür, dass der Aufschwung zunehmend an Fahrt gewinnt, da die vorhandenen Produktionsreserven der Unternehmen ausgeschöpft sind und aufgestockt werden – was wiederum zu steigenden Investitionen führt.

Zinsen: Der Preis für fremdes Kapital

Neben den realwirtschaftlichen Faktoren spielen bei der Bewertung von Aktien geldwirtschaftliche Daten eine Rolle – dazu zählt vor allem der Zinssatz für Bankkredite als „Preismaßstab" für Kapital. Viele Börsianer schwören auf den Zinstrend als Frühindikator für einen Kurswechsel am Aktienmarkt. „Steigende Zinsen sind Gift für die Börse", lautet ihr Credo.

Grundsätzlich ist diese These nicht von der Hand zu weisen, denn zunächst werden bei einem Anstieg der allgemeinen Marktzinsen die vergleichsweise sicheren Zinsanlagen attraktiver gegenüber den schwankungsanfälligen Aktien. Folge: Mit jedem Zinspunkt, den Anleihen, Spareinlagen und Festgelder mehr abwerfen, verkaufen die Anleger ihre Aktienpakete und schichten ihr Geld in diese sicheren Alternativen um.

Viel entscheidender ist allerdings, dass steigende Zinsen ein Signal dafür sind, dass Kapital knapper wird, weil die Konjunktur immer stärker in Fahrt kommt. Die Unternehmen brauchen frisches Geld, weil sie in neue Anlagen investieren, um die steigende Nachfrage zu bedienen. Höhere Kapitalkosten führen zu höheren Produktions- und Lagerkosten, die die Unternehmen umso eher in Form von Preiserhöhungen weitergeben können, je besser die Geschäfte laufen. Am Ende versuchen sich die Unternehmen an ihren Endkunden, den Privathaushalten, schadlos zu halten. Und diese wiederum reagieren auf die Preissteigerungen mit höheren Lohnforderungen. Neben der Konjunkturentwicklung gibt es aber auch externe Faktoren, die diese Preisspirale in Gang bringen können – etwa ein steigender Ölpreis, der die Energiekosten nach oben schnellen lässt.

Schreckgespenst Inflation

Gewinnt das Tempo der Preissteigerungen an Fahrt, ruft das meist die Notenbank auf den Plan. Für die Währungshüter hat die Bekämpfung der Inflation absolute Priorität, damit das Vertrauen in die eigene Währung nicht erschüttert wird. Denn kommen die Preise auf Trab, heißt das: Das Geld

DIE WICHTIGSTEN WIRTSCHAFTSINDIKATOREN IM ÜBERBLICK

Name	Inhalt	Termin der Veröffentlichung
Allgemeine Konjunktur		
Auftragseingänge des verarbeitenden Gewerbes (D, USA)	Basiert auf Unternehmensangaben über das Volumen neuer Aufträge, Teilaspekt: langlebige Wirtschaftsgüter	Monatlich D: Anfang des Folgemonats USA: Ende des Monats
Bruttoinlandsprodukt (D, USA)	Summe aller produzierten Waren und Dienstleistungen innerhalb einer Volkswirtschaft	Quartalsweise D: Zweite Woche des ersten Monats des Folgequartals USA: mehrere Termine, da vorläufige, revidierte und endgültige Zahlen
Einzelhandelsumsätze (D, USA)	Befragung von Einzelhändlern	Monatlich zur Monatsmitte
Industrieproduktion (D, USA) Kapazitätsauslastung (USA)	Basiert auf Unternehmensangaben zu Menge und Wert der Produktion	Monatlich zur Monatsmitte
Stimmungsumfragen/Frühindikatoren		
Ifo-Geschäftsklima-Index (D)	Umfrage unter 7 000 Managern zur wirtschaftlichen Lage	Monatlich, vierte Woche des Monats
Index zur Verbraucherstimmung der Universität Michigan (USA)	Umfrage unter 500 US-Haushalten, wichtiger als der allgemeine US-Index zum Verbrauchervertrauen, da dieser später veröffentlicht wird	Monatlich zum Monatsende
Nationaler Einkaufsmanager-Index (USA)	Befragung unter 400 Managern des verarbeitenden Gewerbes	Monatlich am ersten Tag des Monats
Reuters-Einkaufsmanager-Index (EU)	Umfrage bei rund 300 Unternehmen zur eigenen wirtschaftlichen Lage	Monatlich zur Monatsmitte

Name	Inhalt	Termin der Veröffentlichung
Zinsen und Preise		
Monatsbericht der EZB	Umfangreicher Bericht der Europäischen Zentralbank zur Geldmengen-, Währungs- und Wirtschaftsentwicklung in der EU	Monatlich zur Monatsmitte
Sitzung des Offenmarktausschusses der US-Notenbank (USA)	Überprüfung der geld- und zinspolitischen Strategie	8-mal im Jahr, Termine werden zum Jahresende für das kommende Jahr festgelegt.
Sitzung des Zentralbankrates der Europäischen Zentralbank (EU)	Überprüfung der geld- und zinspolitischen Strategie	Fast ausnahmslos am ersten Donnerstag jedes Monats
Verbraucherpreis-Index (USA) Preisentwicklung (D)	Misst die prozentuale bzw. indexierte Preisveränderung eines Warenkorbes aus Waren und Dienstleistungen	Monatlich D: Zum Monatsende USA: Zur Monatsmitte
Arbeitsmarkt		
Arbeitsmarktdaten (USA)	Umfangreiche Daten zu Löhnen, Zahl der Stellen und Arbeitslosen etc.	Monatlich, erster Freitag im Monat für den Vormonat
Arbeitsmarktstatistik (D)	Zahl der Arbeitslosen und der offenen Stellen	Monatlich, meist in der zweiten Woche für den Vormonat

wird immer weniger wert, es droht eine ernstzunehmende Inflation. Daher schreiten die Banker frühzeitig ein: Sie erhöhen umgehend die Leitzinsen und verteuern damit Investitionen. Die Leitzinsen zählen zu den stärksten Waffen, die die Zentralbanken zur Verfügung haben, um die Inflation in Schach zu halten. Bei der Europäischen Zentralbank heißen die Leitzinsen auch Fazilitäten, was sich mit „Kreditlinien" oder „-möglichkeiten" übersetzen lässt.

Zu diesem Satz können, vereinfacht gesagt, die Geschäftsbanken bei der Notenbank Kredite aufnehmen. Steigt der Leitzins, geben die Geldhäuser dies fast umgehend an ihre Kunden weiter – beispielsweise in Form höherer Zinsen für Dispositionskredite. Das bremst das Konjunkturtempo. Auf Leitzinserhöhungen reagieren die Aktienmärkte daher eher negativ.

Umgekehrt versucht die Notenbank in Rezessionsphasen beispielsweise infolge der Finanzkrise mit niedrigen Zinsen die Wirtschaft wieder anzukurbeln. Durch niedrigere Zinsen wird die Finanzierung

neuer Investitionen für die Unternehmen günstiger, außerdem bekommen die Geschäftsbanken Zugang zu billigen Geldern, mit denen sie kurzfristige Finanzierungsengpässe überbrücken können. Dazu wird das Konsumverhalten der privaten Haushalte positiv beeinflusst, da neue Anschaffungen billig auf Pump getätigt werden können. Und auch der Staat nutzt oft das günstige Zinsniveau, um zusätzliche Investitionen – etwa den Bau neuer Straßen und Eisenbahnlinien – über Schulden zu finanzieren.

Dieser Wirkungszusammenhang funktioniert in der Praxis allerdings nicht immer so, wie ihn die Lehrbücher beschreiben. Nach dem Zusammenbruch der US-Bank Lehman Brothers im Herbst 2008 und angesichts der drohenden Zahlungsunfähigkeit einiger europäischer Länder im Jahre 2011 senkten die Notenbanken sehr rasch ihre Leitzinsen und pumpten Liquidität in den Bankensektor, um weitere Pleiten zu verhindern und das Finanzsystem zu stabilisieren. Unternehmen und Verbraucher kamen in der Folgezeit jedoch kaum in den Genuss kostengünstiger Kredite, denn die Geldhäuser benötigten die billigen Gelder der Zentralbank selbst, um die finanziellen Löcher in ihren Bilanzen zu überbrücken. Aber auch die Verbraucher dachten kaum daran, mehr Geld auszugeben. Im Gegenteil: Wegen der unsicheren Wirtschaftsaussichten und der Angst vor weiteren Bankpleiten hielten sie ihr Geld zusammen.

Die Zinspolitik der Notenbanken hat an der Börse auch deshalb einen so hohen Stellenwert, weil sie in der Regel sehr langfristig ausgerichtet ist. Das heißt, bei einem Trendwechsel, etwa einer Zinserhöhung nach einer Phase kontinuierlicher Zinssenkungen, können sich die Anleger in der Regel auf weitere Zinsschritte nach oben einstellen.

Unsicherheitsfaktor Wechselkurse

Neben der Konjunkturentwicklung und dem Zinstrend schlagen auch Wechselkursentwicklungen mehr oder weniger stark auf den Aktienmarkt durch. Dabei haben die Börsianer vor allem das Wechselspiel zwischen dem Euro und der immer noch wichtigsten Leitwährung, dem US-Dollar, im Auge.

Generell gilt: Je exportabhängiger eine Volkswirtschaft, desto stärker wirkt sich eine Veränderung der Wechselkurse aus, wie das Beispiel Deutschland zeigt. Steigt der Außenwert des Euro, werden deutsche Produkte außerhalb der Eurozone teurer, was die Exporte eher dämpft. Sinkt hingegen der Eurokurs zum Beispiel gegenüber dem Dollar, verbessern sich die Absatzchancen einheimischer Produkte in Übersee. Eine Belebung des Außenhandels wirkt sich in einem zweiten Schritt gerade in wirtschaftlichen Talsohlen oft auch positiv auf die Inlandsnachfrage aus. „Abwertungsbörsen" – also Börsen in einem Land mit fallenden Wechselkursen – gelten daher tendenziell als Einstiegskandidaten.

Die Kehrseite einer schwachen Währung ist allerdings, dass sich der Import – zum Beispiel von Rohstoffen – entsprechend verteuert. Darunter leiden vor allem Unternehmen, die einen großen Teil ihrer Vorprodukte und Rohstoffe im Ausland einkaufen – zum Beispiel Chemieunternehmen, die Erdöl zu Benzin, Diesel und Schmierstoffen weiterverarbeiten.

Der Einfluss der Politik

Eine Börsenregel lautet, dass politisch beeinflusste Börsen kurze Börsen sind. Soll heißen: Der Effekt einzelner politischer Ereignisse, wie zum Beispiel Regierungskrisen oder Wahlen, ist in der Regel nur kurzfristiger Natur. Sogar nach dem Ausbruch von Kriegen, soweit sie nicht in den Industrieländern selbst, sondern in entfernten Erdregionen stattfinden, gehen die Märkte sehr oft schnell wieder zur Tagesordnung über. Häufig sogar, so zynisch es klingt, markiert der Beginn der

Kriegshandlungen den Beginn eines Kursaufschwungs.

Dennoch darf die Wirkung vor allem ganz alltäglicher politischer Entscheidungsprozesse und Projekte nicht unterschätzt werden. Dazu gehören insbesondere fiskalpolitische Maßnahmen wie etwa umfassende Steuerreformen. Steuersenkungen wirken sich auf lange Sicht konjunkturfördernd aus. Steuererhöhungen dämpfen dagegen eher die Wirtschaftsentwicklung. Positive Effekte ergeben sich in der Regel auch aus politischen Liberalisierungsentscheidungen, das heißt, wenn sich der Staat aus bestimmten Wirtschaftsbereichen zurückzieht und Wettbewerb zulässt. In diesen Branchen kommt es dann oft zu einer Belebung der wirtschaftlichen Aktivität, wie das etwa in der Vergangenheit im deutschen Telekommunikations- und Energiesektor zu beobachten war. Positiv wirken sich auch Deregulierungen aus. Das kann zum Beispiel eine Flexibilisierung des Arbeitsmarkts durch die Lockerung von Kündigungs- und Arbeitszeitvorschriften sein.

Auf der anderen Seite hemmen neugeschaffene Vorschriften und (Aufsichts-) Regeln des Staates, wie sie zum Beispiel dem Bankensektor als Folge der Finanzkrise drohen, erfahrungsgemäß eher die Wirtschaftsdynamik. Gleiches gilt für Subventionen. Mit ihrer Hilfe werden oftmals unrentable Arbeitsplätze erhalten, was für einen Neuanfang und den damit verbundenen Aufbau rentabler und damit wirklich zukunftsträchtiger Stellen hinderlich ist.

GRAU IST ALLE THEORIE

Das Spannende an Wirtschaft und damit an der Börse ist jedoch gleichzeitig das, was Anleger sehr oft verzweifeln lässt: Selten treten die Zusammenhänge zwischen den beschriebenen Wirtschaftsgrößen so klar und eindeutig auf wie hier beschrieben. Einige Faktoren können sich in ihrer Wirkung gegenseitig verstärken, andere wiederum dämpfen. Zudem kommt es zu immer neuen Kombinationen, die jeweils andere Erklärungsmuster erfordern. Folge: Die Entwicklung eines bestimmten Indikators kann, je nach wirtschaftlichem Hintergrund, zu verschiedenen Zeitpunkten ganz unterschiedliche Kursreaktionen nach sich ziehen. So hat sich beispielsweise die Interpretation der Geld- und Zinspolitik der großen Notenbanken in den vergangenen Jahren gewandelt. Die Börsianer haben in letzter Zeit die Leitzinspolitik der großen Notenbanken sehr aufmerksam verfolgt. Sie versuchen abzuschätzen, ob es den Währungshütern gelingt, auf der einen Seite das Finanzsystem zu stabilisieren und die Banken mit billigem Geld zu versorgen, andererseits aber auch die Inflation im Griff zu behalten, also ob es etwa der Europäischen Zentralbank (EZB) mit einem stabilen Euro ernst ist.

Auf die Gesamtsituation kommt es an

Dazu muss auch noch berücksichtigt werden, dass die Bedeutung einzelner Indikatoren nicht in Stein gemeißelt ist, sondern ebenfalls vor dem Hintergrund der wirtschaftlichen Gesamtsituation und mit der Stimmung an der Börse wechselt. Kennzahlen, die die Anleger heute mit Argusaugen verfolgen, interessieren in sechs oder zwölf Monaten unter Umständen kaum noch. Lange Jahre galt beispielsweise der sorgsame Blick der Investoren dem ausufernden Haushalts- und Leistungsbilanzdefizit der USA. Auf dem Höhepunkt der Finanzkrise ist dieser Aspekt vollkommen vernachlässigt worden und es stand vor allem die Frage im Vordergrund, mit welchen finanziellen Hilfen die US-Regierung der eigenen Volkswirtschaft zu helfen gedachte.

Ein weiterer Unsicherheitsfaktor ist, dass Händler, Banker und Großanleger im Vorfeld wichtiger Daten eine Erwartungshaltung aufbauen, die zu einer eigenen Logik bei der Bewertung führt. Was nach den oben beschriebenen Gesetzmäßigkeiten eigentlich eine „gute" Nachricht ist, zum Beispiel eine Senkung der Leitzinsen, kann völlig gegensätzlich interpretiert werden – etwa dann, wenn diese Leitzinssenkung schwächer ausfällt als erwartet.

Einzelne Zahlen nicht überbewerten

Darüber hinaus darf die Bedeutung einzelner Zahlen nicht überbewertet werden. Gerade Frühindikatoren ändern von Monat zu Monat mitunter sprunghaft ihre Richtung. Fachleute arbeiten zur Interpretation der Daten daher mit Durchschnittswerten,

die sie aus den Daten mehrerer Monate bilden und somit „glätten". Viele Frühindikatoren geben außerdem lediglich die Richtung der Konjunktur vor. Sie sagen beispielsweise nicht, wie stark oder schwach ein Aufschwung ausfällt. Das ist aber entscheidend dafür, wie viel Kurspotenzial der Konjunkturfrühling den Aktien verschafft.

Am Ende darf nicht vergessen werden, dass die Akteure an der Börse versuchen, den zukünftigen Konjunkturtrend zu erahnen und in den Kursen vorwegzunehmen. Dies übt auf viele Börsianer seinen speku-

lativen Reiz aus und verleitet sie zu Anlageentscheidungen, die sich wenig später als falsch erweisen können und dann entsprechend korrigiert werden müssen. Daher sollten Privatanleger nicht versuchen, auf kurzfristige Wirtschaftstrends zu setzen. Zu groß ist das Risiko, dass sich erhoffte Aufschwünge als Strohfeuer erweisen. Als Hilfsmittel beim richtigen Timing für den Einstieg und als Entscheidungsgrundlage für die Auswahl einzelner Aktien (siehe Seite 125) lohnt ein Blick auf die „Wegweiser" der Konjunktur jedoch allemal.

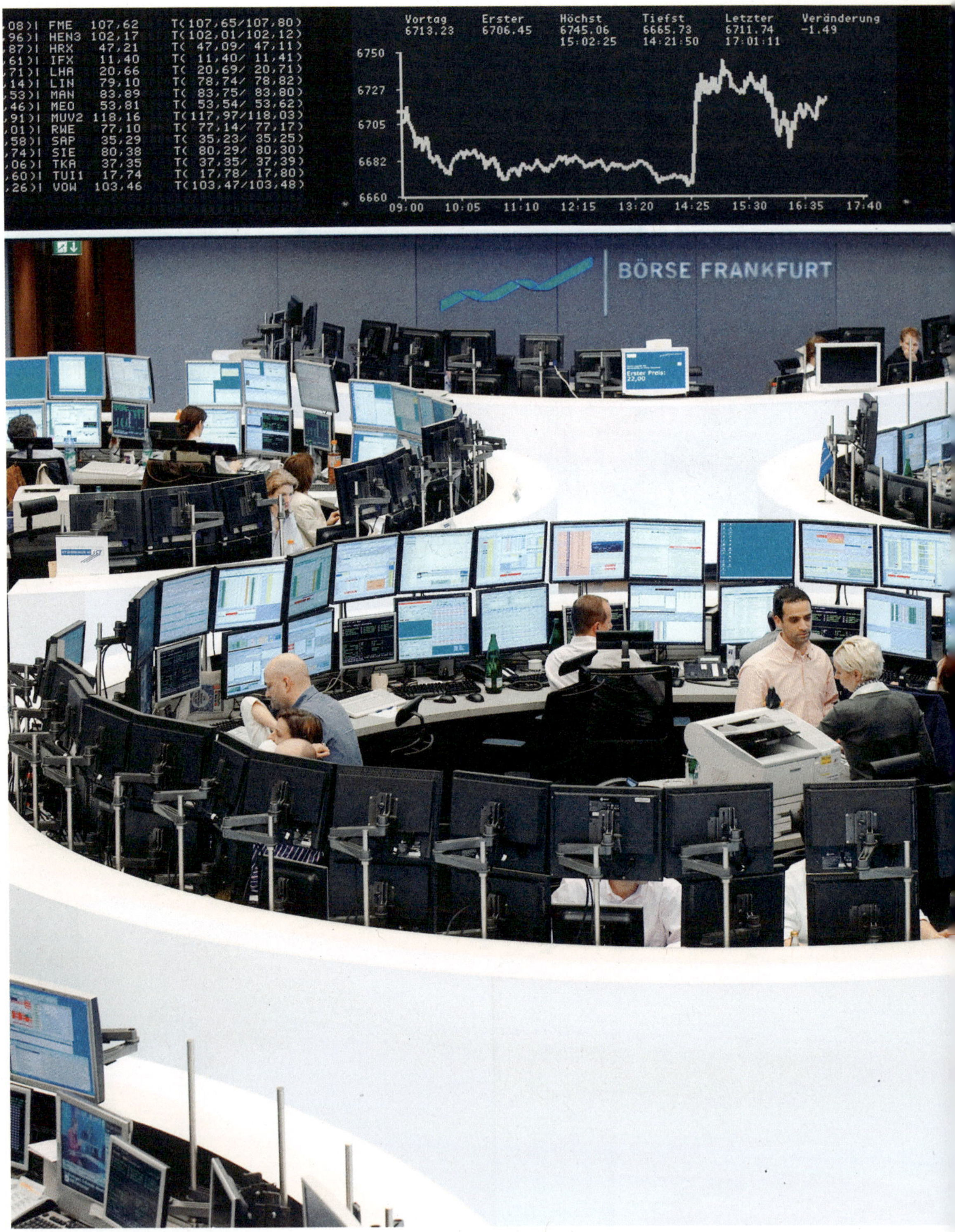

FME 107,62 T(107,65/107,80)
HEN3 102,17 T(102,01/102,12)
HRX 47,21 T(47,09/ 47,11)
IFX 11,40 T(11,40/ 11,41)
LHA 20,66 T(20,69/ 20,71)
LIN 79,10 T(78,74/ 78,82)
MAN 83,89 T(83,75/ 83,80)
MEO 53,81 T(53,54/ 53,62)
MUV2 118,16 T(117,97/118,03)
RWE 77,10 T(77,14/ 77,17)
SAP 35,29 T(35,23/ 35,25)
SIE 80,38 T(80,29/ 80,30)
TKA 37,35 T(37,35/ 37,39)
TUI1 17,74 T(17,78/ 17,80)
VOW 103,46 T(103,47/103,48)
Vortag 6713.23
Erster 6706.45
Höchst 6745.06 15:02:25
Tiefst 6665.73 14:21:50
Letzter 6711.74 17:01:11
Veränderung -1.49
6750
6727
6705
6682
6660
09:00 10:05 11:10 12:15 13:20 14:25 15:30 16:35 17:40
BÖRSE FRANKFURT
Erster Preis: 22,00

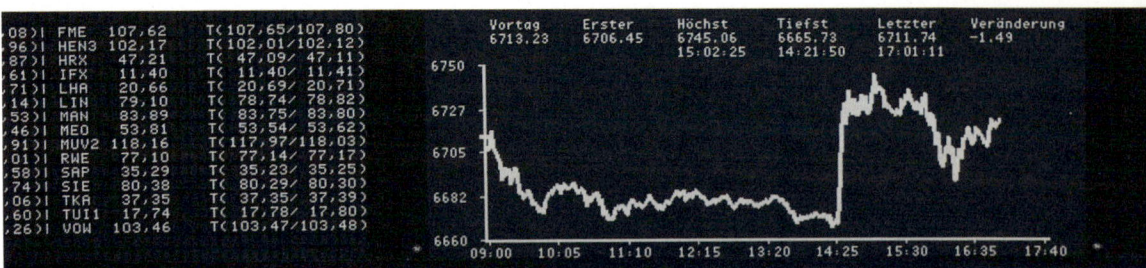

AN INDIZES ORIENTIEREN

Aktieneinsteigern läuft recht schnell der Begriff „Index" über den Weg. Indizes sind so etwas wie Leuchttürme im unübersichtlichen Tagesgeschehen an der Börse und aus der modernen Finanzwelt kaum noch wegzudenken. Das liegt vor allem daran, dass Indizes heutzutage viel mehr sind als nur ein Marktbarometer. Sie sind gleichzeitig Erfolgsmaßstab und Bezugsgröße für spezielle Fonds und Anlagezertifikate.

DIE IDEE EINES INDEX

Wer den Aktienmarkt eine Zeit lang verfolgt, wird schnell feststellen, dass die im vorangegangenen Kapitel aufgezählten Faktoren die Kurse zwar beeinflussen, dass aber die Kursreaktion der einzelnen Werte mitunter doch sehr unterschiedlich ausfällt. Einige Aktien reagieren sehr sensibel zum Beispiel auf aktuelle Konjunkturnachrichten, andere wiederum lassen sich davon kaum beeindrucken. Selbst Börsenprofis sind angesichts Tausender verschiedener Titel auf dem Kurszettel nicht in der Lage, die Kursentwicklung jedes einzelnen Papiers im Auge zu behalten. Sie interessiert jedoch zum Beispiel am Ende eines Handelstages die Frage, wie sich aus den Kursverläufen aller Einzelaktien ein genereller Trend über einen längeren Zeitraum herauslesen lässt. Genau solch einen Maßstab bietet ein Index. Diese Gradmesser zeigen auf einen Blick, wie sich ein Gesamtmarkt zum Beispiel über einen Tag hinweg entwickelt hat.

Der entscheidende Gedanke

Die Idee für einen Index hatten Börsenexperten in New York Ende des 19. Jahrhunderts. Sie tüftelten an einer Kennzahl, die kurz und prägnant die allgemeine Tendenz am Aktienmarkt beschreibt. Ihr Grundgedanke war ebenso einfach wie erfolgreich und ist noch heute das konzeptionelle Gerüst eines jeden modernen Index: Eine bestimmte Anzahl von Aktien – in diesem Fall die Kurse der 30 wichtigsten Aktien an der New Yorker Börse –

wurde zu einem Korb zusammengestellt. Dann summierten die Fachleute die Einzelkurse der in diesem Korb enthaltenen Papiere auf und errechneten daraus einen Durchschnittskurs: den Indexwert.

Mit diesen systematisch über Tage und Monate hinweg gewonnenen Daten zeichneten sie eine Kurve auf – ähnlich der Fieberkurve auf einem Krankenblatt. Auf diese Weise entstand der Dow-Jones-Index (benannt nach dem US-Börsenblatt Dow, Jones & Co.), der auch heute noch, weit über 100 Jahre nach seiner Erfindung, das wichtigste Stimmungsbarometer für US-Aktien ist.

Ein einfaches Rechenprinzip

Der besseren Verständlichkeit halber, aber auch weil der Umgang in der Praxis dadurch einfacher wird, bekommt jeder Index in dem Moment, wo er erstmals veröffentlicht wird, einen mathematischen Normwert. Meist sind das 100 oder 1 000 Punkte. Von dieser Ausgangszahl werden dann alle weiteren Wertveränderungen fortlaufend berechnet. So lässt sich jederzeit die Indexentwicklung für einen beliebigen Zeitraum relativ einfach bestimmen.

Beispiel: Ein Index startet am 1. Januar 2000 mit 100 Punkten, am 1. Januar 2005 liegt er bei 200 Punkten. Das bedeutet, dass sich der Wert aller im Korb enthaltenen Aktien innerhalb dieser fünf Jahre verdoppelt hat. Daraus darf man jedoch nicht

schließen, dass sich auch der Wert jeder einzelnen Aktie in diesem Index verdoppelt hat. Der Indexverlauf gibt nur den Durchschnittsgewinn wieder.

Natürlich wurde das Konzept über die Jahre hinweg verfeinert. So ist es heute bei vielen wichtigen Indizes üblich, die Kurse der einzelnen Indexmitglieder in Abhängigkeit von ihrer Größe zu gewichten. Auf diese Weise wird verhindert, dass sich Kursveränderungen bei einem Börsenwinzling in der Indexberechnung genauso stark niederschlagen wie die bei einem viele Milliarden Euro schweren Großkonzern.

Funktionen eines Index

Der Vorteil des Indexkonzepts ist, dass es universell einsetzbar ist. Für fast alles, was an der Börse gehandelt wird, lassen sich Indizes bilden: Aktien, Anleihen, Edelmetalle, Rohstoffe. Spezielle Branchenindizes etwa messen die Wertentwicklung der Unternehmen mit gleichem Tätigkeitsschwerpunkt – zum Beispiel aller börsennotierten Automobilhersteller eines Landes.

Der Index als Messlatte

Der Vorteil einer solchen Unterteilung ist, dass die Kursentwicklung einer Aktie sowohl mit dem Gesamtmarkt als auch mit unmittelbaren Konkurrenten verglichen werden kann. So lässt sich zum Beispiel herausfinden, welcher Autotitel sich welt-

weit über einen bestimmten Zeitraum hinweg am besten entwickelt hat. Indizes dienen so als neutraler Vergleichsmaßstab, mit dem sich der Erfolg eines Investments messen lässt – eine Benchmark, wie es in der Fachsprache heißt, was sich am passendsten mit Richtgröße, aber auch mit Zielvorgabe übersetzen lässt. Das bedeutet: Jeder Anleger kann die Entwicklung eines Index mit der Kursentwicklung der Aktien vergleichen, die in seinem Depot liegen. So kann er etwa am grafischen Verlauf der beiden Kurskurven leicht verfolgen, ob seine Papiere besser oder schlechter abgeschnitten haben. Wichtig dabei ist, fair zu vergleichen. Fast jeder Index bildet nur einen bestimmten Teilbereich beziehungsweise einen Markt ab. Wer zum Beispiel sein Depot mit deutschen Aktiengesellschaften bunt gemischt hat, muss einen marktbreiten Index, der aber nur deutsche Aktien enthält, als geeigneten Vergleichsmaßstab heranziehen – das könnte zum Beispiel der HDax sein,

der alle Werte aus dem Dax, dem MDax und dem TecDax zusammenfasst (siehe Seite 88).

Ein solcher Vergleich dient vor allem dazu, die Leistung professioneller Vermögensverwalter wie etwa der Manager von Investmentfonds (siehe Seite 149) zu beurteilen: Schneidet der Fonds, den er verwaltet, in einem Jahr schlechter ab als der vergleichbare Index, hat der Manager keine glückliche Hand bei der Auswahl bewiesen. Gelingt es ihm hingegen, den Benchmark-Index zu schlagen, ist das ein besonderes Gütesiegel für seine Fähigkeiten.

Kurs- versus Performanceindex
Vor allem ältere Kursbarometer wie der Dow-Jones-Index werden als Kurs- oder Preisindizes ermittelt. Das heißt, sie messen bloß die Preisveränderung der einbezogenen Aktien, auch wenn diese lediglich auf einer Kursbereinigung etwa infolge einer Ausschüttung beruht. Um

den Erfolg der Profis richtig beurteilen zu können, sind neuere Indizes deshalb als Performanceindizes konstruiert. Das heißt: Bei der Berechnung wird so getan, als würden sämtliche Erträge wie Dividenden (siehe Seite 98, 131) und Bezugsrechte (siehe Seite 102) sofort wieder angelegt – und zwar jeweils in dasselbe Papier, aus dem die Erträge stammen. Auf diese Weise ergibt sich eine Art Zinseszinseffekt. Folge: Performanceindizes entwickeln sich stets besser als vergleichbare Kursindizes.

Dies ist auch bei der Auswahl von Indexzertifikaten (siehe Seite 154) zu berücksichtigen.

Indizes als Basisinstrument

In den vergangenen Jahren sind Indizes nicht nur als Benchmark immer wichtiger geworden. Sie dienen auch als Bezugsgröße – Basisinstrument genannt – für synthetische Finanzinstrumente wie beispielsweise Indexzertifikate, vor allem aber für Indexfonds (siehe Seite 152).

KLEINE INDEX-WELTKUNDE: DAX, DOW & CO.

An Indizes, die als Basisinstrument dienen könnten, herrscht kein Mangel: Ein Streifzug durch die Weltbörsen zeigt, dass jeder Handelsplatz sein eigenes Marktbarometer besitzt. An den großen Aktienmärkten gibt es oft sogar mehrere. Meist setzt sich jedoch ein Index als allgemein bekannter und beachteter Leitindex durch.

Der Dax – ein Beispiel

Bei den deutschen Dividendentiteln hat sich der Deutsche Aktienindex, kurz Dax genannt, diesen Ruf erobert. Er wurde Ende 1987 von der Deutschen Börse aus der Taufe gehoben. Der Dax fasst die 30 größten und wichtigsten Aktien am deutschen Markt zusammen, die etwa 70 Prozent des gesamten Börsenwerts aller deut-

schen Aktien repräsentieren und auf die etwa 80 Prozent des gesamten Handelsvolumens entfallen.

Klare Indexregeln

Der Dax soll ein aktuelles und zugleich repräsentatives Bild des heimischen Aktienmarkts zeigen. Deshalb folgt die Auswahl der 30 Indexmitglieder vor allem zwei klaren Kriterien: dem Börsenumsatz (siehe Kasten rechts) und der Marktkapitalisierung, also dem Börsenwert eines Unternehmens (der Börsenwert ergibt sich aus der Zahl der zugelassenen Aktien multipliziert mit dem aktuellen Aktienkurs, wobei die Börse nur die frei handelbaren, also nicht im Besitz eines Großaktionärs befindlichen Aktien, den sogenannten Freefloat, zählt).

Die Bezeichnung „Deutscher Aktienindex" wird dabei nicht mehr so eng ausgelegt, wie es der Name ursprünglich nahelegt. Seit Ende 2006 werden bei der Auswahl der Dax-Titel wie bereits bei den kleineren „Brüdern" des Dax (siehe Seite 88) auch ausländische Aktien berücksichtigt. Damit hat die Deutsche Börse ihre Aufnahmekriterien an den gemeinsamen Kapitalmarkt innerhalb der Europäischen Union angepasst. Allerdings muss der Emittent seinen juristischen Sitz innerhalb der EU haben und der Hauptumsatz des Indexanwärters muss in Frankfurt abgewickelt werden. Das Biotechnologieunternehmen Qiagen zum Beispiel zählt seit längerem als Aufnahmekandidat für den Dax. Ein Großteil der Produktion und der Verwaltung ist in Deutschland ansässig, ihren juristischen Sitz hat die Gesellschaft aber in den Niederlanden.

Da die Indexwerte eine Vorbildfunktion haben, kommen für das deutsche Kursbarometer allerdings grundsätzlich ausschließlich Unternehmen infrage, die die Kriterien des Prime-Standards erfüllen (siehe Seite 115).

Transparenz ist Trumpf

Um die Indexentscheidungen der Deutschen Börse nachvollziehbar zu machen, veröffentlicht der Börsenbetreiber jeweils zum Monatsende für alle Mitglieder in den Dax-Indizes eine Rangliste nach den genannten Kriterien (die Listen lassen sich einsehen unter www.dax-indices.com, Menüpunkt „Downloads", „Zusammensetzung und Kennzahlen").

Der Nachteil des Dax-Konzepts ist, dass sich die Rangliste ständig ändert, da sich sowohl Umsatz als auch Marktkapitalisierung mit dem Auf und Ab der Kurse verschieben. Daher überprüft die Börse – im Allgemeinen einmal pro Jahr –, ob die Zusammensetzung des Dax noch den tatsächlichen Marktverhältnissen entspricht. Grundsätzlich gilt die Regel, dass ein Wert in den Index aufgenommen wird, wenn er in puncto Marktkapitalisierung und Börsenumsatz Rang 30 oder besser erreicht und gleichzeitig ein Indexmitglied bei mindestens einem Kriterium schlechter als Rang 35 steht.

Unabhängig von der turnusmäßigen Anpassung im September jeden Jahres

---

INFO **Wie berechnet sich der Börsenumsatz?**

Der Börsenumsatz ergibt sich aus der Zahl der an einem Tag oder innerhalb eines Monats an einer Börse umgesetzten Aktien multipliziert mit dem jeweiligen Kurs. Fachleute unterscheiden dabei nach Einfach- und Doppelzählung, denn jede verkaufte Aktie ist gleichzeitig eine gekaufte Aktie, sonst wäre das Geschäft ja nicht zustande gekommen.

nimmt die Börse bei besonderen Ereignissen eine außerplanmäßige Indexumstellung vor – etwa bei Fusionen, Übernahmen (siehe Seite 117) und Börsengängen von Unternehmen (siehe Seite 107), die sich in puncto Größe und Marktbedeutung auf Anhieb in der jeweiligen Rangliste auf Platz 25 oder besser platzieren. Umgekehrt sortiert sie Aktien aus, wenn diese beispielsweise nicht mehr die Bedingungen hinsichtlich des Freefloats erfüllen. Der Freefloat ist der Anteil der Aktien, der nicht bei einem Großaktionär liegt. Er muss bei mindestens 10 Prozent liegen, damit ein Unternehmen für eine Teilnahme am Index beziehungsweise für den Verbleib infrage kommt. In der Fachsprache wird dies als Fast-Entry-Regel bezeichnet. Die Fast-Exit-Regel besagt dagegen, dass eine Aktie aus dem Dax genommen wird, wenn sie in puncto Börsenumsatz oder Marktkapitalisierung unter Platz 45 der Rangliste rutscht, ein Nicht-Index-Wert aber bei der Marktkapitalisierung mindestens Rang 35 und beim Börsenumsatz mindestens Rang 45 erreicht.

Umstellungstermine bewegen die Kurse

Das Herannahen des Umstellungstermins bewegt regelmäßig die Kurse – und dies nicht unbeachtlich. Denn die potenziellen Neulinge, über die im Vorfeld häufig heftig diskutiert und spekuliert wird, rücken unweigerlich in das Rampenlicht der Finanzmärkte. Der Grund: Großinvestoren, die ihre Depots am Dax ausrichten, müssen bei einer Auswechslung den neuen Wert kaufen – ob sie wollen oder nicht. Dagegen stürzt der Absteiger nicht selten ab, weil seine Aktien von den Anlegern in großem Stil auf den Markt geworfen werden. Diese Kurskapriolen sind deswegen so erstaunlich, weil sich ja an den für die Börsenbewertung relevanten Daten wie Umsatz und Ertrag (siehe Seite 127) kurzfristig nichts geändert hat.

Regeln werden angepasst

Auch ein noch so gutes Indexkonzept ist freilich nicht gefeit vor den zum Teil irrationalen Spekulationen, die an der Börse die Kurse bewegen. Aus den Kursturbulenzen im Zuge der versuchten Übernahme von VW durch den Sportwagenhersteller Porsche im Jahr 2008 hat die Börse zum Beispiel Konsequenzen gezogen. Damals hatte sich der Kurs der VW-Papiere raketengleich binnen weniger Tage vervielfacht. Was war passiert?

Der Sportwagenhersteller Porsche war drauf und dran, die Aktienmehrheit bei VW zusammenzukaufen. Da die ganze Transaktion über komplizierte Handelsgeschäfte ablief, blieb sie lange Zeit an der Börse nahezu unbemerkt. Die Krux daran: Da ein Großteil der restlichen VW-Stammaktien (siehe Seite 93) ebenfalls in festen Händen lag, war der Markt bei Bekanntwerden des Plans vom einen auf den anderen Moment wie leergefegt. So waren Anleger, die VW-Anteile unbedingt kaufen mussten, weil sie ihrerseits bestimmte Verpflichtungen eingegangen waren, gezwungen, jeden Preis zu bezah-

DAXGEWICHTUNG 2012

Index-Unternehmen	Anteil	Branche
Adidas	2,04 %	Haushalts- und Konsumgüter
Allianz	6,66 %	Versicherung
BASF	9,62 %	Chemieindustrie
Bayer	7,55 %	Chemieindustrie
Beiersdorf	0,86 %	Haushalts- und Konsumgüter
BMW ST	3,26 %	Automobile und Automobilteile
Commerzbank	1,01 %	Banken
Daimler	5,77 %	Automobile und Automobilteile
Deutsche Bank	5,05 %	Banken
Deutsche Börse	1,47 %	Finanzdienstleistungen
Deutsche Post	1,90 %	Industriegüter und Dienstleistungen
Deutsche Telekom	5,38 %	Telekommunikation
EON	6,24 %	Versorger
Fresenius	2,16 %	Gesundheitswesen
Fresenius Medical Care ST.	1,63 %	Gesundheitswesen
Heidelbergcement	0,86 %	Baugewerbe und Werkstoffe
Henkel VZ	1,53 %	Haushalts- und Konsumgüter
Infineon	1,27 %	Technologie
K+S	1,18 %	Chemieindustrie
Linde	3,81 %	Chemieindustrie
Lufthansa	0,83 %	Reise und Freizeit
MAN	0,79 %	Industriegüter und Dienstleistungen
Merck	0,97 %	Gesundheitswesen
Metro	0,73 %	Einzelhandel
Münchner Rück	2,92 %	Versicherung
RWE ST	2,19 %	Versorger
SAP	7,70 %	Technologie
Siemens	9,96 %	Industriegüter und Dienstleistungen
ThyssenKrupp	1,33 %	Industriegüter und Dienstleistungen
VW VZ	3,36 %	Automobile und Automobilteile
	100 %	

Stand: 1. März 2012   ST = Stammaktie
Quelle: Deutsche Börse   VZ = Vorzugsaktie

len. Als Folge davon stieg die Gewichtung der VW-Aktie im Dax von ursprünglich knapp 6 Prozent im September auf über 25 Prozent bis Ende Oktober 2008. Dass die VW-Stammaktien aus dem Dax zu fliegen drohten, weil der Freefloat nach der Übernahme von Porsche unter 10 Prozent gerutscht wäre, und im Gegenzug die VW-Vorzugsaktien in den Auswahlindex aufgestiegen wären, machte die Sache nur noch komplizierter.

Die Deutsche Börse legte daraufhin fest, dass ein Indexwert auch außerhalb der regulären Anpassungstermine aus Dax, MDax oder SDax geworfen werden kann, wenn es zu sehr hohen Kursausschlägen kommt. Die sogenannte Volatilität der vorangegangenen 30 Handelstage darf annualisiert den Wert von 250 Prozent nicht übersteigen. Zusätzliche Voraussetzung ist, dass die Aktie an einem Handelstag mehr als 10 Prozent Gewicht im Index hat.

Kapitalmarktwissenschaftler haben allerdings herausgefunden, dass die Kurseffekte bei einer „regulären" Indexumstellung nur für kurze Zeit anhalten. Nach der Indexaufnahme tritt wieder die Geschäftsentwicklung des jeweiligen Unternehmens in den Vordergrund – und

oft kehrt der Kurs dann wieder auf sein ursprüngliches Niveau zurück.

Indexspekulationen haben also ein kurzes Leben. Kein Anleger sollte daher in Panik geraten und eine Aktie aus seinem Depot überstürzt verkaufen, nur weil der Rauswurf aus dem Auswahlindex droht.

Sekundengenaue Berechnung

Der Dax wird während der Handelszeit im Sekundentakt berechnet. Dadurch dokumentiert er das Börsengeschehen über den gesamten Tagesverlauf hinweg, in der Fachsprache „intra-day" genannt. Dabei wird er sowohl als Performance- wie auch als Kursindex ermittelt. Allgemeine Bedeutung hat aber nur die Performance-Variante. Der aktuelle Dax-Stand wird abends beispielsweise vor der Tagesschau ebenso veröffentlicht wie auf den Titelseiten der überregionalen Tages- und Wirtschaftszeitungen.

Seit Juni 1999 wird der Index wie alle anderen Mitglieder der Dax-Familie (siehe nachfolgender Abschnitt) auf Basis der Xetra-Kurse (siehe Seite 34) ermittelt. Da jedoch der Xetra-Handel bereits um 17.30 Uhr endet, der Handel bei den Spezialisten (siehe Seite 41) in Frankfurt aber noch bis 20 Uhr läuft, wird in diesen zweieinhalb Stunden der LDax (für Late-Dax) auf Basis der Kurse im betreuten Handel berechnet. Er dient als Ersatzmaßstab und Stimmungsindikator für den Abendhandel. Bei den kleineren Brüdern des Dax wird genauso verfahren. Als Basisinstrument etwa für Indexfonds taugen diese Hilfs-Indizes nicht.

Die Gewichtung der einzelnen Dax-Werte wird nach einem relativ komplizierten Verfahren täglich neu berechnet. Grundsätzlich entscheidend dafür ist die Marktkapitalisierung, wobei dort nur der Freefloat zählt.

Bei Aktiengesellschaften, die sowohl Stamm- als auch Vorzugsaktien (siehe Seite 93) ausgegeben haben, wird nur die umsatzstärkste Aktiengattung berücksichtigt. Das Gewicht eines einzelnen Indexwerts, so hat es die Börse festgelegt, darf außerdem 10 Prozent des Gesamtkorbs nicht übersteigen. Eine darüber hinausgehende Kapitalisierung berücksichtigt sie bei der Indexberechnung nicht. Auf diese Weise soll die Dominanz einzelner Titel verhindert werden.

INFO   **Die wichtigsten Dax-Branchenindizes im Überblick**

- DaxSubsector Automobile
- DaxSubsector Banks (Banken)
- DaxSubsector Basic Resources (Roh- und Basisstoffe)
- DaxSubsector Chemicals (Chemie)
- DaxSubsector Construction (Bau)
- DaxSubsector Consumer Goods (Konsumwerte)
- DaxSubsector Financial Services (Finanzdienstleistungen)
- DaxSubsector Food & Beverages (Nahrungsmittel & Getränke)
- DaxSubsector Industrial (Industriewerte)
- DaxSubsector Insurance (Versicherungen)
- DaxSubsector Media (Medien)
- DaxSubsector Pharma & Healthcare (Pharma und Gesundheit)
- DaxSubsector Renewable Energies (Erneuerbare Energien)
- DaxSubsector Retail (Handel)
- DaxSubsector Software (Computer-Software)
- DaxSubsector Technology (Technologie)
- DaxSubsector Telecommunication (Telekommunikation)
- DaxSubsector Transportation & Logistics (Transport & Logistik)
- DaxSubsector Utilities (Versorger)

Die gesamte Dax-Familie

Der Dax hat in den vergangenen Jahren eine ganze Index-Familie zur Seite gestellt bekommen. Der MDax ist dabei der wichtigste Bruder des Dax. Er ist nach demselben Konzept aufgebaut und misst den Kursverlauf von 50 Werten aus der „zweiten Reihe", also den Unternehmen, die nach Börsenbewertung und Liquidität den 30 größten Werten folgen. Aufgrund der größeren Teilnehmerzahl wird seine Zusammensetzung nicht einmal, sondern zweimal pro Jahr – im März und September – sowie in besonderen Fällen, etwa bei Übernahmen, an die aktuellen Marktverhältnisse angepasst.

Die 50 größten Aktien nach Dax und MDax finden sich dann im SDax. Im TecDax schließlich sind nach den gleichen Kriterien wie beim Dax und MDax die 30 wichtigsten Technologieaktien gelistet. Dazu kommen mittlerweile weit über 60 Subindizes, die die Aktien einzelner Branchen oder Industriesektoren enthalten (siehe Übersicht Seite 87). Der Composite Dax – kurz CDax genannt – geht genau den entgegengesetzten Weg. Er ist ein marktbreit ausgelegter Index, der die Entwicklung aller Aktien abbildet, die an der Frankfurter Wertpapierbörse im Prime-Standard sowie im General-Standard gelistet sind.

Die Index-Familie wird zudem ständig erweitert. Seit 2007 zum Beispiel berechnet die Börse den Öko-Dax für Unternehmen im Bereich Nachhaltigkeit und erneuerbare Energien, der DivDax fasst die Unternehmen mit besonders hoher Dividendenrendite (siehe Seite 131) zusammen, der Gex misst die Entwicklung deutscher Aktien, die mehrheitlich im Besitz der Gründer beziehungsweise Eigentümerfamilien sind und von ihnen selbst geführt werden, und der ShortDax schließlich bildet die tagtäglichen Bewegungen des Dax invers, also unter umgekehrten Vorzeichen ab. Er eignet sich daher als Bezugsgröße für Anleger, die auf fallende Kurse setzen.

Internationales Parkett

Der Dax ist für Anleger, die am deutschen Aktienmarkt investieren, zweifellos der bedeutendste Orientierungsmaßstab, an anderen großen Börsenplätzen wie etwa in New York oder London sind andere Leitindizes wichtig.

Ein Klassiker und Urgestein auf internationalem Parkett ist, wie erwähnt, der Dow-Jones-Index oder Dow-Jones-Industrial-Average-Index, wie er ausführlich heißt. Deutlich breiter orientiert ist der Standard-&-Poor's-500-Index, der 500 an der New Yorker Börse gelistete Aktien enthält und rund 80 Prozent des US-amerikanischen Aktienmarkts widerspiegelt.

Was der Dow-Jones-Index für die New Yorker Börse, ist der Nikkei-Index für den Aktienmarkt in Tokio. Der Nikkei-Index enthält in der ersten Sektion (vergleichbar mit dem Amtlichen Handel an den deutschen Börsen, siehe Seite 114) 225 gelistete Aktien. In Europa hat es neben dem

Dax vor allem der an der Londoner Börse für britische Titel berechnete FTSE-Index zu Bedeutung in der Finanzgemeinde gebracht.

Als wichtigste Kursmaßstäbe für die Aktienkursentwicklung in ganz Euroland gelten die Stoxx-Indizes. Sie beziehen sich nicht auf einzelne Länder, sondern auf die gesamte Euroregion. Der Euro Stoxx 50 fasst die 50 wichtigsten Gesellschaften aus der Euroregion zusammen – als Performance- und als Kursindex. Der Stoxx-50-Index ist nach demselben Konzept aufgebaut, berücksichtigt aber die Aktien aller großen europäischen Industriestaaten – er enthält somit beispielsweise auch schweizerische und britische Unternehmen.

Genau wie beim Dax gibt es auch beim Stoxx und Euro-Stoxx Dutzende Subindizes, die für Anleger deswegen große Bedeutung haben, weil sie für viele dieser Branchenbarometer im Gegensatz zu den Dax-Ablegern Indexfonds kaufen können.

Neben den Indizes, die von den jeweiligen Börsen selbst aufgelegt und berechnet werden, haben einige Banken zusammen mit Finanzdatenanbietern spezielle Indexfamilien aus der Taufe gehoben, die über die Jahre hinweg ständig erweitert worden sind und zum Teil aus weit über 100 Einzelindizes bestehen. Ein Beispiel dafür sind die MSCI-Indizes, die vom US-Finanzdienstleister Morgan Stanley Capital International als Kursindizes aufgelegt und berechnet werden. Mittlerweile gibt es Hunderte verschiedene MSCI-Indizes für über 50 Länder, 20 Regionen und über 40 Branchen. Jeder Index wird jeweils in US-Dollar und lokaler Währung berechnet.

Der Vorteil einer solch großen Indexfamilie ist, dass die einzelnen Indizes alle nach dem gleichen Konzept aufgebaut sind und somit die unterschiedlichsten Märkte fair miteinander verglichen werden können. Dagegen folgt jeder der bekannten Leitindizes (siehe vorangegangener Abschnitt) seinem eigenen Konzept, was einen fairen Vergleich kaum möglich macht.

BASISWISSEN FÜR AKTIONÄRE

Wer eine Aktie kauft, wird zum Miteigentümer eines Unternehmens. Daher ist es wichtig, dass sich der Anleger mit den rechtlichen Hintergründen seines Anteilsbesitzes auskennt, damit er zum Beispiel weiß, über welche Punkte er auf der Hauptversammlung zu entscheiden hat, was es heißt, wenn sein Unternehmen neues Kapital benötigt, und welche Chancen und Risiken Unternehmen bieten, die neu an die Börse kommen.

VOM ANLEGER ZUM (MIT-)UNTERNEHMER

Im Gegensatz etwa zu einer Sparanlage, bei der der Anleger Gläubiger seiner Bank wird, sind Aktien Beteiligungspapiere. „Beteiligung" deshalb, weil sie einen Anteil am Grundkapital, also dem Eigenkapital einer Aktiengesellschaft (AG), verbriefen. Mit dem Kauf beteiligt sich der Anleger somit rein rechtlich an einem Unternehmen und nimmt fortan als Miteigentümer an dessen wirtschaftlicher Entwicklung teil – indem er unmittelbar am Gewinn, im ungünstigsten Fall aber auch an einem Verlust „seines" Unternehmens beteiligt ist. Das hat mittelbar Auswirkungen auf die Wertentwicklung seines Investments, denn der Wert seiner Anteile an der Börse steigt und fällt in dem Maße, wie sich der Umsatz, vor allem aber der Ertrag des Unternehmens entwickelt.

Als Aktionär hat der Anleger keinen Anspruch auf eine regelmäßige und feste Verzinsung seines Kapitals wie beispielsweise der Inhaber einer Anleihe. Wenn das Unternehmen in schlechten Jahren Verluste schreibt, muss er davon ausgehen, dass die Gewinnausschüttung, Dividende genannt, ausbleibt.

Nennwert ist nicht gleich Kurswert

In welcher Höhe ein Anleger am Geschäftserfolg beteiligt wird, hängt davon ab, welchen Anteil er mit seinem Aktienpaket am Grundkapital des Unternehmens hält. Der Nennwert oder Nominalwert einer Aktie ist dabei eine buchhalterische Größe, die sich aus der Einteilung des Grundkapitals in nominelle Einheiten ergibt. Dieser Anteil, den jede Aktie am Grundkapital repräsentiert, war früher als Geldbetrag auf der effektiven Aktienurkunde aufgedruckt – beispielsweise „Fünf D-Mark".

Im Zuge der Euroumstellung haben viele deutsche Aktiengesellschaften ihr Grundkapital von Nennwert-Aktien auf nennwertlose Stückaktien umgestellt. Der Unterschied ist, dass Letztere nicht einen festen Geldbetrag am Grundkapital verkörpern, sondern eine bestimmte Quote.

Beispiel: Das Grundkapital einer Gesellschaft in Höhe von 10 Millionen Euro wird umgewandelt von 10 Millionen Ein-Euro-Aktien in 10 Millionen Stückaktien. Faktisch entspricht damit der Nennwert unverändert 1 Euro pro Aktie – nur dass dieser Wert nicht mehr auf der Urkunde steht. In beiden Fällen ist der Aktionär jedoch zu einem Zehnmillionstel am Grundkapital beteiligt.

Nennwert begrenzt Haftung des Aktionärs

Der Nennwert definiert gleichzeitig das Haftungsrisiko des Anlegers für die Verbindlichkeiten „seines" Unternehmens. Sollte die Gesellschaft im schlechtesten Fall Insolvenz anmelden müssen, haften die Aktionäre nur bis zur Höhe des eingezahlten Nennwerts. Das heißt, ist das Vermögen der Gesellschaft vollständig aufgebraucht, haben die Gläubiger keine Möglichkeit, ihre offenen Forderungen bei den Aktionären direkt einzufordern.

Der Nennwert entspricht nicht dem Kurswert

Mit dem Kurswert einer Aktie hat der Nennwert allerdings nichts zu tun. An der Börse wird in der Regel wesentlich mehr für eine Aktie gezahlt, als die Urkunde nominell repräsentiert. Das liegt daran, dass der Börsenkurs den Marktwert einer Gesellschaft widerspiegelt – und dieser liegt bei einem erfolgreichen Unternehmen üblicherweise deutlich über dem Wert des Grundkapitals. Wie kommt es dazu? Zum einen dadurch, dass sich der Wert eines Unternehmens aus der Summe aller Vermögensgegenstände abzüglich der Schulden ergibt – und diese Summe ist in der Regel deutlich höher als das Grundkapital. Zum anderen sind für den Börsenkurs beispielsweise auch stille Reserven (siehe Seite 51), Marktposition und die Gewinnaussichten der Gesellschaft maßgeblich – allesamt Dinge, die in keiner Bilanz stehen.

Dennoch kommt es vor, dass eine Aktie weniger kostet als den rechnerischen oder auf der Urkunde aufgedruckten Betrag – nämlich dann, wenn das Unternehmen in ernsten finanziellen Schwierigkeiten steckt und in seiner Substanz gefährdet ist. Auch wenn der Nennwert nicht unmittelbar etwas mit dem Marktwert zu tun hat, geht in diesem Fall doch eine gewisse Signalwirkung von ihm aus, denn offensichtlich ist das Unternehmen nicht mehr den Betrag wert, den es entsprechend der Bilanz (siehe Seite 50) repräsentiert.

Aktie ist nicht gleich Aktie

Aktien unterscheiden sich nicht nur hinsichtlich ihres Nennwerts beziehungsweise ihrer Stückelung. Das deutsche Aktienrecht erlaubt auch eine Reihe unterschiedlicher Aktiengattungen, die sich in puncto Handelbarkeit und der Rechte, die sie verbriefen, voneinander abgrenzen lassen.

Keine Gesellschaft ohne Stammaktien

Keine Gesellschaft kommt ohne Stammaktien aus. Die Besitzer dieser Papiere genießen alle gesetzlichen und satzungsmäßigen Rechte als Anteilseigner eines Unternehmens. Dazu gehören vor allem das Teilnahme-, Rede- und Stimmrecht auf der Hauptversammlung.

Viele Gesellschaften haben ihre „Stämme", wie sie in der Börsensprache kurz genannt werden, als Inhaberpapiere aufgelegt. Das heißt, jeder Anleger, der sie gerade besitzt, kann die Rechte, die mit der Aktie verbunden sind, geltend machen. Eine Übertragung dieser Papiere ist formlos und damit relativ einfach möglich – was wichtig ist im schnellen Börsengeschäft.

Aktionäre mit Namen und Adresse

Das Gegenstück zu den Inhaberaktien sind die Namensaktien: Die Gesellschaft führt ein Aktienbuch, in dem alle Aktionäre mit Namen, Adresse und Stückzahl der gehaltenen Aktien aufgelistet sind. Die Aktionäre haben ein Einsichtsrecht in das Buch. Aus Datenschutzgründen ist das Einsichtsrecht allerdings auf die jeweils eigenen Daten beschränkt. Wer in dem Register gar nicht erscheinen will, kann seine Depotbank an seiner Stelle in das Aktienbuch eintragen lassen. Er muss sich dann aber für seine Papiere eine Vollmacht ausstellen lassen, wenn er die Hauptversammlung besuchen will.

Die Vorteile für die Emittenten

Namensaktien sind bei vielen deutschen Konzernen Standard. Bekannte Unternehmen wie zum Beispiel Siemens haben ihre Inhaberpapiere auf Namensurkunden umgestellt, um auf dem internationalen Börsenparkett mithalten zu können.

Es gibt zudem eine Reihe positiver Nebenaspekte für das Unternehmen. So bekommt die Verwaltung einen regelmäßigen und vollständigen Einblick in die Aktionärsstruktur und kann die Anteilseigner gezielt ansprechen, beispielsweise mit den Aktionärsbriefen, Jahres- und Quartalsberichten (siehe Seite 50). Nicht zuletzt bieten Namensaktien Schutz vor einer unerwünschten Übernahme durch ein anderes Unternehmen (siehe Seite 117) – vor allem, wenn die Namensaktien zusätzlich noch vinkuliert sind. Ist dies der Fall, können die Anteile nur mit Zustimmung der Unternehmensverwaltung übertragen werden.

Zweifelhafter Charme der Vorzüge

Neben den Stammaktien haben die Gesellschaften die Möglichkeit, Vorzugsaktien auszugeben. Der Vorteil dieser Aktiengattung liegt fast immer in der Dividende. Kumulative Vorzugsaktien gewähren

gegenüber den Stammaktien eine Mindestdividende und/oder Mehrdividende. Bei einer Mehrdividende besteht der Aufschlag in einem festen Betrag oder in einem prozentualen Aufschlag zu der Dividende, die an die Stammaktionäre ausgezahlt wird. Zahlt das Unternehmen etwa 2 Euro Dividende an die Stammaktionäre, könnten die Vorzugsaktionäre zum Beispiel 1 Euro mehr oder im anderen Fall einen Zuschlag von 25 Prozent, das wären 50 Cent, bekommen.

Mindestdividende heißt, dass die Anteilseigner unter Umständen auch dann eine Ausschüttung erhalten, wenn die Stammaktionäre nichts bekommen. Teilweise gewähren die Vorzugsaktien auch Anspruch auf eine Ausschüttung, bevor die Stammaktionäre bedient werden. In diesem Fall sprechen Fachleute von Prioritätsaktien.

An der Börse gibt es natürlich nichts ohne Gegenleistung. Vorzugsaktionäre besitzen für die Besserstellung bei der Dividende üblicherweise kein Stimmrecht auf der Hauptversammlung. Das ist nach dem deutschen Aktienrecht allerdings nur dann zulässig, wenn der Vorzug bei einem völligen Ausfall der Dividende in den Folgejahren nachgezahlt wird – deshalb auch die Bezeichnung kumulative Dividende. Darüber hinaus lebt das Stimmrecht der Vorzüge auf, wenn die ausgefallene (Mehr-)Dividende im darauffolgenden Jahr nicht oder nur teilweise aufgeholt wird.

Vorzüge oder Stämme?

Für Anleger stellt sich bei einem Unternehmen, von dem es sowohl Stamm- als auch Vorzugsaktien gibt, die Frage, zu welcher Gattung sie greifen sollen. An der Börse gibt es dazu oftmals eine eindeutige Antwort: zu Stammaktien – zumindest dann, wenn es um die langfristige Anlage geht. Vorzüge werden nämlich meist mit einem Abschlag gehandelt, der bis zu 30 Prozent ausmachen kann. Einige Cent mehr Dividende gleichen diesen Nachteil in der Regel kaum aus.

Der Grund für die vielfach unterdurchschnittliche Entwicklung der Vorzüge ist, dass institutionelle Anleger wie Versicherungen und Fondsgesellschaften fast immer Stammaktien kaufen. Als Anteilseigner mit einem zum Teil erheblichen Aktienpaket wollen sie schließlich Druck auf das Management ausüben können, wenn die

geschäftliche Entwicklung nicht verläuft wie erhofft. Vorzugsanteile waren zudem lange Zeit bei großen, internationalen Anlegern nicht sonderlich beliebt, was die Attraktivität eines Unternehmens als Investment und damit die Kursentwicklung beeinträchtigt hat.

Auch von Übernahmespekulationen und Bietergefechten (siehe Seite 118) profitieren Vorzugsaktionäre kaum. Denn um die Kontrolle über das Unternehmen zu bekommen, reicht es, sich die Mehrheit an den Stammaktien zu sichern.

Es gibt allerdings auch Ausnahmen, wie das Beispiel der gescheiterten Übernahme von VW durch den Sportwagenhersteller Porsche zeigt. In dessen Zuge hatten viele Börsianer VW-Vorzugsaktien gekauft. Sie spekulierten darauf, dass die Vorzüge aus rechtlichen Gründen in Stammaktien umgewandelt werden würden und der hohe Kursabschlag somit in einem Zug aufgeholt worden wäre. Letztlich ging diese Spekulation nicht auf, doch sie reichte, um dem Kurs der Vorzüge ordentlich Auftrieb zu verschaffen. Mittlerweile haben einige große deutsche Aktiengesellschaften ihre Vorzugs- in Stammaktien umgewandelt, andere wiederum wie etwa Volkswagen sind ausdrücklich bei ihren beiden Gattungen geblieben. Der Grund für eine Zusammenlegung ist: In die Berechnung wichtiger Aktienindizes wie etwa beim Euro Stoxx 50 geht nur die liquidere Gattung ein. Werden Aktiengattungen zusammengelegt, heißt das: Die Zahl der berücksichtigten Aktien und damit das Gewicht des jeweiligen Unternehmens im Index steigen (siehe Seite 82). Auf diese Weise kann ein Konzern unter Umständen auch den drohenden Rauswurf aus dem Index verhindern.

Sonderformen auf internationalem Parkett

An den internationalen Finanzmärkten gibt es noch weitere Aktientypen. Bei einem Gang an eine US-amerikanische Börse entscheiden sich beispielsweise viele ausländische Unternehmen für spezielle Zertifikate, sogenannte American Depositary Receipts (ADR). Dabei hinterlegt die Gesellschaft ein größeres Aktienpaket bei einer Treuhänderbank, die dann einen Herausgabeanspruch auf die Originalaktien in einem Zertifikat verbrieft – dem ADR. In vielen Fällen verkörpern 10 ADRs den Anspruch auf eine Aktie. Rein rechtlich gelten ADRs als Namensaktien, auch wenn die dem Zertifikat zugrundeliegende Aktie ein Inhaberpapier ist.

Neben den ADRs gibt es in einigen Fällen auch eine Unterscheidung in A- und B-Aktien – etwa bei chinesischen und norwegischen Unternehmen. Ausländische Anleger dürfen dort in der Regel nur die B-Aktien kaufen, die nicht selten ein eingeschränktes Stimmrecht besitzen und/oder kontingentiert sind. Mit dieser Beschränkung will das Unternehmen bezie-

hungsweise der Heimatstaat einen zu starken Einfluss externer Kapitalgeber verhindern.

Sogenannte H-Aktien sind eine Spezialität chinesischer Unternehmen. Diese Gesellschaften lassen sich zusätzlich zu ihrer Heimatbörse – meist Shanghai oder Shenzhen – auch in Hongkong listen, sodass die Anteile dort in einer international kompatiblen Währung, nämlich Hongkong-Dollar, gehandelt werden.

AKTIONÄRSRECHTE: „GRUNDGESETZ" DER MITEIGENTÜMER

Es war ein triumphaler Augenblick, als Anfang April 2004 der umstrittene französische Börsenbriefverleger Nicolas Miguet seine Finger mit dem V-Zeichen gen Himmel reckte und ihm über 2 000 Menschen zujubelten. Was war passiert? Zwei Stunden lang hatten die Kleinaktionäre des britisch-französischen Unternehmens Eurotunnel ihrem Ärger Luft verschafft. Bereits zu diesem Zeitpunkt schrieb die Gesellschaft, die die Röhren zwischen der britischen Insel und dem europäischen Festland betreibt, über Jahre hinweg tiefrote Zahlen und hatte mehrfach vor der Pleite gestanden. Doch trotz der Misere, so der Vorwurf der Anteilseigner, genehmigt sich das Management üppige Vergütungen und hohe Bonuszahlungen, ohne den Nachweis zu erbringen, einen Weg aus der Krise zu finden. Auf dem

Aktionärstreffen war am Ende der Debatte der Zeitpunkt der Abrechnung gekommen. Angeführt von Miguet, stürzten die Anteilseigner die Unternehmensführung und wählten sogleich ihre Wunschkandidaten. Eine kleine Revolution, denn erstmals hatten damit nicht einfach wenige Großaktionäre ein Unternehmen gelenkt, sondern das „breite Anlegervolk" hatte das Steuer in die Hand genommen und herumgerissen.

Solche Sternstunden der Aktionärsdemokratie sind die Ausnahme, doch sie zeigen, dass Aktienanleger als Miteigentümer eines Unternehmens bei einer Reihe wichtiger Entscheidungen mitbestimmen können. Die Institution, die nach dem deutschen Aktiengesetz dafür vorgesehen ist, ist die Hauptversammlung (HV), die einmal jährlich stattfindet.

Struktur einer Aktiengesellschaft (AG)

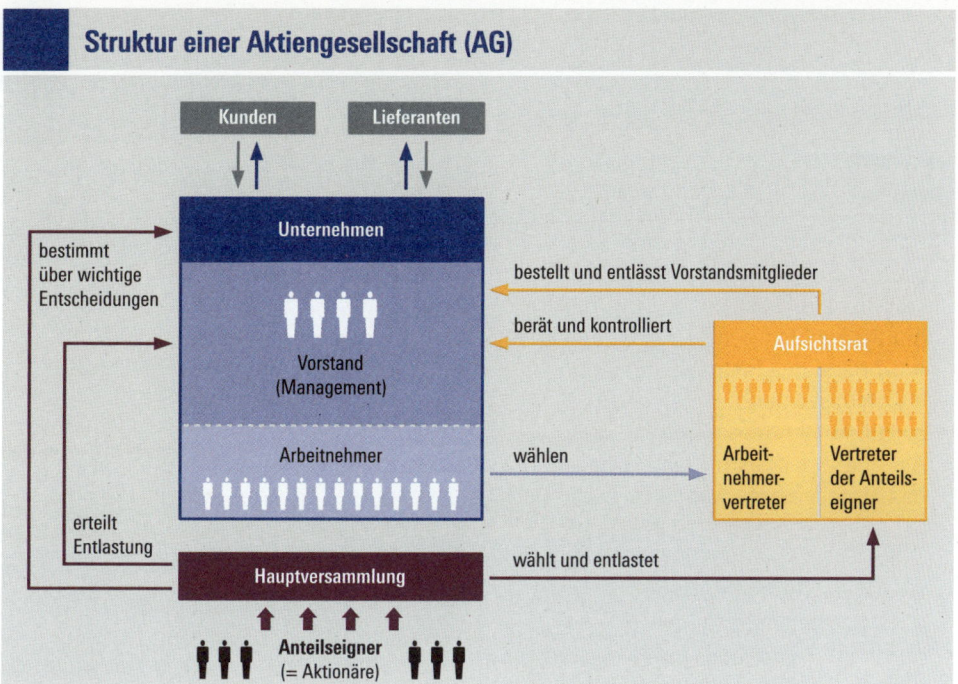

Die Hauptversammlung

Auf der Hauptversammlung hat jeder Aktionär ein Auskunftsrecht und somit die Möglichkeit, Fragen an die Unternehmensleitung zu stellen. Dabei spielt es keine Rolle, wie viele Aktien er besitzt. Schon ein einziger Anteil genügt.

Damit diese Aussprache nicht in eine endlose Debatte ausartet, kann der Versammlungsleiter die Redezeit jedes Aktionärs beschränken. Die Verwaltung muss alle Fragen ausführlich und nach bestem Wissen beantworten. Wenn es dem Unternehmen Nachteile bringt, kann sich der Vorstand allerdings auf ein Auskunftsverweigerungsrecht berufen – beispielsweise wenn es um steuerliche Fragen geht.

Die Vorstände sind aber in der Regel im Gegensatz zu früheren Jahren bemüht, die geforderten Informationen zu liefern, denn sie müssen sich internationalen Maßstäben anpassen – und dort ist Offenheit gegenüber den Anteilseignern oberstes Gebot.

Der Nutzen der HV für den Anleger

Bei der Abstimmung der Beschlusspunkte am Ende der HV zeigt sich dann allerdings oft der begrenzte Einfluss eines einzelnen Privatanlegers. Da sich Großaktionäre und Banken in aller Regel einig sind, sind Zustimmungen zu den anstehenden Entscheidungen von 90 Prozent und mehr die Regel. Selbst Großinvestoren können angesichts solch hoher Zustimmungsquoten ihren Einfluss nur begrenzt geltend machen. So scheiterte zum Beispiel Anfang 2010 ein britischer Großaktionär bei Infineon mit dem Versuch, auf der Hauptversammlung einen Mann des eigenen Vertrauens in den Aufsichtsrat zu entsenden. Der Antrag wurde mit mehr als 70 Prozent abgelehnt, obwohl die Aktionäre des damals in wirtschaftliche Turbulenzen geratenen Chipherstellers allen Grund gehabt hätten, einen Neuanfang zu wagen.

Dennoch sollte es kein Aktienkäufer versäumen, einmal eine HV eines Unternehmens zu besuchen, dessen Anteile er

INFO   Wofür die Hand heben?

Auch wenn die Tagesordnung von Hauptversammlung zu Hauptversammlung variiert – eine Reihe von Abstimmungspunkten gehört zum Standard:

■ Vorlage des festgestellten Jahresabschlusses nebst Lagebericht. Bevor es zur Abstimmung kommt, haben die Aktionäre das Recht, zu erfahren, wie das abgeschlossene Geschäftsjahr verlaufen ist. Vorstand und Aufsichtsrat (siehe Grafik Seite 97) – geben einen Überblick über ihre Arbeit.

■ Beschlussfassung über die Verwendung des Bilanzgewinns. In der Regel der erfreulichste, aber nicht selten auch strittigste Punkt der HV: Die Hälfte des Bilanzgewinns darf die Verwaltung vorab den Rücklagen zuführen. Über den Rest stimmen die Aktionäre ab. Wenn nach dem Willen der Verwaltung auch davon noch ein erheblicher Teil in die Unternehmensreserven fließen soll, verlangen die Aktionäre häufig eine höhere Gewinnbeteiligung. Die Verwaltung setzt sich aber für gewöhnlich durch. Die Dividende wird am nächsten Bankarbeitstag nach der HV ausbezahlt.

■ Beschlussfassung über die Entlastung von Vorstand und Aufsichtsrat. Die Aktionäre erklären mit ihrer Zustimmung, dass die Arbeit des Managements und des Aufsichtsrats aus ihrer Sicht nicht zu beanstanden war. Verweigern sie die Entlastung, heißt das nicht, dass die betroffenen Personen entlassen werden. Es wird lediglich ein Vertrauensentzug dokumentiert.

■ Wahl der Aufsichtsratsmitglieder. Vorstände bestellen und abberufen kann nur der Aufsichtsrat. Dessen Mitglieder werden regulär alle vier Jahre von den Anteilseignern (zum anderen Teil von den Arbeitnehmern) einzeln gewählt.

■ Beschlussfassung über das Vergütungssystem des Vorstands. Seit dem Jahr 2010 können die Anteilseigner direkt mitreden, wenn es um die Bezahlung des Managements ihres Unternehmens geht. Möglich macht das das neue Gesetz zur Angemessenheit der Vorstandsvergütung (VorstAG). Die Absegnung des Gehalts durch die Aktionäre ist dadurch nicht zu einem Pflichtpunkt geworden, das Gesetz legt den Unternehmen ein solches Vorgehen aber nahe. Zudem ist der Druck der Öffentlichkeit und von Investoren groß, seit das Thema Bonus und Millionengehalt genau beobachtet wird.

■ Beschlussfassung über die Erhöhung des Grundkapitals. Wenn der Vorstand neue Aktien (siehe Seite 107) ausgeben will, braucht er stets die Zustimmung der Anteilseigner. Er kann sich allerdings einen Vorratsbeschluss (siehe Seite 105) erteilen lassen.

■ Beschlussfassung über die Ermächtigung zum Erwerb eigener Aktien. Unter bestimmten Voraussetzungen kann die Verwaltung Aktien des eigenen Unternehmens zurückkaufen – zum Beispiel, um mit den Aktien im Zuge eines Übernahmeangebots zu „bezahlen" (siehe Seite 117), oder weil sich zu viel Liquidität in den Unternehmenskassen befindet, für die es keine rentable Investitionsmöglichkeit gibt. Die Anteilseigner müssen zustimmen.

im Depot hat. So hat er die Möglichkeit, den Vorstand zu einzelnen Punkten direkt zu befragen, die Verantwortlichen „hautnah" zu erleben und zu sehen, wie souverän und kompetent sie auf Redebeiträge reagieren und antworten.

Dank moderner Technik muss er dafür nicht vor Ort anwesend sein. Einige große Aktiengesellschaften ermöglichen es ihren Aktionären, die HV per Internet zu verfolgen. Nach dem Gesetz zur Umsetzung der Aktionärsrechterichtlinie (ARUG) können Aktionäre sogar ihre Rechte vom heimischen PC aus wahrnehmen und per Mausklick abstimmen. Nach dem Willen der EU müssen alle Mitgliedstaaten diese Regelung in nationales Recht umsetzen. Doch in der Praxis hinken viele nationale Regierungen diesen Vorgaben hinterher.

Dann können zum Beispiel deutsche Aktionäre zukünftig auch im benachbarten Ausland, etwa bei französischen oder niederländischen Unternehmen, ihre Rechte auf der HV wahrnehmen, ohne dass es an den hohen Kosten für die Anreise scheitert. Voraussetzung ist allerdings, dass die Unternehmen ihren Anteilseignern auch die Möglichkeit anbieten, ihr Stimmrecht elektronisch auszuüben, und die notwen-

dige Technik für eine sichere Abstimmung per Internet zur Verfügung steht. Dann ist ein bevollmächtigter Vertreter, der bislang die Stimmen der „virtuell" anwesenden Aktionäre vor Ort vertreten musste, nicht mehr nötig. Ob und wann ein Unternehmen die neue Möglichkeit der Onlineabstimmung für seine Hauptversammlung nutzt, steht auf der Website der Gesellschaft – ebenso wie alle anderen Informationen zur jeweiligen HV.

Neben der Option für eine Online-Teilnahme an der Hauptversammlung bietet das Gesetz Aktionären eine weitere Möglichkeit, ihre Stimmrechte auszuüben, wenn sie nicht selbst an der Hauptversammlung teilnehmen und keinen Vertreter (siehe nachfolgender Abschnitt) mit der Wahrung ihrer Rechte beauftragen wollen: Sie können auch per Briefwahl von ihrem Stimmrecht Gebrauch machen – vorausgesetzt, die Satzung der Gesellschaft lässt dies zu.

Aktionäre bekommen eine Einladung

Aktienbesitzer müssen keine Bedenken haben, den Termin zu verpassen. Entweder die Depotbanken oder die Unternehmen selbst verschicken die Einladungen zur HV inklusive Tagesordnung rechtzeitig per Post. Damit auf der Veranstaltung klar ist, wer wie viele Stimmen besitzt, müssen Anleger, die zur HV gehen, einige Tage vorher über ihre Bank eine Eintrittskarte bestellen. Mit ihr bekommt der Aktionär nicht nur Zutritt zu der Veranstaltung, sie dient auch als Nachweis seiner Stimmrechte. Wichtig: Bei Inhaberaktien stellt die Depotbank eine Besitzbescheinigung aus, die sich immer auf den Bestand des 21. Tages vor der Hauptversammlung bezieht. Nur wer an diesem „Record Day" Aktionär ist und dies dem Unternehmen über die Depotbank spätestens am 7. Tag vor der Hauptversammlung mitteilt, kann auch auf dem Aktionärstreffen mitstimmen – unabhängig davon, ob die Aktien nach dem Record-Tag verkauft wurden. Mit dieser Regelung soll vor allem ausländischen Investoren die Stimmrechtsausübung erleichtert werden. Für Namensaktien gilt der Record Day nicht, da in diesem Fall die Anteilseigner im Aktienregister des Unternehmens aufgeführt sind.

Auf der HV vertreten lassen
Jeder Aktionär, der keine Zeit oder Lust hat, die Hauptversammlung zu besuchen oder per Internet zu verfolgen, kann seine Stimmen übertragen und sich vertreten lassen. Dazu reicht eine einfache Vollmacht. Manchmal bietet die eigene Depotbank diesen Service an. Mit dem neuen Aktionärsgesetz ARUG wurde auch dieses Depotstimmrecht der Banken neu geregelt. Nunmehr haben die Banken mehrere Mög-

lichkeiten zu entscheiden, wie sie die Stimmen ihrer Kunden vertreten.

Die erste Möglichkeit ist, dass die Bank ihrem Depotkunden eigene Abstimmungsvorschläge unterbreitet und in diesem Sinne abstimmt, wenn der Kunde keine anderslautende Einzelweisung erteilt. Fragen an die Unternehmensverwaltung stellt der Bankvertreter allerdings nicht.

Die zweite Möglichkeit: Der Aktionär erteilt seiner Bank die generelle Weisung, so abzustimmen, wie es Vorstand und Aufsichtsrat der betreffenden Gesellschaft vorschlagen. Dies wird er tun, wenn er der Überzeugung ist, dass die Unternehmensorgane gute Arbeit leisten.

Die dritte Möglichkeit: Das Geldhaus muss dem Aktionär anbieten, die Vollmacht und Aktionärslegitimation an einen bankunabhängigen Vertreter weiterzuleiten – zum Beispiel eine Aktionärsvereinigung.

Aktionärsvereinigungen beauftragen
Aktionärsvereinigungen verstehen sich als Interessenvertretungen für private Aktionäre. Im Gegensatz zu den Bankvertretern stellen sie auf den Hauptversammlungen, die sie für ihre Mitglieder besuchen, regelmäßig Gegenanträge, greifen Missstände auf und gehen auch vor Gericht, um etwa die Rechtmäßigkeit einer verweigerten Auskunft der Aktiengesellschaft überprüfen zu lassen. Oder sie führen Musterprozesse im Auftrag ihrer Mitglieder, beispielsweise wenn es um die Haftung von Managern geht (Adressen siehe Seite 183).

IHRE STIMME ZÄHLT

Egal, für welche Möglichkeit Sie sich entscheiden, Sie sollten auf keinen Fall darauf verzichten, Ihre Stimmrechte auszuüben. Die Tatsache, dass die Teilnehmer vieler Hauptversammlungen mit ihren Stimmrechtsanteilen nur einen Bruchteil des Grundkapitals repräsentieren, kann dazu führen, dass einzelne Aktionäre ihre Interessen auf der HV auch dann durchsetzen können, wenn sie über viel weniger als 50 Prozent aller Anteile, also der einfachen Mehrheit, verfügen – denn bei der Abstimmung zählen nur die tatsächlich auf der Versammlung anwesenden Stimmen. Dann darf sich kein Aktionär wundern, wenn Entscheidungen getroffen werden, die unter Umständen zu seinen Lasten und zu Lasten des Unternehmens gehen.

Aktionärsrechte vor Gericht

Freilich heißt das nicht, dass der Aktionär, auch wenn er vor Ort ist und abgestimmt hat, mit allen Entscheidungen, die auf der HV getroffen werden, einverstanden sein muss. Mit dem umständlich klingenden Gesetz zur Unternehmensintegrität und Modernisierung des Anfechtungsrechts (UMAG) sind die Klagemöglichkeiten der Aktionäre gegen Hauptversammlungs-Beschlüsse oder das Management ihres Unternehmens deutlich verbessert worden.

Aktionäre, die mit HV-Beschlüssen nicht einverstanden sind, können vor Gericht ziehen und einzelne Entscheidungen anfechten. Eine solche Anfechtungsklage verzögert das Wirksamwerden des HV-Beschlusses allerdings nur um einige Monate. Wird der Beschluss durch die Eintragung in das Handelsregister rechtlich vollzogen, ohne dass das Gericht bis dahin ein Urteil gefällt hat, kann der Aktionär nur noch auf Schadenersatz hoffen, sollte er vor Gericht recht bekommen. Dass der Beschluss für nichtig erklärt wird, ist selbst bei einem Erfolg der Klage nicht mehr möglich.

Mit dem neuen Gesetz wurden die Vermögensgrenzen für einen Gang vor Gericht deutlich heruntergesetzt. Für eine Haftungsklage gegen den Vorstand und/oder Aufsichtsrat reicht es nunmehr, dass der klagende Aktionär im Besitz von einem Prozent am Grundkapital der Gesellschaft ist oder – was viel eher zu erfüllen ist – Anteile in einem Börsenwert von 100 000 Euro im Depot hat.

Ein solches Rechtsmittel kommt beispielsweise infrage, wenn der Verdacht auf Untreue besteht. Dabei können sich betroffene Aktionäre im Rahmen einer Klage mit ihren Anteilen zusammenschließen, um so das geforderte Quorum, wie die Voraussetzungen in der Fachsprache der Juristen genannt werden, zu erfüllen.

Die vereinfachte Klagemöglichkeit gilt auch für Sonderprüfungen. Bei diesem Kontrollinstrument wird auf Antrag der HV ein Wirtschaftsprüfer damit beauftragt, zu klären, ob die Aktionäre durch bestimmte Vorgänge im Unternehmen oder Entscheidungen des Managements geschädigt wurden und wer genau dafür verantwortlich ist, um gegebenenfalls gegen mögliche Pflichtverletzungen von Vorstand und/oder Aufsichtsrat zu klagen.

Das UMAG hat jedoch einige nachteilige Regelungen vor allem für Kleinaktionäre gebracht. So hat der Versammlungsleiter der HV das Recht, die Rededauer jedes einzelnen Aktionärs ebenso wie die gesamte Debatte „auf ein sinnvolles Maß", wie es in den Satzungen vieler Großkonzerne mittlerweile heißt, zu beschränken. Ausufernde HV, die sich mitunter über Stunden hinweg bis in den Abend ziehen, sollen so verhindert werden. Zudem hat die Verwaltung die Möglichkeit, schriftliche Fragen zuzulassen. Diese müssen dann nicht mehr auf der HV selbst, sondern können – so schnell wie möglich – auf der unternehmenseigenen Internetseite beantwortet werden.

KAPITALERHÖHUNG: WENN AKTIEN JUNGE KRIEGEN

Es ist eine betriebswirtschaftliche Binsenweisheit, dass jedes Unternehmen investieren muss, wenn es erfolgreich wirtschaften will. Das kann zum Beispiel die Anschaffung einer modernen, kostensparenden Produktionsanlage sein oder auch der Kauf eines Konkurrenzunternehmens. Solche Vorhaben verschlingen nicht selten Milliardenbeträge, die nicht ausschließlich über einen Bankkredit finanziert werden können. Die Aktionäre als Eigentümer des Unternehmens werden dann aufgefordert, frisches (Eigen-)Kapital zur Verfügung zu stellen. Dazu führt die Aktiengesellschaft eine Kapitalerhöhung durch, bei der nach einem bestimmten Verfahren neue Aktien gegen Bargeld ausgegeben werden.

Üblich ist, dass das Unternehmen die neuen Aktien nicht zum rechnerischen Nennwert (siehe Seite 91), sondern zu einem höheren Preis verkauft. Der über dem Nennwert liegende Betrag wird auch als Agio oder Aufgeld bezeichnet, der in die Rücklagen der Gesellschaft wandert. Mithilfe von Banken werden die Anteile dann an und außerhalb der Börse bei interessierten Anlegern platziert, wie es in der Fachsprache heißt.

Das Bezugsrecht der Alt-Aktionäre
In vielen Fällen wird der Preis für die neuen Aktien in der Nähe des aktuellen Börsenkurses festgelegt. Natürlich kann die Unternehmensverwaltung den Preis auch deutlich darunter festsetzen. In diesem Fall steht den Alt-Aktionären aber eine Art gesetzliches Vorkaufsrecht zu: das Bezugsrecht. Grund: Die Alt-Aktionäre würden vermögensrechtlich benachteiligt, wenn sich neue Geldgeber über die Kapi-

talerhöhung billiger als über die Börse in das Unternehmen einkaufen könnten.

Das Bezugsrecht stellt einen Ausgleich für dieses Problem dar. Mit dem Bezugsangebot für die neuen Aktien, das über die Depotbanken an die Anteilseigner verteilt wird, haben die Alt-Aktionäre die Möglichkeit, ihre Beteiligungsquote zu halten, wenn sie es in vollem Umfang wahrnehmen. Im Angebot ist das Bezugsverhältnis aufgeführt. Es besagt, wie viele alte Aktien der Aktionär besitzen muss, um eine neue Aktie erwerben zu können. Im Angebot steht auch, wie viel die neuen Aktien kosten, wann der Kaufpreis fällig wird und wie lange der sogenannte Bezugsrechthandel läuft.

Mitmachen oder verkaufen?

Aktionäre haben, wenn sie das Bezugsangebot über ihre Bank zugeschickt bekommen, mindestens zwei Wochen Zeit, sich zu entscheiden, ob sie bei der Kapitalerhöhung mitziehen oder verzichten und ihre Bezugsrechte über die Börse verkaufen, wo sie für kurze Zeit gesondert gehandelt werden. Dabei sollten sich Privatanleger, die ihr Geld langfristig in Aktien investieren, nicht davon beeindrucken lassen, dass die Ankündigung einer Kapitalerhöhung zunächst einmal auf den Kurs drückt. Dahinter steckt die Befürchtung der Investoren, dass der Gewinn des Unternehmens „verwässert" wird. Damit ist gemeint, dass sich der Jahresgewinn nach der Kapitalerhöhung auf eine größere Anzahl von Aktien verteilt, was zumindest

kurzfristig dazu führt, dass der Gewinn pro Aktie (siehe Seite 127) rechnerisch sinkt. Ob diese Negativwirkung allerdings auf Dauer anhält, hängt vor allem von der Verwendung der neuen Finanzmittel ab. Erwirtschaftet das Management damit die gleiche Rendite wie mit dem bereits im Unternehmen arbeitenden Kapital, ist kein Verwässerungseffekt mehr vorhanden.

Als betroffener Aktionär sollte man sich daher sehr genau darüber informieren, welche Projekte mit dem frischen Kapital finanziert werden, wie deren Erfolgsaussichten einzuschätzen sind und welche Rendite sie erwarten lassen. In der Regel gibt der Vorstand bei der Ankündigung der Maßnahme eine entsprechende Stellungnahme ab, etwa auf der unternehmenseigenen Internetseite oder in der Einladung zur Hauptversammlung, auf der die Anteilseigner über die Kapitalmaßnahme entscheiden sollen. Auch die aktuelle Einschätzung von Analysten (siehe Seite 59) gibt Aufschluss darüber, ob das Angebot attraktiv ist.

Unabhängig davon müssen Anleger für sich klären, ob sie die notwendigen Mittel zum Kauf der neuen Aktien haben und ob eine Aufstockung des entsprechenden Titels vertretbar ist, ohne dass die Risikostreuung innerhalb ihres Depots (siehe Seite 15) ins Wanken gerät.

Nach Ende der Bezugsfrist werden die neuen Anteile als „junge" Aktien gesondert notiert, solange sie nicht oder nicht in voller Höhe für das laufende oder bereits abgeschlossene Geschäftsjahr dividen-

INFO   So wird bei einer Kapitalerhöhung gerechnet

Angenommen, das Grundkapital einer Aktiengesellschaft besteht aus fünf Millionen Stückaktien im rechnerischen Nennwert von einem Euro. Der Vorstand beschließt, das Grundkapital auf sechs Millionen Aktien zu erhöhen. Daraus ergibt sich ein Bezugsverhältnis von 5 : 1. Der Kurs der jungen Aktien wird auf 30 Euro festgelegt. Der aktuelle Börsenkurs liegt bei 60 Euro. Ein Aktionär, der 1 000 Aktien besitzt – das entspricht 0,02 Prozent vom Grundkapital –, kann nun 200 neue Aktien beziehen, um seinen relativen Eigentumsanteil an der Aktiengesellschaft im Zuge der Kapitalmaßnahme konstant zu halten:

1 200 : 6 000 000 = 0,0002
0,0002 × 100 = 0,02 %.

Möglich ist auch, dass er beispielsweise 500 Bezugsrechte verkauft und den Erlös dazu verwendet, den Preis für die 100 neuen Aktien, die er dann übernimmt, teilzufinanzieren. Der rechnerische Wert des einzelnen Bezugsrechts lässt sich anhand dieser Formel abschätzen:

$$\frac{\text{Börsenkurs} - [\text{Emissionskurs} \,(+\,\text{eventueller Dividendennachteil})]}{\text{Bezugsverhältnis} + 1}$$

Für das Beispiel ergibt sich folgende Rechnung, wenn die Aktien in puncto Dividende den Altaktien gleichgestellt sind:

$$\frac{60 \,\text{Euro} - (30 \,\text{Euro} + 0)}{5 : 1 + 1} = 5 \,\text{Euro}$$

Der rechnerische Bezugswert liegt damit bei 5 Euro. Daraus folgt: Verkauft der Anleger seine Bezugsrechte komplett und verzichtet darauf, die Kapitalmaßnahme in vollem Umfang mitzumachen, erzielt er einen Erlös von 1 000 × 5 Euro = 5 000 Euro. Allerdings: Da am ersten Tag des Bezugsrechtshandels das Bezugsrecht vom Aktienkurs abgeschlagen wird, sinkt auf der anderen Seite auch der Wert seines Aktienpakets um etwa denselben Betrag. Er hat unter dem Strich also nichts gewonnen. Macht er dagegen die Maßnahme voll mit, muss er für die neuen Aktien 200 × 30 Euro = 6 000 Euro bezahlen, die er faktisch neu in das Unternehmen investiert. Die Aktien zum günstigen Preis zu kaufen sieht auf den ersten Blick vorteilhaft aus. Dennoch: Auch in diesem Fall ändert sich der Wert seines Aktienpakets nach der Kapitalmaßnahme (ursprünglicher Kurswert plus neu eingezahltes Kapital) nicht: 1 200 × 55 Euro = 66 000 Euro! Wie sich Anleger in dieser Situation verhalten, ist nicht zuletzt eine Frage ihres Geldbeutels. Ziehen sie nicht mit, steigen zwar zunächst ihre Barmittel, was nicht nachteilig erscheint. Das heißt aber auch, dass ihre Beteiligungsquote an dem betreffenden Unternehmen sinkt: 1 000 : 6 000 000 × 100 = 0,017 %. Folge: Auf der Hauptversammlung haben ihre Stimmanteile künftig weniger Gewicht und ihr Anspruch auf Beteiligung am Gewinn sinkt.

denberechtigt sind. Erst wenn es beim Dividendenanspruch keinen Unterschied mehr gibt, wird die Notierung den alten Anteilen gleichgestellt.

Der Ausschluss des Bezugsrechts ist möglich

Eine Kapitalerhöhung ist eine kostspielige, aufwendige und zeitraubende Prozedur. Viele Vorstände wollen aber schnell reagieren können und lassen sich deshalb auf der Hauptversammlung von den Aktionären einen Vorratsbeschluss zur Erhöhung des Kapitals durch Ausgabe neuer Aktien genehmigen. Im entsprechenden Tagesordnungspunkt steht dann oft auch, dass die Anteilseigner mit der Zustimmung zugleich auf ihr Vorkaufsrecht verzichten sollen, damit der Vorstand die Maßnahme auch kurzfristig durchführen kann.

Solche Vorratsbeschlüsse sind erlaubt. Allerdings sind den Managern hinsichtlich des Umfangs dieser vorab „abgesegneten" Kapitalmaßnahmen klare Grenzen bezüglich Umfang und Gültigkeitszeitraum gesetzt. So darf der Nennwert des „genehmigten Kapitals", so der Fachausdruck, nicht größer als 50 Prozent des Grundkapitals sein. Wird das Bezugsrecht ausgeschlossen, erlaubt der Gesetzgeber

sogar nur maximal 10 Prozent. Außerdem darf der Ausgabekurs der neuen Aktien dann nicht wesentlich unter dem aktuellen Börsenkurs liegen. In beiden Fällen gilt die Genehmigung jedoch für längstens fünf Jahre.

Die Kapitalerhöhung aus Gesellschaftsmitteln

Eine für Aktionäre erfreulichere Variante der Kapitalerhöhung ist die aus Gesellschaftsmitteln. Sie wird durchgeführt, wenn ein Unternehmen in den zurückliegenden Jahren besonders gut gewirtschaftet hat und die Gewinnrücklagen stark angestiegen sind. Der Vorstand kann dann beschließen, dass die Aktionäre über die Dividende hinaus nachträglich daran teilhaben sollen. Dazu werden Gewinnrücklagen in Aktienkapital umgewandelt. Das Besondere daran: Die neuen Aktien erhalten die Anteilseigner ohne Zuzahlung, weshalb man auch von Berichtigungs- oder Gratisaktien spricht. Dieser Begriff ist etwas irreführend, denn rein rechnerisch ändert sich für die Aktionäre durch die Kapitalmaßnahme nichts. Die gesamte Transaktion entspricht lediglich einer Umbuchung in der Bilanz. Der Unterschied ist allerdings, dass die Aktionäre für ihre neuen Aktien in Zukunft einen Dividendenanspruch geltend machen können.

In der Praxis wird – ähnlich wie bei der gewöhnlichen Kapitalerhöhung – ein Abschlag auf den Börsenkurs vorgenommen, der dazu führt, dass der Wert eines Aktienpakets vor und nach der Ausgabe der Berichtigungsaktien gleich ist. Auch sonst hat der Ablauf einer Kapitalerhöhung aus Gesellschaftsmitteln viel mit dem einer „normalen" Kapitalerhöhung gemein, nur dass der Gesellschaft keine neuen Barmittel zufließen. Der Vorstand legt ebenfalls ein Bezugsverhältnis fest, sodass sich Anleger, wenn ihr Aktienposten keine Zuteilung einer ganzen Zahl neuer Anteile zulässt, entscheiden müssen, ob sie Teilrechte, wie es bei den Berichtigungsaktien heißt, zukaufen oder abgeben.

Aktiensplit: Reine Kurskosmetik

Eine andere Möglichkeit, die Zahl der Aktien zu erhöhen, ohne dass die Aktionäre frisches Kapital einzahlen müssen oder sich ihre Vermögensposition ändert, ist die Durchführung eines Aktiensplits. Dabei wird die Zahl der Aktien um ein bestimmtes Vielfaches erhöht, ohne dass jedoch das Grundkapital erhöht wird. Das ist in etwa so, als wenn man einen Hundert-Euro-Schein in zwei Fünfziger wechselt. Während in den USA Aktiensplits seit Jahren praktiziert werden, wurden sie in Deutschland erst nach den rasanten Kurs-

steigerungen Ende der 1990er-Jahre in größerem Umfang angewendet. Das hatte seinen Grund: Zu diesem Zeitpunkt war der Aktienkurs beispielsweise des Softwareunternehmens SAP über 1 000 Euro, der des Sportwagenherstellers Porsche gar auf 4 500 Euro geklettert. Zwar sind Kurssteigerungen an sich nichts, was Anleger nicht zu schätzen wüssten. Die Kehrseite der Medaille ist jedoch, dass sich immer weniger Privatanleger solch optisch teure Aktien „leisten" können. Und selbst professionellen Anlegern mit mehreren Millionen Euro Anlagekapital im Rücken bereiteten die sperrigen Preise Probleme, weil sie so die entsprechende Aktie nicht mehr in jeder beliebigen Gewichtung in ihrem Gesamtdepot darstellen konnten – was zum Beispiel für Manager von Indexfonds (siehe Seite 152) von Bedeutung ist.

Splits haben psychologische Wirkungen

Um solche Probleme zu verhindern, kann das betroffene Unternehmen per Hauptversammlungsbeschluss einen Aktiensplit durchführen, um den Aktienkurs „leichter" zu machen und dadurch die Liquidität zu verbessern. In der Praxis hat das oft kuriose Folgen. Zwischen der Ankündigung der Maßnahme und der Durchführung entwickelt sich der Kurs des jeweiligen Unternehmens vielfach besser als der Marktdurchschnitt. Danach kehrt er allerdings wieder zum Alltagsniveau zurück. Ökonomisch ist dieser Effekt kaum zu erklären, schließlich bleibt alles beim Alten. Und dass der Aktienkurs in absoluten Zahlen nichts über den Wert eines Unternehmens sagt oder darüber, ob eine Aktie hoch oder niedrig bewertet ist (siehe Seite 127), vermag offensichtlich wenig an diesem Phänomen zu ändern. Häufig, so vermuten Experten, kaufen die Anleger allein deshalb, weil sie auf das beschriebene Kursmuster spekulieren. Auf diese Weise sind sie es selbst, die den Kurs nach oben treiben.

Ein Split wird darüber hinaus als Signal des Managements an die Aktionäre verstanden, dass die Geschäftsaussichten positiv beurteilt werden. Schließlich macht die künstliche Korrektur kaum Sinn, wenn mit Kursrückgängen gerechnet wird. Studien kommen auch zu dem Ergebnis, dass Aktien, die regelmäßig Splits durchführen, sehr oft besser abschneiden als der Gesamtmarkt.

Die Nachteile von Splits

Eine hohe Zahl von Kapitalberichtigungen und Splits hat aber auch Nachteile: Anleger verlieren leichter den Überblick über die tatsächliche Wertentwicklung der jeweiligen Aktie. Und: Am Tag des Preisabschlags können sie nur ihren Altbestand verkaufen – und zwar zum neuen, niedrigen Kurs. Bis die zusätzlichen Papiere eingebucht worden sind, müssen sie manchmal drei bis vier Börsentage warten.

NEUEMISSIONEN: NACHSCHUB FÜR DEN KURSZETTEL

Kein Unternehmen landet mit seiner Gründung gleich auf dem Kurszettel der Börse. Meist wird es von den Gründern über Jahre oder Jahrzehnte hinweg aufgebaut, und erst wenn es erfolgreich arbeitet und eine bestimmte Größe erreicht hat, ist es überhaupt reif für den Sprung an den Kapitalmarkt. Wenn sich die Eigentümer dann dazu entschließen, ihre Gesellschaft an die Börse zu bringen und sie für einen breiten Anlegerkreis zu öffnen, sprechen Fachleute von einem „Going public" oder kurz IPO (Abkürzung für Initial Public Offering, übersetzt: öffentliches Zeichnungsangebot).

Zwiespältiger Reiz des Neuen

Neuemissionen wecken regelmäßig das Interesse sowohl von Großinvestoren als auch von breiten Anlegerschichten, und in vielen Fällen kommen Einsteiger erst durch den Kauf eines Neulings in Kontakt mit Aktien und der Börse. Denn der Charme der neuen Papiere liegt vor allem darin, dass sie oft die Möglichkeit zu einem Investment abseits der ausgetretenen Pfade bieten – etwa in neue, zukunftsträchtige Branchen wie das Internet oder Biotechnologie.

Dazu haftete den Börsenneulingen lange Zeit der Reiz einer heißen Spekulation

Neuemissionen pro Jahr

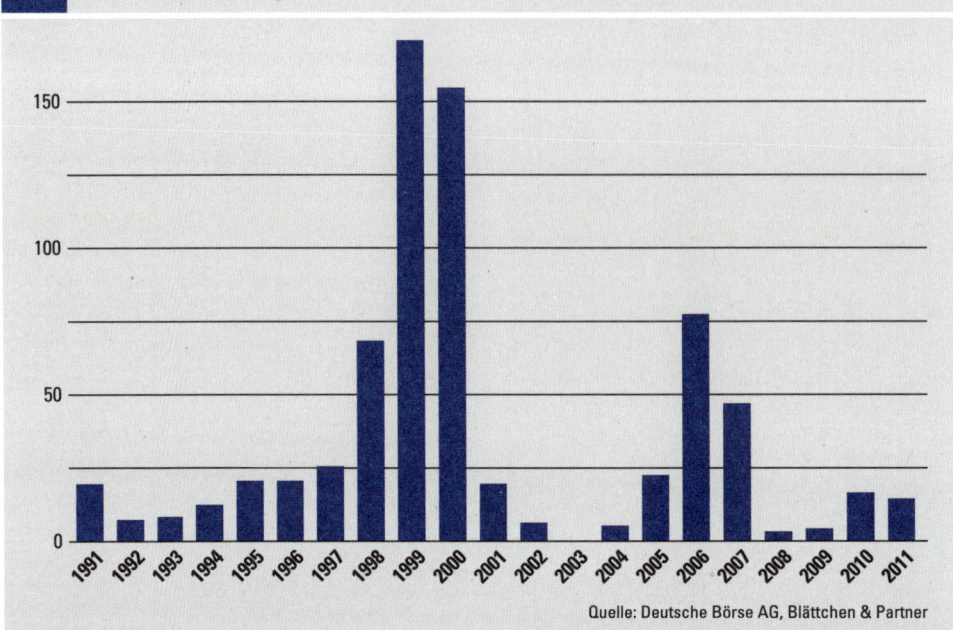

Quelle: Deutsche Börse AG, Blättchen & Partner

an. So ließen sich während des Börsen-booms kurz vor dem Jahrtausendwechsel mitunter spektakuläre Zeichnungsgewin-ne einfahren. Manchmal lag der erste Handelskurs 300 oder 400 Prozent über dem Ausgabepreis. Das ist zwar die Aus-nahme, doch in einem optimistischen Börsenumfeld, wenn die Kurse allgemein steigen, sind bei einer Neuemission durch-aus kurzfristige Kurssteigerungen im zwei-stelligen Prozentbereich möglich. Fast zwangsläufig übersteigt daher bei vielen Börsendebüts die Nachfrage das Ange-bot. Denn oft lockt Anleger die Aussicht auf den schnellen Profit, wenn sie die neuen Papiere nach den ersten Handels-tagen mit Gewinn verkaufen.

Häufig jedoch verleitet genau diese Aussicht auf den schnellen Profit Interes-senten zu unüberlegtem Handeln: Um auch einmal Glück bei der „Emissions-lotterie" zu haben, machen sie bei einem Börsengang mit, ohne sich vorher über den Neuling, seine Aussichten und die

Angemessenheit des Preises ausführlich zu informieren. Wer dann bereit ist, viel mehr Stücke zu ordern, als er eigentlich kaufen will, nur um seine Zuteilungschan-cen zu erhöhen, läuft Gefahr, am Ende auf einem Aktienposten zu sitzen, dessen Wert rasch unter den Einstandspreis fällt.

Umgekehrt hat sich gezeigt, dass viele Unternehmen ihren Börsengang absagen müssen, wenn der allgemeine Kurstrend bergab zeigt. Denn in einer solchen Flaute-phase ist kaum ein Anleger bereit, in Ak-tien zu investieren, geschweige denn in ein Unternehmen, das am Kapitalmarkt kaum bekannt ist. Selbst größere Konzerne mit gutem Namen mussten in solchen Situationen schon den Rückzug antreten und haben ihr Debüt verschoben.

Reifeprüfung für die Neulinge

Wenn denn für den Neuling der Start ins Börsenleben glückt, fangen die Probleme für die Anleger, die ihre Anteile längerfris-tig halten wollen, streng genommen erst an. Denn hohe Kurssteigerungen gleich zu Anfang stellen nicht zuletzt eine Bürde für das Unternehmen dar. Sie sind nichts anderes als ein Wechsel auf die Zukunft, den das Management früher oder später einlösen muss. Nur wenn der Vorstand das Kapital, das der Börsengang in die Kasse spült, sinnvoll investiert, profitieren die Aktionäre durch steigende Kurse und gegebenenfalls eine hohe Dividende.

Nicht selten offenbaren die Unternehmenslenker einer Neuemission dabei jedoch eklatante Schwächen, indem sie das Geld für aufwendige Werbefeldzüge, teure Unternehmenseinkäufe oder erfolglose Expansionen ins Ausland verwenden. Folge: Schon bald verfehlen sie die Umsatz- und Gewinnprognosen, die sie zum Börsengang abgegeben haben, und die Hoffnungen auf einen Kurshöhenflug enden mit einem jähen Absturz. Freilich ist auch das Gegenteil möglich: Das Management investiert die zugeflossenen Gelder besonders klug, sodass die Gewinne kräftiger steigen als prognostiziert. Das verleiht dem Aktienkurs zusätzlichen Rückenwind.

Schlechte Bilanz der Neuemissionen

Geht es darum, eine vorläufige Bilanz zu ziehen, wie sich einzelne Neuemissionen nach ihrem Start entwickelt haben, müssen fairerweise auch das gesamte Börsenumfeld und die starken Kurseinbrüche im Zuge der Finanzkrise mitberücksichtigt werden. Dennoch fällt das Ergebnis oftmals ernüchternd aus. Zum Beispiel stand von den großen Neuemissionen seit dem Jahr 2001 per März 2010 nach Berechnungen der Tageszeitung „Die Welt" nicht einmal jede dritte im Plus. Und vom Emissionsjahrgang 2011 lagen nach Berechnung des Beratungsunternehmens Blättchen & Partner nur 3 von insgesamt 16 Börsenneulingen im Plus. Das zeigt, dass Neuemissionen alles andere als ein Versprechen auf sichere Gewinne darstellen, sondern ihre Chancen und Risiken im Gegenteil eher unkalkulierbar sind. In der Summe schneiden sie auf keinen Fall deutlich besser ab als die etablierten Titel.

Das Emissionsverfahren: Aktie sucht Anleger

Um bei einer Neuemission überhaupt zum Zuge zu kommen, muss man wissen, wie die erstmalig angebotenen Aktien auf die interessierten Investoren verteilt werden. Auch wenn Anleger auf die verschiedenen Verfahren selbst keinen Einfluss haben, können sie sich doch auf die jeweils spezifischen Fußangeln, die dort lauern, einstellen.

Fester Preis sorgt für Dissens

Bis Mitte der 1990er-Jahre wurden neue Aktien ausschließlich nach dem Festpreisverfahren emittiert. Dabei legen der Emittent und die Emissionsbank, also die Bank, die das Unternehmen federführend an die Börse begleitet, einen Preis fest, zu dem die Anleger zeichnen können, wie es in der Fachsprache heißt. Der Nachteil des Festpreisverfahrens: Die Vorstellungen von Käufern und Verkäufern liegen häufig sehr weit auseinander – mit der Folge, dass in der Vergangenheit der Kurs bereits unmittelbar nach Aufnahme des Handels mangels Interesse unter den Emissionspreis rutschte oder die Nachfrage so groß war, dass die Notierung sprunghaft nach oben schnellte.

Bookbuilding setzt sich durch
Seit dem Börsengang der Deutschen Telekom 1996 hat sich daher das Bookbuilding-Verfahren durchgesetzt. Diese Methode ist eine Art Bietungsverfahren, bei dem die Kaufwilligen innerhalb einer bestimmten Frist, meist ein bis zwei Wochen, innerhalb einer Preisspanne, die der Emittent und seine Bank festgelegt haben, Zeichnungsgebote über ihre Hausbank abgeben können. Die vergleichsweise wenigen Börsengänge der vergangenen Jahre sind sehr ruhig abgelaufen. Sollte es dennoch einmal vorkommen, dass sich bereits in den ersten Tagen eine überschäumende Nachfrage abzeichnet, kann die Emissionsbank die Zeichnungsphase vorzeitig beenden und das Orderbuch schließen. Anleger, die mit ihrer Order bis zum Ende der offiziellen Bietungsfrist warten, laufen somit Gefahr, zu spät zu kommen.

Ist die Zeichnungsphase abgeschlossen, legt die Emissionsbank – bei größeren Börsengängen ist es ein Emissionskonsortium aus mehreren Banken, das die Emissionsbank als Konsortialführerin

anführt – in Abhängigkeit von den vorliegenden Geboten den Ausgabekurs fest. Problematisch wird die Situation, wenn die Nachfrage größer ist als die Zahl der zur Verfügung stehenden Aktien. Zwar hat die Emissionsbank oft noch eine Platzierungsreserve zur Verfügung, den sogenannten Greenshoe. Doch meist reichen auch diese zusätzlichen Stücke nicht aus, um alle Orders zu bedienen. Dem Emittenten und der Bank bleibt in dieser Situation nichts anderes übrig, als die vorhandenen Stücke zu rationieren und darüber zu entscheiden, wie diese auf die Zeichnungsaufträge verteilt werden sollen. Bei diesem Prozedere, das als Zuteilung bezeichnet wird, kommt also oft nur ein Bruchteil der Interessenten zum Zuge.

Problem der Zuteilung: Mangelnde Transparenz
Meist hat der Emittent schon im Vorfeld festgelegt, welcher Teil des Aktienkontingents an institutionelle Großanleger gehen soll. Den Rest teilen die Emissionsbanken nach Gutdünken auf. Allgemein üblich ist, dass dabei bankeigene Kunden zuerst zum Zuge kommen. Für Orders von Geldhäusern außerhalb des Konsortiums steht, wenn die Emission sehr gefragt ist, meist nur eine sehr begrenzte Stückzahl zur Verfügung. Über die endgültige Zuteilung auf die Kundendepots innerhalb eines Bankhauses entscheidet nicht selten das Los. Und dort haben die guten, vermögenden Kunden aus unerfindlichen Gründen regelmäßig das Ziehungsglück auf ihrer Seite – behaupten Kritiker. Die Banken bestreiten

dies vehement, doch Zweifel bleiben, solange transparente Zuteilungskriterien wie beim Börsengang der Deutschen Telekom die Ausnahme bleiben. Der ehemalige Staatskonzern hatte, als er an die Börse kam, für jedermann nachvollziehbare Zuteilungsklassen gebildet. Zum Beispiel wurden alle Zeichnungsaufträge von 1 bis 150 Stück mit einer festen Zahl von Aktien bedient.

Einzelne Experten sprechen sich daher dafür aus, das sogenannte Auktionsverfahren stärker zu nutzen. Bei diesem Verkaufssystem werden die Aktien ähnlich wie beim Online-Auktionshaus Ebay im Rahmen eines Bietungsprozesses versteigert. Das einfache Prinzip dabei: Wer bis zum Ende der Angebotsfrist mitsteigert und mit seinem Gebot über dem Zuschlagspreis liegt, bekommt auch Aktien. Mauscheleien bei der Zuteilung sind damit ausgeschlossen. Der Nachteil ist, dass Anleger unter Umständen bis zu einem sehr hohen Preis mitbieten müssen, um am Ende mit Sicherheit zum Zuge zu kommen. Das begrenzt die Gewinnchancen nach dem Börsengang. Bislang konnte sich dieses Verfahren nicht durchsetzen. Doch die technischen Möglichkeiten erlauben es heutzutage auch einer größeren Zahl von Interessenten, mitzubieten, sodass sich die Chancen des Auktionsverfahrens in Zukunft verbessern könnten.

GEFÄHRLICH: ORDERN ÜBER DEN GRAUEN MARKT

Aktienanleger, die sich nicht auf ihr „Losglück“ verlassen und bei einem Börsengang auf jeden Fall mit dabei sein wollen, können über ihre Depotbank auch am grauen Markt ordern: Schon vor dem offiziellen Börsenstart werden die Aktien der Neulinge außerbörslich bei speziellen Wertpapierhändlern „per Erscheinen“ gehandelt, wie es in der Fachsprache heißt. Doch Vorsicht: Zu den dort festgelegten Kursen finden oft kaum Umsätze statt. Wer dort auf jeden Fall ordern möchte, sollte seinen Auftrag unbedingt preislich limitieren. Am besten ist es aber, Anleger betrachten die am grauen Markt gestellten Kurse lediglich als Gradmesser dafür, wie erfolgreich die Emission läuft.

Erfolgreich in Neuemissionen anlegen

Was ist überhaupt vor dem Kauf einer Neuemission zu beachten, um das Risiko eines Fehlgriffs gering zu halten? Im Prinzip zunächst die gleichen Punkte wie beim Kauf jeder gewöhnlichen Aktie: Neben den wichtigsten Bewertungskennzahlen (siehe Seite 126) ist das in erster Linie die „Story“ des Unternehmens: Wie verdient es sein Geld (Produktpalette, Vertriebswege etc.)? Wie entwickelt sich der gesamte Markt beziehungsweise die Branche? Hat

TIPP Neuemissionen: Einen Kauf nüchtern planen

Behalten Sie einen kühlen Kopf. Viele Emittenten versuchen mitunter, mit aufwendigen Anzeigen das Interesse der Anleger an ihrem Papier zu wecken. Lassen Sie sich davon nicht beeindrucken und zum Kauf verleiten, sondern achten Sie auf die „Story" des Neulings.

Informieren Sie sich umfassend. Sammeln Sie alle Informationen, die Sie bekommen können. Dazu gehören mindestens der Emissionsprospekt und aktuelle Presseberichte. Nutzen Sie das Internet! Und werfen Sie auch einen Blick darauf, wie bekannt die Banken und Broker sind, die das Unternehmen an die Börse bringen.

Prüfen Sie die Bewertung. Klopfen Sie dazu so weit wie möglich ab, ob die Gewinnerwartungen des neuen Unternehmens und die gängigen Bewertungskennziffern wie das Kurs-Gewinn-Verhältnis (siehe Seite 127) im Verhältnis zur Gesamtbranche und zu bereits börsennotierten Konkurrenten angemessen sind.

Investieren Sie Ihr Geld strategisch. Betrachten Sie Neuemissionen als Ergänzung für Ihr Aktiendepot. Greifen Sie vor allem dort zu, wo Sie, abgesehen von den sonstigen Rahmenbedingungen, in Branchen investieren können, die bislang noch nicht oder nicht in dieser Form über die Börse zu kaufen waren.

Setzen Sie Grenzen. Zeichnen Sie mit Limit und nie mehr Aktien, als Sie auch tatsächlich abzunehmen bereit sind.

Entscheiden Sie sich vorher. Kurzfristige Spekulation oder langfristige Anlage? Wer bei einer Emission nicht zum Zuge kommt, sollte nicht blind nachkaufen. Prüfen Sie, ob das Papier auch dann noch als angemessen bewertet gelten kann, wenn große Nachfrage den Kurs in der Startphase nach oben getrieben hat. Viele wirklich erfolgreiche Neulinge haben sich erst Wochen oder gar Monate nach der Emission als Überflieger entpuppt.

---

das Unternehmen einen guten Namen und/oder repräsentiert es eine bekannte Marke? Welche Qualifikation hat das Management? Welche Strategie verfolgt es? Das sind einige der Fragen, die Profis wie Fondsmanager vor dem Einstieg abklopfen.

Dabei hat sich gezeigt, dass eine Emission am ehesten Erfolg verspricht, wenn die Gesellschaft zu den Führern in einem nicht zu eng gesteckten Markt zählt und das Zeug hat, diese Position auch in Zu-

kunft zu verteidigen – zum Beispiel durch die Entwicklung einer konkurrenzlosen Technik. Vorsicht ist dagegen angesagt, wenn eine bereits erfolgreich etablierte Geschäftsidee lediglich kopiert beziehungsweise abgewandelt wird.

Auf Herkunft und Verwendung achten
Neben der Begutachtung der Geschäftsidee, der Marktaussichten und der Bilanz sollten die Interessenten bei einer Neuemission sehr genau darauf achten, aus

welchen Quellen die angebotenen Aktien stammen. Negativ ist zu bewerten, wenn ausschließlich die Alt-Aktionäre – Gründer, Banken, Beteiligungsgesellschaften – ihre Anteile am Unternehmen platzieren und damit Kasse machen wollen. Stattdessen sollte der überwiegende Teil der Emission aus einer Kapitalerhöhung stammen, damit auch das Unternehmen selbst vom Börsengang profitiert, indem ihm neue Mittel zufließen. Das Geld sollte außerdem für Investitionen und Wachstum zur Verfügung stehen. Ein hoher Verschuldungsgrad (siehe Seite 126) lässt jedoch darauf schließen, dass zumindest ein Teil des Emissionserlöses zur Tilgung von Darlehen und anderen Verbindlichkeiten verwendet wird.

Prospekt studieren

Großinvestoren hatten, wenn sie einen Börsenaspiranten in Augenschein nahmen, lange Zeit den Vorteil gegenüber normalen Privatanlegern, dass sie sich viele der genannten Punkte im persönlichen Gespräch erläutern lassen konnten.

Mit der Neufassung des Wertpapierprospektgesetzes Mitte 2005 wurde diese Möglichkeit stark eingeschränkt. Zwar kann sich das Management des betreffenden Unternehmens auch weiterhin mit potenziellen Anlegern treffen, aber mit Angaben zur zukünftigen Geschäftsentwicklung oder möglichen Übernahmen (siehe Seite 117) muss es sich zurückhalten. Denn diese und alle anderen wichtigen Informationen müssen im Emissionsprospekt

aufgelistet sein, wo sie jeder Interessent nachlesen kann.

Der Emissionsprospekt ist sozusagen die Vertragsgrundlage zwischen Emittent und den angehenden Aktionären. Für seine Richtigkeit stehen nicht nur die jeweiligen Unternehmen, sondern auch die beteiligten Emissionsbanken ein. Sie alle müssen unter Umständen Schadenersatz an die Anleger leisten, wenn sich im Nachhinein herausstellt, dass die Unterlage unwahre, gefälschte oder lückenhafte Informationen über den Börsenkandidaten enthält.

Der Emittent ist zudem verpflichtet, im Prospekt sämtliche Risikofaktoren seiner Aktie klar zu benennen und dabei vor allem den Bezug zum Geschäftsbetrieb und zum wirtschaftlichen Umfeld herauszustellen. Da Prognosen die Zukunft betreffen, liegt es auf der Hand, dass es einen gewissen Unsicherheitsfaktor gibt. Damit der Börsenaspirant nicht durch scheinbar präzise Angaben über die künftige Umsatz- und Ergebnisentwicklung Sicherheit vortäuscht, sollen die Anleger durch Formulierungen wie „erwartet", „nimmt an" und „prognostiziert" sofort erkennen können, dass zukünftige Gewinne und Umsätze alles andere als feststehen.

Das befreit das Unternehmen jedoch nicht von der Verpflichtung, dass sämtliche Aussagen „im guten Glauben an die Richtigkeit" getroffen werden. Diese auf den ersten Blick sinnvolle Regelung hat in der Praxis ihre Schattenseiten. Denn jeder Prospekt ist mittlerweile gespickt mit

Risikohinweisen, um Haftungsklagen von vornherein den Boden zu entziehen. Dabei sind viele Warnungen so allgemein formuliert, dass sie kaum einen echten Informationswert für den Anleger besitzen. Der banale Hinweis zum Beispiel, dass für die Produktionsanlagen des Unternehmens ein „Betriebs- und Unfallrisiko" besteht, macht es auch Profis schwer, einzuschätzen, welche Gefahren das Papier birgt.

DER HAKEN: NICHT ALLES STEHT IM PROSPEKT

Einige wichtige Details des Börsengangs wie etwa die Bookbuilding-Preisspanne und die Zahl der verkauften Aktien werden nicht im Prospekt genannt, sondern meist erst kurz vor Beginn der Zeichnungsfrist bekanntgegeben, wenn sich der Kandidat vor wichtigen Investoren präsentiert hat. Interessierte Privatanleger müssen daher auch nach dem Studium des Prospekts das Internet abgrasen, um alle Informationen zu bekommen. Aktuelle Informationen zu Neuemissionen finden sich unter www.goingpublic.de und www.onvista.de.

Börse ist nicht gleich Börse

Erfahrene Anleger achten auch darauf, in welchem Börsensegment sich der Neuling listen lässt, denn daraus lassen sich Rückschlüsse ziehen, wie ernst das Unternehmen seine Börsenkarriere, vor allem aber die Interessen seiner Aktionäre nimmt. An der deutschen Börse gibt es streng genommen keinen einheitlichen Aktienmarkt, sondern mehrere Teilmärkte und Standards, die sich hinsichtlich ihrer Zulassungsregeln und ihrer Publizitätsvorschriften unterscheiden. Durch gewisse Zugangshürden und Folgepflichten soll sichergestellt werden, dass die Emittenten eine bestimmte „Anlagequalität" mitbringen und nach dem Start auch wahren. Grundsätzlich gilt dabei: Je höher der Standard, den der Börsenaspirant anstrebt, desto eher kommt er für ein Investment infrage.

General-Standard

Der General-Standard ist so etwas wie ein Basissegment an der deutschen Börse. Titel, die sich dort listen lassen, müssen zumindest die Anforderungen des „Amtlichen Handels" oder des „Geregelten Marktes" erfüllen – das sind Handelssegmente, die der Gesetzgeber für die Börsen vorsieht. Emittenten, die sich in diesen Segmenten listen lassen, durchlaufen vor Aufnahme in den Handel ein öffentlich-rechtliches Zulassungsverfahren – im Unterschied zum Freiverkehr (siehe Seite 115).

Der Amtliche Handel galt bis zur Einführung des Prime-Standard (siehe Seite 115) als Oberhaus des Aktienmarkts. Der Geregelte Markt war beziehungsweise ist vor allem für kleine und mittlere Unternehmen als Einstiegssegment und Vorstufe zum Amtlichen Handel gedacht, die dessen strengere Anforderungen nicht erfüllen konnten. So setzt die Teilnahme am

Geregelten Markt nur ein Mindestemissionsvolumen von 250 000 Euro und mindestens 10 000 Stück handelbare Aktien voraus, und dem Emittenten werden lediglich geringe Folgepflichten auferlegt.

Im Amtlichen Handel ist dagegen ein Emissionsvolumen von mindestens 1,25 Millionen Euro vorgeschrieben. Dazu muss das an die Börse strebende Unternehmen mindestens fünf Jahre alt sein und 25 Prozent seiner Aktien breit streuen, das heißt, zur freien Verfügung stellen.

Prime-Standard

Zum Schutz der Anleger und um sich den Gepflogenheiten auf internationalem Parkett anzupassen, hat die Deutsche Börse als zusätzliches Qualitätssegment den Prime-Standard eingeführt. Emittenten, die sich dort listen lassen, müssen über den General-Standard hinaus eine Reihe zusätzlicher Transparenzanforderungen erfüllen (siehe Kasten unten). Die Zulassung zum Prime-Standard ist auch eine Grundvoraussetzung für die Aufnahme in einen der Dax-Indizes (siehe Seite 87).

Freiverkehr

Kein Emittent ist verpflichtet, für seinen Start eines der gesetzlichen Segmente an der Börse zu wählen. Er hat genauso die Möglichkeit, seine Aktien im Freiverkehr, der aus Vermarktungsgründen an der Frankfurter Börse „Open Market" heißt, listen zu lassen. Dort geht es wesentlich lockerer zu als im Amtlichen Handel und im Geregelten Markt. Das fängt damit an, dass noch nicht einmal ein Emissionsprospekt notwendig ist. Auch ein bestimmtes Emissionsvolumen und Mindestalter des Unternehmens sind nicht erforderlich.

Es reicht die Vorlage einiger weniger Unterlagen wie beispielsweise Geschäftsbericht und Satzung. Im Freiverkehr gibt es auch so gut wie keine Publizitätsvorschriften. Der Emittent muss weder laufende Zwischenberichte noch kursbeeinflussende Tatsachen ad hoc veröffentlichen. Der Freiverkehr gilt daher auch als Zockersegment. Private Anleger sollten folglich Kandidaten meiden, die dieses Segment für den Beginn ihrer Börsenkarriere anstreben.

INFO **Die Anforderungen des Prime-Standards**

- Quartalsweise Berichterstattung in deutscher und englischer Sprache
- Anwendung internationaler Rechnungslegungsstandards (IFRS/IAS oder US-GAAP, siehe Seite 52)
- Veröffentlichung eines Unternehmenskalenders mit Finanzdaten
- Durchführung mindestens einer Analystenkonferenz pro Jahr
- Ad-hoc-Mitteilungen (siehe Seite 55) auch in englischer Sprache

Entry-Standard

Aus Sicht der Börse gibt es dennoch gute Gründe, innerhalb des Freiverkehrs ein eigenes Segment zu etablieren. Ende 2005 eröffnete die Frankfurter Börse den Entry-Standard. Dessen Grundidee ist, jungen, aber wachstumsstarken Gesellschaften Zugang zum Kapitalmarkt zu ermöglichen, für den sie nach gängigen Maßstäben eigentlich noch nicht reif sind. Der Entry-Standard ist daher vor allem für mittelständische Firmen eine Alternative, die dort kostengünstig und vergleichsweise einfach und schnell ihre Aktien listen lassen können.

Die regulatorischen Anforderungen des Segments liegen deutlich unter denen von Prime- und General-Standard, aber über denen des reinen Freiverkehrs. Vorgeschrieben sind unter anderem die Veröffentlichung eines testierten Konzernabschlusses und eines Zwischenberichts. Außerdem gibt es eine „quasi" Ad-hoc-Pflicht (siehe Seite 55), deren Einhaltung aber nicht von der Bafin (siehe Seite 40) überwacht wird.

Wegen der geringeren Anforderungen und der Folgepflichten eignen sich die Aktien im Entry-Standard vor allem für professionelle Investoren, die die Chancen und Risiken der in der Regel kleinen Firmen viel besser abschätzen können als private Anleger.

FUSIONEN UND ÜBERNAHMEN: DAS SALZ IN DER BÖRSENSUPPE

Ein weltweit tätiger Konzern ist kein statisches Gebilde. Jedes Management reagiert auf Marktveränderungen, kauft neue Unternehmensteile hinzu, um einzelne Geschäftsbereiche zu stärken; andere werden veräußert, wenn sie nicht mehr in die Unternehmensstrategie passen. In der Regel gehen solche Transaktionen ohne großes Aufheben vor sich. Spannend wird es für die Anleger allerdings, wenn es sich dabei um Unternehmen handelt, die an der Börse notiert sind.

Fusionen

Von einer Fusion spricht man, wenn sich zwei Unternehmen auf partnerschaftlicher Basis dazu entschließen, ihre Geschäfte zusammenzulegen. Meist werden dazu der Einfachheit halber das Vermögen und die Verbindlichkeiten inklusive Aktienkapital und Rücklagen der einen Gesellschaft auf die andere übertragen. Die betroffenen Aktionäre erhalten dann für ihre alten Aktien in einem bestimmten Verhältnis, das von einem unabhängigen Wirtschaftsprüfer ermittelt wird, im Tausch Anteile an der neuen gemeinsamen Gesellschaft.

Übernahmen

Den Stoff für filmreife Börsendramen bieten jedoch Übernahmen – vor allem dann, wenn sie feindlicher Natur sind, was in der englisch geprägten Börsensprache „unfriendly take-over" genannt wird. Bei einer solchen feindlichen Übernahme guckt sich ein Aufkäufer im Stillen ein anderes Unternehmen aus, um es sich, gegen den Willen des jeweiligen Managements, einzuverleiben – so wie das zum Beispiel Porsche beim Angriff auf VW geplant hatte (siehe Seite 84).

Damit der Raider (übersetzt: Raubritter), wie der Initiator einer feindlichen Übernahme genannt wird, die Kontrolle über sein Opfer bekommt, muss er die Mehrheit aller Aktien zusammenbekommen. Nur so kann er die Entscheidungen auf der Hauptversammlung dominieren und sich den Einfluss auf die Unternehmensverwaltung sichern.

Der Raubritter macht sich zur Übernahme bereit

Es gibt mehrere Strategien, um dieses Ziel zu erreichen. Der Raider kann zum Beispiel in geheimen Verhandlungen versuchen, einzelnen Großaktionären ihre Aktienpakete abzukaufen. In Deutschland lässt sich so ein Vorhaben allerdings nur in engen Grenzen geheim halten, denn selbst wer ein kleineres Aktienpaket an einem börsennotierten Unternehmen besitzt, ist gesetzlich verpflichtet, dies zu veröffentlichen. Nach dem Transparenzgesetz müssen Aktionäre eines Unternehmens es der Finanzaufsicht Bafin melden, wenn ihr Besitz die

Schwelle von 3 Prozent aller Aktien über- oder auch wieder unterschreitet. So kann das Management des betreffenden Unternehmens erkennen, ob ein neuer oder bestehender Anteilseigner Aktien im großen Stil aufkauft oder aussteigt. Zusätzliche Meldeschwellen gibt es bei 15, 20 und 30 Prozent des Aktienkapitals.

Es gibt natürlich Möglichkeiten, über ausgetüftelte Konstruktionen, etwa Strohmänner, diese Verpflichtung auszuhebeln. Doch das ist illegal.

Viel öfter kommt es deshalb vor, dass der Raider allen Aktionären direkt ein offizielles Übernahmeangebot unterbreitet. Hierzulande ist der Aufkäufer eines Unternehmens sogar gesetzlich zu einer solchen Offerte verpflichtet, wenn sein Anteilsbesitz die Schwelle von 30 Prozent an dem Zielunternehmen überschreitet – beispielsweise weil er bereits schrittweise kleinere Anteilspakete über die Börse oder von einzelnen Aktionären erworben hat. Auf diese Weise soll erreicht werden, dass die freien Aktionäre bei einem Übernahmeversuch nicht außen vor bleiben.

Das Übernahmeangebot kann der Aufkäufer allerdings mit der Bedingung verknüpfen, dass ihm ein bestimmter Mindestprozentsatz aller stimmberechtigten Aktien angedient wird – zum Beispiel 80 Prozent. Dagegen ist er bei der Festsetzung des Preises an ein Limit gebunden: Sein Gebot muss mindestens den Wert erreichen, den die Aktie in den Monaten vor dem Übernahmeangebot im Durchschnitt an der Börse gekostet hat.

Dabei gilt: Kauft der Bieter einzelnen Aktionären, die sein ursprüngliches Angebot nicht angenommen haben, nachträglich Anteile zu einem höheren Preis ab, ist er nach dem Übernahmegesetz verpflichtet, die Konditionen für alle Anteilseigner nachzubessern. Wer das ursprüngliche Angebot bereits angenommen hat, kann den Unterschiedsbetrag nachfordern. Das setzt freilich voraus, dass das nachträgliche Geschäft auch bekannt wird, was zumindest zu bezweifeln ist, wenn sich beide Seiten einig sind.

Um mit seinem Übernahmeangebot Erfolg zu haben, muss der Raider sinnvollerweise deutlich mehr als den aktuellen Börsenkurs bieten. Andernfalls besteht für die Aktionäre schließlich kein Anreiz, an ihn zu verkaufen. Dabei kann sich der Aufkäufer aussuchen, ob er Bargeld oder eigene Aktien anbietet. Auch eine Kombination aus beidem ist möglich.

Das deutsche Übernahmegesetz sieht dabei allerdings einige Einschränkungen vor. Bietet der Aufkäufer Aktien an, muss es sich um liquide, an einer organisierten Börse gehandelte Anteile handeln. Ein Barangebot ist dann Pflicht, wenn der Bieter in den drei Monaten vor Bekanntgabe seiner Offerte bereits 5 Prozent der Aktien des Zielunternehmens in bar erworben hat – oder einen Monat danach, abweichend von seinem Aktienangebot, 1 Prozent der Anteile in bar erwirbt.

Die meisten Aktienanleger halten es ohnehin mit dem Motto „Nur Bares ist Wahres". Deshalb sind Barangebote für den Raider erfahrungsgemäß am erfolgversprechendsten.

Abwehrkampf des Managements
Das Management des Übernahmekandidaten gibt sich in den seltensten Fällen kampflos geschlagen – weniger aus Sorge um die Aktionäre als vielmehr um den eigenen Job.

Für den Vorstand ist eine Möglichkeit zu reagieren, den Anteilseignern ein schlüssiges Konzept vorzustellen, wie der Unternehmenserfolg und damit die Börsenbewertung in überschaubarer Zeit deutlich gesteigert werden sollen, und so die Aktionäre davon zu überzeugen, das Übernahmeangebot abzulehnen. Diese Strategie kann beispielsweise darin bestehen, chronische Verlustbringer schnellstmöglich zu verkaufen.

Kriegsführung gegen Raubritter
Eine andere Strategie, sich gegen Raider zu wehren, besteht darin, dass die Unternehmensverwaltung auf einer umgehend einberufenen Hauptversammlung Maßnahmen beschließen lässt, die das Unternehmen für den Käufer unattraktiv machen. Dazu gehört zum Beispiel die Erlaubnis, besonders wertvolle Unternehmensteile, die „Kronjuwelen", umgehend und gegebenenfalls unter Wert zu veräußern, um sie dem Zugriff des Raiders zu entziehen.

Vor allem in den USA finden „goldene Fallschirme" Verwendung: Erreicht ein Käufer eine bestimmte Beteiligungsquote, werden lukrative und für den Interessenten kostspielige Abfindungsverträge mit dem Management wirksam. Eine andere Möglichkeit ist eine konventionelle Kapitalerhöhung, an der sich jeder Aktionär im Rahmen eines Bezugsrechts (siehe Seite 112) beteiligen kann. Möglich ist aber auch, von einer bereits genehmigten Kapitalerhöhung Gebrauch zu machen und die Aktien unter Ausschluss des Bezugsrechts am freien Markt oder bei befreundeten Banken und institutionellen Investoren zu platzieren. Folge in beiden Fällen: Der Raider müsste mehr Aktien aufkaufen, um die Mehrheit zu bekommen.

Die sicherlich gewagteste Möglichkeit ist, dass der Übernahmekandidat seinerseits für den Bieter ein Übernahmeangebot unterbreitet. Das setzt jedoch entsprechende Finanzmittel voraus. Zudem muss der Raider selbst börsennotiert sein und im Idealfall über einen hohen Streubesitz verfügen, sonst hat der Angriff keine Chance. In Deutschland ist diese Abwehrmaßnahme allerdings nur möglich, solange der Bieter weniger als 25 Prozent der Anteile an dem Zielunternehmen hält.

Die beste Rettung: Der „weiße Ritter"

Die für die Aktionäre eleganteste Waffe gegen eine feindliche Übernahme ist allerdings, wenn ein „weißer Ritter" dem Unternehmen im Kampf beisteht. Diese Bezeichnung verwenden die Börsianer, wenn das von der Übernahme bedrohte Management ein befreundetes Unternehmen dazu bewegen kann, mit einem Gegenangebot die Offerte des Raubritters zu

überbieten. Fachleute sprechen dann von einer freundlichen Übernahme (friendly take-over). Damit ist der ursprüngliche Kaufinteressent gezwungen, sich zu überlegen, ob er sein Angebot nachbessert. Das kann der Beginn von regelrechten Bieterschlachten sein, in denen sich beide Seiten immer wieder zu übertrumpfen versuchen – was ganz im Interesse der Aktionäre des Zielunternehmens ist.

Anleger sollten daher Unternehmen meiden, deren Verwaltung sich durch die Hauptversammlung vorsorglich Abwehrmaßnahmen gegen Übernahmeversuche genehmigen lässt, ohne dass es dafür einen konkreten Anlass gibt. Für die Aktionäre heißt das letztlich: Ihr Unternehmen wird für einen Aufkäufer von vornherein uninteressant, sodass ein Übernahmeversuch, von dem sie profitieren könnten, wenig wahrscheinlich ist.

Wie bei einer Übernahme entscheiden?

Liegt bei einem Übernahmeversuch die Offerte des Aufkäufers auf dem Tisch, steht für die Anteilseigner die Entscheidung an, das Angebot anzunehmen oder nicht. Meist setzt der Bieter dazu eine bestimmte Frist. Ausschlaggebend für den Entschluss ist in erster Linie der gebotene Preis. Wie so oft ist deshalb eine konkrete Aussage nur für den Einzelfall möglich. Die Erfahrung zeigt aber: Wenn der Bieter eine Prämie von mehr als 30 Prozent auf den Börsenkurs unmittelbar vor Bekanntgabe der Übernahmeofferte zahlt, können die Anleger auf absehbare Zeit kaum damit rechnen, wesentlich bessere Kurse am freien Markt zu erzielen. Das ist aber, wie gesagt, nur ein allgemeiner Richtwert.

Wer gute Nerven und Stehvermögen hat, kann das Übernahmeangebot natürlich auch ablehnen und darauf hoffen, dass der Kurs des Übernahmeopfers nach Auslaufen des Angebots aufgrund spekulativer Käufe weiter steigt oder der Aufkäufer seine Offerte noch nachbessert, auch um die notwendigen Aktien für einen Squeeze-out (siehe Seite 122) zusammenzukommen. Doch bis sich diese Hoffnungen erfüllen, können Jahre vergehen.

Im schlechtesten Fall plündert der Aufkäufer, nachdem er die Fäden in Händen hält, sein Opfer aus, ohne die verbliebenen freien Anteilseigner daran zu beteiligen, oder er macht ihnen mit anderen Maßnahmen das Aktionärsleben schwer – etwa indem er das Unternehmen von der Börse nimmt (siehe Seite 123) und die Rechtsform wechselt. Wer also bei einer Übernahme den „sicheren" Gewinn erzielen will, verkauft bereits mit dem Aufkommen der Übernahmespekulationen seine Anteile über die Börse oder bietet sie dem Aufkäufer im Rahmen des offiziellen Angebots an. Das muss der Anleger über seine Depotbank veranlassen. Wichtig zu wissen: Es handelt sich hierbei zunächst nur um eine unverbindliche Absichtserklärung, die der Anleger innerhalb der Gebotsfrist widerrufen kann – zum Beispiel, wenn ein zweiter Bieter (siehe der „weiße Ritter", Seite 119) ins Rennen einsteigt.

Wie bei einer Fusion entscheiden?

Bei einer Fusion hingegen tun die betroffenen Anleger gut daran, ihre Anteile am neuen Gemeinschaftsunternehmen rasch zu verkaufen. Der Grund: Fast immer folgt auf die erste Euphorie, die solche Fusionen regelmäßig auslösen, nach einigen Monaten oder Jahren eine Katerstimmung und es macht sich Ernüchterung breit. Denn selten gelingt es, zwei große Unternehmen reibungslos unter einem Dach zu vereinen und die erhofften Einspareffekte in dem Maße zu realisieren, wie sich das die Manager zu Anfang erhofft hatten. Ende der 1990er-Jahre besiegelten beispielsweise die beiden Autokonzerne Daimler und Chrysler mit großem Getöse ihre transatlantische Unternehmensehe, die Mitte 2007 mit großem finanziellen Aufwand wieder geschieden wurde. In dieser Zeit hatte sich keiner der erhofften Vorteile in bare Münze ausgezahlt – nicht zuletzt, weil sich die Zusammenarbeit aufgrund der unterschiedlichen Kulturen in beiden Konzernen nur ziemlich schleppend entwickelte.

Was die Zukunftsaussichten ihrer Aktien angeht, müssen sich auch die Aktionäre derjenigen Gesellschaft sorgen, die sich als Aufkäufer betätigt hat, denn oft zeigt sich, dass „ihr" Unternehmen viel zu teuer eingestiegen ist und die Kosten der Übernahme auf die Profitabilität und damit den Aktienkurs drücken. Zusätzlich hat das Management ihres Unternehmens meist alle Hände voll damit zu tun, das neue Unternehmen in den eigenen Kon-

INFO — Auf Übernahmeopfer setzen?

Größere Übernahmen sind in den vergangenen Jahren Mangelware geworden. Der Grund ist einfach: Nach dem Ausbruch der Finanzkrise und dem Börsencrash fehlte vielen Unternehmen das Geld für kostspielige Käufe, denn die Geschäfte liefen oftmals schlecht und kaum eine Bank gab noch Kredit für solch waghalsige Transaktionen. Zudem mussten viele Geldhäuser selbst erst ihre Finanzen wieder in Ordnung bringen. Bis Mitte 2008 verging jedoch kaum eine Woche, in der nicht irgendwo auf der Welt eine milliardenschwere Transaktion über die Bühne ging. Faustregel: Wenn die Kurse an der Börse steigen und die Stimmung dort optimistisch ist, boomt auch das Geschäft mit den Fusionen und Übernahmen. Es spricht also viel dafür, dass die großen Konzerne wieder auf Einkaufstour gehen, wenn die aktuelle Talsohle durchschritten ist.

Dann kann es durchaus eine erfolgversprechende Strategie sein, den Kurszettel gezielt nach Werten zu durchforsten, die Übernahmefantasien in sich bergen. Das erfordert allerdings Geduld, Stehvermögen und entsprechendes Kapital. Zudem sollte es eine Nischenstrategie sein, die nur mit einem geringen Teil des Anlagekapitals verfolgt wird. Denn mit einer sinnvollen Auswahl und Streuung (siehe Seite 161)

hat das Kriterium „mögliches Übernahmeopfer" kaum etwas zu tun. Wer dennoch auf diese Strategie setzen und eine realistische Chance haben möchte, von einem Übernahmeangebot zu profitieren, muss sich auf wenige Branchen und Werte mit eher unterdurchschnittlichen Gewinnaussichten und niedriger Bewertung konzentrieren. Folgende Merkmale sprechen nach Ansicht von Experten für einen Übernahmekandidaten:

■ Die Struktur der Branche besteht aus wenigen großen, aber vielen mittleren und kleinen Firmen, wobei die fünf größten Spieler nicht mehr als 30 Prozent Marktanteil auf sich vereinigen sollten. Demnach kommt die Automobilindustrie, in der die Top 5 rund 50 Prozent des Marktes halten, für größere Übernahmen kaum noch infrage, während die Chemiebranche auf Basis dieses Kriteriums sehr lukrativ erscheint.

■ Das Unternehmen leidet unter anhaltender Ertragsschwäche oder schreibt sogar Verluste.

■ Innerhalb der Branche bestehen hoher Wettbewerbsdruck und starke Konzentrationstendenzen.

■ Das Unternehmen verfügt über hohe stille Reserven (siehe Seite 51) und/oder liquide Mittel.

■ Das Unternehmen wird niedrig bewertet (siehe Seite 125).

zern zu integrieren und die verschiedenen Unternehmenskulturen unter einen Hut zu bekommen. Das bindet Kapazitäten, sodass viele andere Projekte zwangsläufig vernachlässigt werden. Meist fallen deshalb auch die Aktien des Bieterunternehmens mit dem Zeitpunkt, an dem die Übernahmeschlacht eröffnet wird.

SQUEEZE-OUT UND DELISTING: ZEIT ZUM ABSCHIED

Wenn ein Übernahmeangebot erfolgreich verlaufen ist, heißt das noch nicht, dass der neue Großaktionär alle Aktien sein Eigen nennt. Je nach Höhe des gebotenen Preises muss er sich erfahrungsgemäß zunächst mit 70 bis 80 Prozent aller Anteile begnügen. Denn fast immer wird es eine Minderheit geben, der der gebotene Preis zu niedrig ist, sodass sie an ihren Aktien festhält.

Die Aktionäre „hinausdrängen"

Unter bestimmten Voraussetzungen hat der neue Mehrheitseigner aber die Möglichkeit, die verbliebenen Minderheitsaktionäre gegen eine Abfindung zwangsweise auszukaufen. Mit anderen Worten: Er kann den freien Aktionären den Stuhl vor die Tür stellen und das Unternehmen von der Börse abziehen. Solch ein Squeeze-out (übersetzt: ausquetschen) ist allerdings nur möglich, wenn der Großaktionär im Besitz von mindestens 90 Prozent aller Unternehmensanteile ist.

Was auf den ersten Blick wie Willkür aussieht, macht für alle Beteiligten durchaus Sinn. Ein Käufer wird für ein bestimmtes Unternehmen nur dann ernsthaft bieten, wenn er die realistische Chance besitzt, das Aktienkapital am Ende auch restlos aufkaufen zu können, um die Gesellschaft unter das eigene Dach zu ziehen.

Durch den Squeeze-out wird dies vereinfacht, sodass Übernahmen für den Käufer und damit indirekt auch für die Aktienanleger lukrativer werden. Er verhindert, dass sich ein potenzieller Bieter jahrelang mit wenigen freien Aktionären arrangieren, teure Hauptversammlungen abhalten, Geschäftsberichte drucken und hohe Gebühren an die Börsenverwaltung für die Notierung bezahlen muss.

Als Gegenleistung muss der Großaktionär den Minderheitseignern einen „angemessenen" Barausgleich für ihre Aktien zahlen. So steht es im Gesetz. Doch was als angemessen gilt, darüber gehen die Meinungen beider Seiten naturgemäß auseinander. Aktionärsschützer bemängeln, dass der Großaktionär den Preis weitgehend nach eigenem Ermessen festlegen kann. Zwar muss er sich dabei am aktuellen Börsenkurs orientieren und die Abfindungshöhe durch ein Sachverständigengutachten unterlegen. Doch die damit beauftragten Wirtschaftsprüfer werden vom Großaktionär nicht nur bezahlt, sondern erhalten auch alle Unterlagen und Zahlen aus seinen Händen.

Den betroffenen Aktionären bleibt, die Höhe der Zwangsabfindung im Rahmen eines Spruchstellenverfahrens juristisch anzufechten und prüfen zu lassen. Aber das Spruchstellenverfahren hat keine aufschiebende Wirkung. Der eigentliche Rauswurf der Aktionäre wird auf jeden Fall vollzogen, lediglich die Höhe der Abfindung wird dann noch juristisch geklärt.

Der Rückzug von der Börse

Mit dem Squeeze-out ist fast zwangsläufig ein Delisting verbunden. Das heißt, der Großaktionär nimmt das Unternehmen von der Börse, ein Going private, wie es in der Fachsprache heißt (im Gegensatz zum Going public, siehe Seite 107). Die Unternehmensverwaltung kann allerdings auch ohne Squeeze-out per Beschluss der Hauptversammlung, auf der der Groß-

aktionär bekanntermaßen das Sagen hat, den Rückzug von der Börse mit einer Frist von sechs Monaten von sich aus beantragen. Für die freien Aktionäre hat das gravierende Folgen, schließlich haben sie nach der Einstellung der Kursnotiz kaum noch eine Möglichkeit, einen Käufer für ihre Anteile zu finden, geschweige denn, dass die verbliebenen Minderheitsgesellschafter angemessen an der Wertentwicklung des Unternehmens partizipieren. Für das Unternehmen gelten auch keine Publizitätspflichten (siehe Seite 50) mehr. Daher empfiehlt es sich, sofort zu verkaufen.

Den Übernahme- oder Abfindungspreis können betreffende Aktionäre in einem sogenannten Spruchstellen- oder Prüfungsverfahren überprüfen lassen. Diese Verfahren enden oft mit einem positiven Urteil für die betroffenen Aktionäre. Allerdings müssen sie Geduld mitbringen. Eine Verfahrensdauer von drei und mehr Jahren ist keine Seltenheit – und eine Garantie auf ein Happy End nach dem Abschied von der Börse gibt es nicht.

FIRMEN UNTER DIE LUPE NEHMEN

Jeder Aktienanleger möchte natürlich nur Treffer mit seinen Anlage-entscheidungen landen. Doch weltweit stehen Zehntausende von Unternehmen zur Auswahl, die ganz unterschiedliche Chancen bieten. Welche Aktie wählen? Um diese Frage zu beantworten, nehmen Anlageprofis jeden Konzern, den sie ins Auge fassen, genau unter die Lupe, bevor sie zugreifen.

FUNDAMENTALE ANALYSE

Die fundamentale Analyse stellt bei der Aktienanlage in etwa das dar, was die TÜV-Prüfung für ein Auto ist: ein Test auf Herz und Nieren. Zunächst wird eine Reihe von grundsätzlichen Fragen geklärt:

- Welche Produkte stellt das Unternehmen her oder welche Dienstleistungen bietet es an?
- Welche Marktstellung hat das Unternehmen?
- Wie ist seine aktuelle wirtschaftliche Situation?

Diese Fragen dienen dazu, eine Art Steckbrief zu erstellen, anhand dessen sich das Unternehmen einordnen lässt. Das ist keine Sache, die nur Experten vorbehalten ist. Die meisten benötigten Daten und Informationen finden sich in allgemein zugänglichen Medien (siehe Seite 43). Dabei gilt der Grundsatz, dass Anleger in etwa verstehen sollten, mit welchen Produkten oder Dienstleistungen ein Unternehmen sein Geld verdient, damit dessen Aktie für ein Investment infrage kommt. Wie beim Check von Neuemissionen (siehe Seite 107) sammeln diejenigen Gesellschaften zusätzliche Pluspunkte, die zu den Marktführern in einer bestimmten Branche zählen und über einen gut eingeführten Markennamen verfügen. Beispiele dafür sind McDonald's, Microsoft und BASF. Das alleine reicht natürlich noch nicht aus, damit eine Aktie auf der Kaufliste landet. Auch die allgemeine Entwicklung der jeweiligen Branche (siehe Seite 166) und ihre Geschäftsaussichten spielen dabei eine Rolle. Auf diese Weise lassen sich erste Eckpunkte abstecken.

Bilanzkennzahlen:
Prüfdisziplin und Orientierungsgröße

Wenn der allgemeine Überblick über die Gesellschaft das Interesse des Anlegers gefunden hat, besteht der nächste Schritt darin, Bilanzen sowie Gewinn-und-Verlust-Rechnungen näher unter die Lupe zu nehmen. Das im jährlichen Geschäftsbericht (siehe Seite 50) enthaltene Zahlenwerk gibt einen kompakten Überblick über die Finanz- und Vermögenslage eines Unternehmens und gilt, trotz aller Gestaltungsmöglichkeiten, die der Bilanzbuchhalter hat, als Domäne der fundamentalen Analyse. Die Tatsache, dass eine Aktie einen hohen oder niedrigen Preis hat, sagt dabei nichts darüber aus, ob sie als teuer (überbewertet) oder billig (unterbewertet) gelten kann. Um das herauszufinden, errechnen Experten mithilfe der Bilanz und der Gewinn-und-Verlust-Rechnung eine Reihe von Kennzahlen. So können sie abschätzen, ob der Preis vollkommen überzogen oder das Papier unter Umständen ein Schnäppchen ist.

Eigenkapitalquote

Die Eigenkapitalquote, kurz EK-Quote genannt, gilt als Maßstab für die finanzielle Stabilität eines Unternehmens. Um sie zu berechnen, wird die Höhe des Eigenkapitals ins Verhältnis zum Gesamtkapital gesetzt.

Zum Eigenkapital zählen neben dem Grund- oder Aktienkapital und den Rücklagen – das sind, vereinfacht gesagt, die finanziellen Reserven des Unternehmens – auch 50 Prozent der langfristigen Rückstellungen, also Gelder, die vom Unternehmen für Ausgaben in kommenden Jahren zurückgelegt wurden.

Bei einem hohen Anteil von Eigenmitteln ist eine Gesellschaft „finanziell gut gepolstert", also in der Lage, wirtschaftliche Schwächephasen leichter zu verkraften. Zudem ist zu erwarten, dass sie ihren finanziellen Verpflichtungen nachkommen kann und die Liquidität durch laufende Zins- und Tilgungszahlungen für aufgenommene Kredite nicht gefährdet ist.

Die Eigenkapitalquote vieler börsennotierter Großkonzerne liegt zwischen 30 und 40 Prozent. Eine überdurchschnittlich hohe Eigenkapitalausstattung von beispielsweise mehr als 50 Prozent sieht auf den ersten Blick beruhigend aus, kann aber darauf hindeuten, dass das Management keine rentablen Investitionsmöglichkeiten findet oder nur geringe Wachstumsmöglichkeiten bestehen. Das wäre ein klarer Minuspunkt.

Umgekehrt muss ein hoher Verschuldungsgrad nicht unbedingt negativ sein, wenn diese finanziellen Fremdmittel für die Expansion in neue Märkte oder Geschäftsbereiche verwendet werden.

$$\text{Eigenkapitalquote} = \frac{\text{Eigenkapital} \times 100}{\text{Gesamtkapital}}$$

$$\text{Verschuldungsquote} = \frac{\text{Fremdkapital} \times 100}{\text{Eigenkapital}}$$

Grundsätzlich gilt jedoch zunächst: Hohe Schulden sind ein Risikofaktor.

Kurs-Buchwert-Verhältnis

Einen Anhaltspunkt für die Substanz, die eine Aktie besitzt, gibt das Kurs-Buchwert-Verhältnis (KBV). Der Buchwert einer Aktie ergibt sich, indem die Bilanzwerte sämtlicher Vermögensgegenstände – Grundstücke, Betriebsgebäude, Maschinen, Bargeld etc. – addiert werden. Davon werden die Schulden abgezogen und der verbleibende Betrag durch die Zahl der ausgegebenen Aktien dividiert.

$$\frac{\text{Buchwert}}{\text{der Aktie}} = \frac{(\text{Bilanzwerte} - \text{Schulden})}{\text{Ausgegebene Aktien}}$$

Danach wird der aktuelle Börsenkurs durch diesen Buchwert der Aktie geteilt.

$$\frac{\text{Kurs-Buchwert-}}{\text{Verhältnis}} = \frac{\text{Börsenkurs}}{\text{Buchwert der Aktie}}$$

Der Buchwert gilt allgemein als Untergrenze dessen, was eine Aktie wert ist. Bei den meisten Unternehmen ist das Kurs-Buchwert-Verhältnis daher größer als 1. Fällt der Börsenkurs jedoch einmal unter den Buchwert, das heißt, das KBV wird kleiner als 1, gilt das nicht automatisch als Kaufsignal. Das Kurs-Buchwert-Verhältnis ist – vergleichbar mit einem Foto – jeweils nur eine statische Momentaufnahme, die keine dynamische Entwicklung erkennen lässt. Dazu muss man wissen, dass Kurs-Buchwert-Verhältnisse von unter 1 auf Basis der historischen Erfahrung oftmals in sehr schwachen Börsenphasen auftreten oder dann, wenn das betreffende Unternehmen hohe Verluste macht. Ein niedriges KBV bedeutet in der Regel, dass die Börsianer die wirtschaftliche Zukunft des jeweiligen Unternehmens sehr schlecht einschätzen oder davon ausgehen, dass das Vermögen des Unternehmens nicht mehr den Wert hat, zu dem es in der Bilanz steht. Das kann beispielsweise der Fall sein, wenn sie annehmen, dass die Verluste das Unternehmen bereits in seiner Substanz gefährden oder die finanzielle Durststrecke noch so lange anhalten wird, dass sich das auf Dauer auch in verschlechterten Bilanzrelationen niederschlagen wird. Zusätzlich ist zu beachten, dass der Buchwert einen ganz unterschiedlich dimensionierten eingebauten Puffer hat, denn stille Reserven durch in der Bilanz unterbewertete Vermögensgegenstände gehen darin nicht ein (siehe Seite 51).

Trotz aller Einschränkungen: Der Buchwert beziehungsweise das Kurs-Buchwert-Verhältnis liefert zumindest einen Anhaltspunkt dafür, wie gut der Börsenkurs mit Substanz „unterfüttert" ist, und gerade bei zyklischen Werten (siehe Seite 166) kann ein Vergleich mit historischen Werten gute Hinweise auf einen günstigen Einstiegszeitpunkt liefern.

Kurs-Gewinn-Verhältnis

Die weitaus wichtigste und bekannteste Kennziffer, die Profis für die Aktienbewertung heranziehen, ist das Kurs-Gewinn-

Verhältnis (kurz KGV). Es wird errechnet, indem der Jahresgewinn zuerst durch die Zahl der ausgegebenen Aktien dividiert wird.

Jahresgewinn pro Aktie =

$$\frac{\text{Jahresgewinn des Unternehmens}}{\text{Ausgegebene Aktien}}$$

In einem zweiten Schritt wird der Börsenkurs durch den Gewinn pro Aktie geteilt.

$$\text{Kurs-Gewinn-Verhältnis} = \frac{\text{Börsenkurs}}{\text{Jahresgewinn pro Aktie}}$$

Das Kurs-Gewinn-Verhältnis gibt also den Faktor an, mit dem der Unternehmensgewinn an der Börse bewertet wird. Erzielt ein Unternehmen zum Beispiel einen Gewinn von 2 Euro pro Aktie und liegt der Kurs bei 30 Euro, ergibt sich daraus ein KGV von 15. Liegt der Kurs bei 50 Euro, steigt der Quotient auf 25.

Viele Anleger machen den Fehler, die Bedeutung des Kurs-Gewinn-Verhältnisses zu hoch einzuschätzen. Es darf nicht als „Preisschild" missverstanden werden, an dem sich ablesen lässt, ob eine Aktie teuer oder billig ist. Ein Unternehmen mit niedrigem KGV – als niedrig gilt im Allgemeinen ein Wert zwischen 5 und 12 – scheint auf den ersten Blick günstig bewertet zu sein. Schließlich kommen viele andere Gesellschaften auf ein Gewinnverhältnis von 20, 30 oder mehr. Das heißt, es wird, gemessen an der Ertragskraft des Unternehmens, ein sehr hoher

Preis dafür gezahlt. Daraus zu schließen, dass Aktien mit niedrigem Kurs-Gewinn-Verhältnis ein Investment lohnen, ist allerdings genauso falsch wie die Strategie, Titel mit hohem Gewinnfaktor grundsätzlich zu meiden.

Doch wie ist es zu erklären, dass einige Aktien ein überdurchschnittlich hohes, andere wiederum ein dauerhaft niedriges Kurs-Gewinn-Verhältnis aufweisen? Die Anleger beziehen bei ihren Preisvorstellungen – die letztendlich den Börsenkurs der Aktie bestimmen – die langfristigen Zukunftsperspektiven des Unternehmens, die Erwartungen bezüglich der allgemeinen Marktentwicklung sowie die unternehmensspezifische Gewinnsituation bereits mit ein. Für eine fundierte Bewertungsaussage taugt das Kurs-Gewinn-Verhältnis deshalb nur, wenn es mit den Durchschnittswerten der jeweiligen Branche oder denen von Mitbewerbern verglichen wird.

Ein Problem bei der Ermittlung des Kurs-Gewinn-Verhältnisses ist, dass die Börsianer an einem exakten Vergangenheitswert, der sich auf Basis der Zahlen in der Gewinn-und-Verlust-Rechnung ergibt, kaum interessiert sind. Sie handeln bekanntermaßen die Zukunft. Daher arbeiten Aktienanalysten (siehe Seite 59) mit Gewinnschätzungen, die sie für die kommenden Geschäftsjahre veranschlagen. Die Gefahr: Je nach Interessenlage und Gewinnprognose lässt sich das Kurs-Gewinn-Verhältnis im Einzelfall großzügig nach oben oder unten kalkulieren. Um solche subjektiven Faktoren zu neutralisieren, ziehen profes-

sionelle Anleger nicht nur die Gewinn-
schätzung einer einzigen Bank heran, sondern bilden den Durchschnittswert einer
größeren Zahl von Analysten, eine sogenannte Konsensusschätzung. Auf diese
Weise schlagen gravierende Fehleinschätzungen einzelner Experten nicht so stark
auf das Endergebnis durch.

Bewertungskennziffern für den Jahresgewinn

Neben dem Kurs-Gewinn-Verhältnis gibt
es eine Reihe weiterer Kennziffern, die
dazu dienen, die Ertragsstärke eines Unternehmens besser einschätzen zu können.
Dazu zählen das EBIT und das EBITDA.
Diese Kürzel stehen für: Earnings before
Interests, Taxes, Depreciation and Amortisation, übersetzt: Ergebnis vor Zinsen und
(Ertrags-)Steuern, Abschreibungen und
Eigenkapital-Amortisation. Das Ziel dieser
beiden international gebräuchlichen Kennziffern ist, vereinfacht gesagt, den operativen Gewinn zu ermitteln und externe
Faktoren wie etwa die Steuersätze eines
Landes so weit wie möglich herauszu-
rechnen, um die Ertragskraft unterschied-
licher Unternehmen aus verschiedenen
Ländern miteinander vergleichen zu können. Dazu wird das Jahresergebnis um
die Verzinsung des Fremdkapitals und die
Steuerbelastung bereinigt.

Eine mit dem EBITDA eng verwandte
Kennzahl ist der Cashflow, der Bilanz-

experten zufolge als eine der besten Kennzahlen gilt, um die interne Finanz- und
Ertragskraft eines Unternehmens zu beurteilen. Der Cashflow fasst, vereinfacht
gesagt, alle liquiden Mittel, die aus der
laufenden Geschäftstätigkeit erwirtschaftet werden, zusammen. Einen hohen positiven Geldfluss betrachten Experten als
gutes Zeichen, während ein Minuszeichen
vor dem Cashflow auf Dauer finanzielle
Schwierigkeiten bei dem Unternehmen
erwarten lässt. Nach dem gleichen Verfahren wie das Kurs-Gewinn-Verhältnis lässt
sich dabei auch das Kurs-Cashflow-Ver-
hältnis errechnen.

Kurs-Umsatz-Verhältnis

Eine weitere Kennzahl, mit der die Angemessenheit des Börsenkurses überprüft
werden kann, ist das Kurs-Umsatz-Verhältnis (kurz KUV). Dazu wird die aktuelle Börsenkapitalisierung durch den (geschätzten)
Jahresumsatz dividiert. Grundsätzlich gilt:
Je kleiner dieser Wert, desto preiswerter
ist ein Unternehmen. Aber auch hier ist zu
beachten, dass eine fundierte Aussage nur
dann möglich ist, wenn das Kurs-Umsatz-
Verhältnis mit den Durchschnittswerten
der Branche beziehungsweise mit direkten
Konkurrenten verglichen wird.

Als Faustregel gilt: Je höher die Mar-
gen des Unternehmens sind und je stärker
die Gewinne wachsen, desto größer darf

INFO   Die stillen Bilanzlasten der Betriebsrenten

Geht es nach Bilanzexperten, tickt im Zahlenwerk vieler deutscher Großkonzerne eine Zeitbombe: die Pensionsrückstellungen. Mit diesem Bilanzposten werden die Pensionsverpflichtungen bezeichnet, die ein Unternehmen im Rahmen der betrieblichen Altersvorsorge für seine Mitarbeiter übernimmt – die Betriebsrenten sozusagen.

Dabei legt der Bilanzbuchhalter für jeden Mitarbeiter Jahr für Jahr eine bestimmte Summe zurück, die er in der Bilanz als zukünftige Verbindlichkeit verbucht. Vorteil: Diese Rückstellung mindert den steuerpflichtigen Gewinn, gleichzeitig stehen diese zinsgünstigen Finanzmittel dem Unternehmen für langfristige Investitionen zur Verfügung.

Die laufende (spätere) Auszahlung fälliger Betriebsrenten muss das Unternehmen dann vereinfacht gesagt aus dem laufenden Geschäft erwirtschaften. Das Problem: Die gestiegene Lebenserwartung und der Trend zur Frühverrentung führen dazu, dass sich die Rentenzeiten immer weiter verlängern und die finanziellen Lasten entsprechend steigen.

Viele Firmen haben aber ihre Rückstellungen viel zu niedrig kalkuliert, um ihre zukünftigen Verpflichtungen gegenüber den ehemaligen Mitarbeitern und angehenden Pensionären auf lange Sicht zu erfüllen. Mit anderen Worten: Die Pensionsverpflichtungen drohen einigen deutschen Konzernen über den Kopf zu wachsen. Nach Berechnungen von Analysten erreicht die Deckungslücke zwischen den über die Jahre hinweg gebildeten Rückstellungen und den tatsächlichen Pensionsverpflichtungen nicht selten Milliardenbeträge, die aus den laufenden Einnahmen zusätzlich finanziert werden müssen.

Zahlreiche Gesellschaften haben allerdings in den vergangenen Jahren damit begonnen, ihre Rücklagen aufzustocken, um so die Deckungslücke zu vermindern. Anleger tun daher auf jeden Fall gut daran, den Geschäftsbericht auch nach der Höhe der Pensionsrückstellungen und der Zahl der Bezugsberechtigten zu durchforsten. Angaben hierzu stehen im Anhang der Geschäftsberichte.

das Kurs-Umsatz-Verhältnis ausfallen. Dazu ein einfaches Beispiel: Wenn ein Unternehmen einen Umsatz von 100 Millionen Euro erwirtschaftet und die Börsenkapitalisierung (= Anzahl der Aktien × Aktienpreis) ebenfalls bei 100 Millionen Euro liegt, dann beträgt das Kurs-Umsatz-Verhältnis genau 1. Bleibt vom Umsatz ein Reingewinn von 5 Prozent, also 5 Millionen Euro, dann werden diese 5 Prozent mit einem Kurs-Gewinn-Verhältnis von

20 bewertet (100 Millionen Euro Marktkapitalisierung : 5 Millionen Euro Reingewinn = 20).

Bei einem Kurs-Umsatz-Verhältnis von 2 steigt bei gleichem Umsatz die Marktkapitalisierung auf 200 Millionen Euro (2 × 100 Millionen). Daraus folgt, dass der Jahresgewinn von 5 Millionen dann mit einem Kurs-Gewinn-Verhältnis von 40 (200 Millionen : 5 Millionen = 40) bewertet wird.

Umgekehrt heißt das, dass der Gewinn über vier Jahre mit durchschnittlich rund 20 Prozent wachsen muss, bevor das Kurs-Umsatz-Verhältnis wieder den allgemein als fair betrachteten Wert von 1 erreicht – vorausgesetzt, Kurs und Gewinnmarge bleiben konstant. Sind es nur 10 Prozent Marge, was immer noch ansehnlich ist, dauert es sogar rund 7,5 Jahre.

Dividendenrendite

Neben rein bilanziellen Kennzahlen spielt es auch eine Rolle, inwieweit ein Unternehmen seine Aktionäre am Jahresergebnis in Form von Dividendenauszahlungen beteiligt. Wenn sie gezahlt werden, heißt das zunächst einmal, dass das Unternehmen rentabel arbeitet und im Kern gesund ist. Eine über die Jahre hinweg kontinuierlich gezahlte Ausschüttung bewahrt deshalb gerade in schwachen Börsenphasen den Kurs vor einem starken Absturz, weil die Börsianer in die wirtschaftliche Stärke des Unternehmens vertrauen. Um herauszufinden, wie dividendenstark eine Gesellschaft ist, wird die Bardividende ins Verhältnis zum Aktienkurs gesetzt und so die Dividendenrendite ermittelt.

$$\text{Dividendenrendite (in Prozent)} = \frac{\text{Bardividende} \times 100}{\text{Aktienkurs}}$$

Auch wenn die Dividendenrendite bei den meisten Aktientiteln selten mehr als 2 oder 3 Prozent beträgt, sollte der Stellenwert der Gewinnausschüttung für den Anlageerfolg nicht unterschätzt werden. Langfristige Studien zeigen, dass sie bei einer systematischen Anlagestrategie (siehe Seite 174) etwa 40 Prozent der durchschnittlich mit Aktien erzielten Rendite ausmacht.

Auf das Zusammenspiel achten

Jedem Anleger, der nicht gerade Bilanzprofi ist, wird es am Anfang Schwierigkeiten bereiten, die vielen Formeln und Kennzahlen einzuordnen und sich zurechtzufinden. Ganz abgesehen davon, dass er sich nicht in der Lage sehen wird, diese Bewertungszahlen selbst zu berechnen. Doch das ist in vielen Fällen auch gar nicht notwendig. Schließlich gibt es Analysten, und in deren Studien (siehe Seite 59), die man über die Hausbank oder über das Internet bekommen kann, werden all diese Zahlen aufgelistet – nicht selten für mehrere Geschäftsjahre. Es ist aber wichtig zu wissen, was im Einzelfall dahintersteckt und welche Schwächen die jeweiligen Konzepte haben.

NICHT ALLES AUF EINE KARTE SETZEN

Setzen Sie auch bei den Kennzahlen nicht alles auf eine Karte. In den meisten Fällen steht und fällt die Aussagekraft der einzelnen Indikatoren mit der Zuverlässigkeit der zugrundeliegenden Prognosen. Betrachten Sie deshalb jeden einzelnen Wert als Puzzleteil. Erst zusammengefügt ergeben sie ein aussagekräftiges Gesamtbild.

„Weiche" Bewertungsfaktoren

In die Bewertung von Aktien gehen neben den harten Zahlen und Fakten zahlreiche Faktoren ein, die sich nicht exakt in Euro und Cent messen lassen. Niemand wird zum Beispiel bestreiten, dass eine gute Marktstellung, ein breiter Kundenstamm und ein gutes, über die Jahre hinweg angesammeltes Know-how die wirtschaftliche Entwicklung eines Unternehmens, seinen Wert und seine Zukunftsperspektiven entscheidend mitbeeinflussen. In der Bilanz dürfen diese Größen jedoch nicht aufgeführt werden. Überspitzt formuliert könnte man daher auch sagen: Der Unternehmenserfolg mag sich in nüchternen Zahlen ausdrücken. Doch die Voraussetzung dafür basiert zu einem großen Teil auf dem, was Fachleute „weiche" Faktoren nennen.

Wenn nur Aktionärsinteressen zählen

Ganz wichtig bei der Bewertung dieser Größen ist die Frage, inwieweit sich das Management eines Unternehmens bei seinen Entscheidungen an den Interessen der Aktionäre orientiert, dem Shareholder Value (frei übersetzt: Werte für die Anteilseigner schaffen). Dahinter steckt die Idee, dass das Management bei seinen Entscheidungen stets die Steigerung des Unternehmenswerts im Auge haben sollte – wovon die Aktionäre, die letztlich die Eigentümer einer AG sind, in Form steigender Kurse und Dividenden profitieren.

Typisch für Shareholder-Value-orientierte Unternehmen ist beispielsweise, dass es eine vorgeschriebene Mindestrendite gibt, die Tochterunternehmen oder einzelne Geschäftsbereiche erzielen müssen. Wird diese Zielmarke unterschritten, schließt das Management die jeweiligen Unternehmen oder Unternehmensbereiche oder verkauft sie. Auf diese Weise konzentriert sich das Unternehmen langfristig auf rentable Kernbereiche und vermeidet, zu einem Gemischtwarenladen zu werden oder ehrgeizige, aber letztlich unrentable Projekte und Strategien zu verfolgen. Zum Eintreten für Aktionärsinteressen gehört auch eine offene Informationspolitik mit Geschäfts- und Quartalsberichten, in denen detailliert über die Entwicklung einzelner Segmente berichtet wird.

Vertrauen ist gut, Kontrolle ist besser

Kritiker monieren am Shareholder-Value-Konzept allerdings, dass das Management dazu verführt wird, nur noch die kurzfristige Gewinnmaximierung im Auge zu haben und unverhältnismäßig riskante Investitionen durchzuführen. Mittlerweile ist daher das Konzept der Corporate Governance (CG) wesentlich verbreiteter.

Kernpunkt der CG sind Leitlinien für eine verantwortungsvolle, auf nachhaltiges Wirtschaften ausgerichtete Unternehmensführung. Das Management hat somit die Möglichkeit, auch langfristige Strategien zu verfolgen, legt dabei aber seine Entscheidungen und die aktuelle Situation für die Anteilseigner offen, damit diese die Verwaltung „ihres" Unternehmens wirksam kontrollieren können. Auf diese Weise sollen die Interessen zwischen Anteilseignern und Management fair ausgeglichen werden.

Ein Corporate-Governance-Kodex, den die Bundesregierung vor einigen Jahren hat erarbeiten lassen, soll dabei als Orientierungmaßstab dienen. Interessierte Anleger finden den vollständigen Kodex mit Erläuterungen im Internet unter der Adresse www.corporate-governance-code.de. Der Kodex, der durch eine Kommission ständig weiterentwickelt wird, enthält Verhaltensstandards für das Management börsennotierter Unternehmen sowie über das gesetzliche Maß hinausgehende Informationspflichten gegenüber den Aktionären. Dazu gehören unter anderem die Veröffentlichung des Vergütungssystems für den Vorstand und der Ausweis der Bezüge für jedes einzelne Vorstands- und Aufsichtsratmitglied im Geschäftsbericht und auf der hauseigenen Internetseite. Aber auch die Frage, ob Frauen beim Aufstieg ins Top-Management ausreichend gefördert werden.

Schwachpunkt: Das Regelwerk, das grundsätzlich für alle deutschen, an einer Börse gelisteten Aktiengesellschaften gilt, ist rechtlich nicht bindend. Die Leitlinien sind lediglich freiwillig verpflichtend. Allerdings verlangt der Gesetzgeber von allen Aktiengesellschaften, dass die Unternehmensverwaltung im jährlichen Geschäftsbericht begründet erläutert, welche Empfehlungen sie nicht befolgt hat. Die Akzeptanz und Einhaltung des Kodex sind daher bislang mäßig. Nicht zuletzt aufgrund der Finanzkrise findet jedoch ein Umdenken

statt, denn es gilt, verloren gegangenes Vertrauen zurückzugewinnen. Dennoch mauert bei vielen großen Dax-Werten das Management, wenn es darum geht, die einzelnen Vorstandsgehälter offenzulegen. Und vor allem unter den kleineren Gesellschaften gibt es zahlreiche „Totalverweigerer", die sich mit fadenscheinigen Begründungen vor den CG-Regeln drücken.

Dabei ist Corporate Governance kein Allheilmittel, um Missmanagement völlig auszuschließen. Skandalverdächtige Auswüchse wie Abfindungen in zweistelliger Millionenhöhe und lukrative Beratermandate, die einzelnen Aufsichtsratmitgliedern zusätzlich zu ihrer Kontrollaufgabe zugeschanzt werden, dürften damit jedoch zumindest erschwert werden.

 DIE EINHALTUNG DES KODEX MACHT SICH BEZAHLT

Ein Management, das sich den Interessen seiner Aktionäre verpflichtet fühlt, wird die Empfehlungen des Kodex ohne Wenn und Aber befolgen und die Karten gegenüber den Aktionären offen auf den Tisch legen – und das macht sich in vielen Fällen auch langfristig positiv beim Kurs bemerkbar.

Welche Strategie fährt das Management?

Zu guter Letzt geht es bei der fundamentalen Analyse darum, nicht nur Zahlen und Konzepte, sondern auch Visionen zu bewerten. Das heißt, Anleger müssen sich damit auseinandersetzen, welche Strategie das Management verfolgt. Dazu zählen zum Beispiel Expansionspläne, neue

Produkte und Geschäftsbereiche. Die Erfolgschancen all dieser Projekte, und damit der Einfluss auf die Aktienkursentwicklung, sind für einen außenstehenden Laien ohne Zweifel schwer abzuschätzen, zumal es häufig um Prognosezeiträume von mehreren Jahren geht. Mit gesundem Menschenverstand kommt man dabei allerdings oft zu ähnlich guten Ergebnissen wie mit komplizierten und detaillierten Branchenanalysen und Marktforschungen, auf die sich die Profis verlassen.

Dazu kommt, dass der grundlegende Ansatz wichtig ist. Hat das Management überhaupt eine Strategie und kann es diese überzeugend vermitteln? Mit welchen Schritten und in welchen Zeitabständen soll sie umgesetzt werden? Folgen auf blumige Worthülsen auch Taten?

Exkurs: Keine Angst beim Sprung über die Grenze

Es liegt auf der Hand, dass ein breit gestreutes Depot mit zahlreichen Titeln nicht nur deutsche, sondern auch ausländische Aktien enthalten sollte. Nur so lassen sich die sich weltweit bietenden Chancen nutzen und gleichzeitig das Anlagerisiko im Depot senken. Dabei kommt es vor allem Privatanlegern zugute, dass die Anteile vieler ausländischer Gesellschaften auch an einer deutschen Börse gehandelt werden. Auf diesem Wege zahlen sie die gleichen Transaktionskosten (siehe Seite 24) wie beim Kauf beziehungsweise Verkauf einer deutschen Aktie. Allerdings: In den meisten Fällen ist der Handel bei den Auslandswerten nicht besonders liquide.

Wer Auslandwerte erwerben möchte, muss also damit rechnen, dass er in Deutschland einen schlechteren Kurs bekommt als an der Heimatbörse des jeweiligen Titels. Es gibt jedoch einzelne deutsche Regionalbörsen, die garantieren, dass Anleger für eine Aktie nicht mehr zahlen müssen, als sie am Heimatmarkt kostet (siehe Seite 37).

Direkte Währungsrisiken

Wenn beispielsweise amerikanische und japanische Werte ganz bequem in Euro erworben werden können, heißt das nicht, dass der Kauf nicht dennoch Währungsrisiken nach sich ziehen würde. Der direkte Währungstausch entfällt zwar in diesem Fall, aber natürlich orientieren sich Makler und Händler bei der täglichen Kursfeststellung für Auslandsaktien außerhalb der Eurozone an den Kursen der jeweiligen Heimatbörse und rechnen diese zum aktuellen Devisenkurs in Euro um. Für deutsche Anleger kann das ab dem Kaufzeitpunkt je nach Entwicklung der Wechselkurse ein zusätzliches Plus, aber auch ein Minus einbringen.

Indirekte Währungsrisiken

Bei der Einschätzung des Wechselkursrisikos sollten Anleger aber auch berücksichtigen, dass nicht nur der nationale Sitz eines Unternehmens entscheidend ist, sondern auch, in welchen Währungen beziehungsweise Wirtschaftsregionen die Gesellschaft ihre Umsätze erzielt. Bei vie-

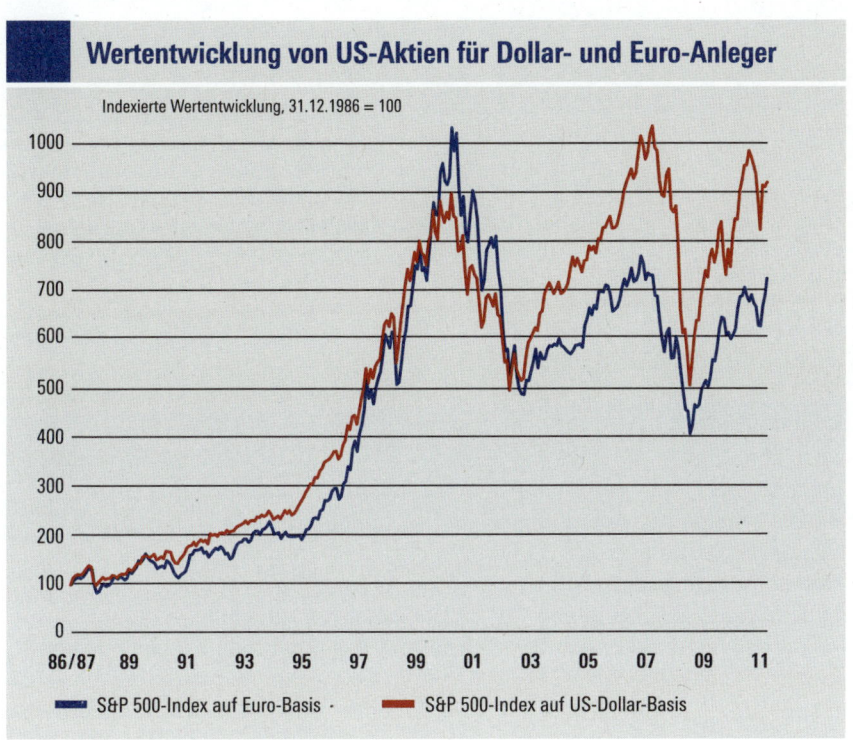

Wertentwicklung von US-Aktien für Dollar- und Euro-Anleger

Indexierte Wertentwicklung, 31.12.1986 = 100

▬ S&P 500-Index auf Euro-Basis · ▬ S&P 500-Index auf US-Dollar-Basis

len großen, weltweit tätigen Konzernen sind Währungsaspekte für die Kursentwicklung vernachlässigbar, denn sie produzieren und verkaufen ihre Produkte in allen Regionen der Welt und gleichen auf diese Weise im Rahmen ihres operativen Geschäfts die Währungsrisiken aus.

Dagegen können sich deutsche Anleger auch mit dem Kauf von Aktien eines deutschen Unternehmens im Extremfall ein nicht unerhebliches Währungsrisiko ins Depot holen – nämlich dann, wenn die Gesellschaft ihre Produkte zu einem großen Teil nach Übersee verkauft und die auf diese Weise erzielten Währungsumsätze nicht durch entsprechende Devisengeschäfte absichert. Der Umsatz vieler Maschinenbauunternehmen wird sehr stark

bestimmt von den Exportgeschäften mit Kunden in Asien und Amerika – und damit der Euro/Dollar-Parität. Währungsrisiken betreffen aber auch die Kostenseite eines Unternehmens – beispielsweise wenn Rohstoffe in fremder Währung eingekauft werden. Daher ist es bei der Aktienauswahl auch wichtig zu analysieren, inwieweit sich dieser Faktor in der Gewinn-und-Verlust-Rechnung niederschlägt.

Als Werte, die beispielsweise von einem schwachen US-Dollar profitieren, gelten unter den deutschen Titeln vor allem Automobil-, Maschinenbau-, Chemie/Pharmaaktien. Dagegen macht sich eine stärkere US-Währung negativ in den Zahlen von Versorger-, Transport-, Rohstoffaktien bemerkbar – und umgekehrt.

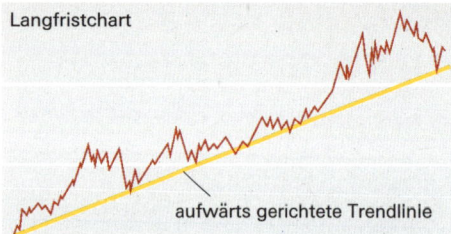

Langfristchart

aufwärts gerichtete Trendlinie

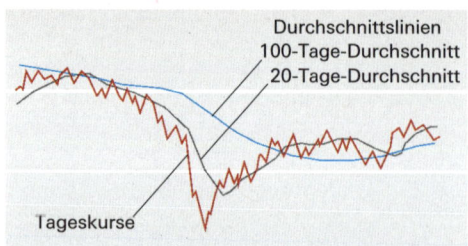

Durchschnittslinien
100-Tage-Durchschnitt
20-Tage-Durchschnitt

Tageskurse

CHART 1: Eine ursprünglich „zackige" Kurs-kurve einer Aktie oder eines Indexes lässt sich in einer geraden, hier aufwärts gerichteten Trendlinie zusammenfassen. Kurz- und mit-telfristige Abwärtsbewegungen „testen" die Linie, durchbrechen sie aber nicht.

CHART 2: Je länger der Berechnungszeitraum für eine Durchschnittslinie, desto „träger" rea-giert sie auf Richtungsänderungen der eigent-lichen Kurslinie. Schnittpunkte können des-halb auch ein Hinweis auf einen möglichen Trendwechsel sein.

TECHNISCHE ANALYSE

Nach der fundamentalen stellt die techni-sche Analyse das zweite Entscheidungs-instrument bei der Aktienanlage dar. Die Techniker, wie die Anhänger dieser Me-thode auch genannt werden, verfolgen einen ganz anderen Ansatz als die funda-mental orientierten Analysten. Für sie zählen nicht Kennzahlen, Unternehmens-strategien und Bilanzierungsmethoden, sondern ausschließlich der Kurs einer Aktie selbst.

Dahinter steht die Idee, dass sich posi-tive wie negative Nachrichten – beispiels-weise ein Gewinneinbruch – früher in der Aktienkursentwicklung niederschlagen, als sie der Öffentlichkeit bekanntgegeben werden, also bevor sie bei der Fundamen-talanalyse berücksichtigt werden können. Aus bestimmten, in der Vergangenheit be-obachteten Kursverläufen leiten die Chart-analysten, wie die technisch orientierten Analysten auch genannt werden, daher Prognosen für die Zukunft ab.

Der Begriff Chart für eine grafische Dar-stellung des Kursverlaufs stammt übri-gens aus der Seefahrt. So wurden zu frü-heren Zeiten Seekarten genannt. In der Börsensprache lässt sich dieser aus dem Englischen entlehnte Begriff mit „Abbil-dung" oder „Infografik" übersetzen.

„The trend is your friend"

Diesen Ansatz der technischen Analyse halten viele Kritiker für Scharlatanerie. Wer sich aber auf einem Chart einmal den Kursverlauf einer Aktie über einen länge-ren Zeitraum hinweg näher anschaut, wird erkennen, dass die Kurve nicht geradlinig, sondern in „zackigen" Wellenbewegun-gen auf und ab verläuft. Verbindet man die zwischenzeitlichen Tief- (bei einer Auf-wärtsbewegung) beziehungsweise Hoch-punkte (Abwärtsbewegung), so entstehen oft Trendlinien, an denen sich der Kurs ent-langbewegt (siehe Chart 1, oben).

Die Chartisten begründen dieses Phäno-men mit der Psychologie der Anleger. Sie werden vor allem auf diejenigen Aktien aufmerksam, deren Kurs steigt. Gibt es für das Papier grundsätzlich mehr potenzielle Käufer als Verkäufer, wird jede niedrigere Notierung als Kaufgelegenheit betrachtet. Folge: Nach jedem Kursrückgang sorgt eine steigende Nachfrage umgehend wie-der für anziehende Preise. Daraus lernen

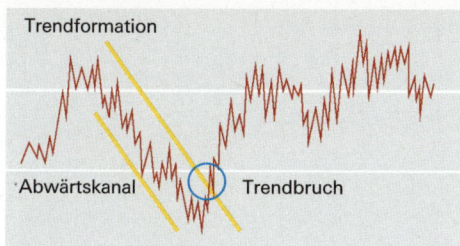

Trendformation

Abwärtskanal — Trendbruch

Typische Chartformationen

Dreieck (Wimpelformation)

Basislinie

Doppelboden (W-Formation)

CHART 3: Lässt sich eine Abwärts- oder Aufwärtsbewegung durch zwei parallel verlaufende Trendlinien kennzeichnen, sprechen die Chartanalysten von einem Trendkanal. Ein Ausbruch aus diesem Kanal nach oben ist als Kaufsignal zu interpretieren. Umgekehrt: Durchbricht der Kurs die untere Begrenzung, ist das ein Verkaufssignal.

CHART 4: Bei einer Doppelboden- oder W-Formation wird der Kursrückgang gestoppt, eine erste Aufwärtsbewegung erweist sich als zu schwach. Im zweiten Anlauf „knackt" der Kursverlauf dann die waagerechte Basislinie, die durch das erste Zwischenhoch definiert wird.

die Anleger, bei einem Zwischentief schnell zuzugreifen.

Umgekehrt wird jede kurzfristige Kurserholung bei tendenziell fallenden Notierungen von Anlegern zum Ausstieg genutzt. Aus diesem Wechselspiel entsteht oft ein Trendkanal (siehe Chart 3). Dieser hält so lange an, bis sich das Verhältnis von Käufern und Verkäufern nachhaltig verschiebt. Das hat zur Folge, dass etwa beim nächsten Zwischenhoch Verkäufe ausbleiben. Folge: Der Trend wird gebrochen.

Die hohe Kunst des Chart-Reading

Das Handwerk des Chartanalysten, das „Chart-Reading", besteht darin, die Kurskurve daraufhin zu untersuchen, ob ein Trend intakt ist oder ein Richtungswechsel bevorsteht. So kann der optimale Kauf- und Verkaufszeitpunkt für eine bestimmte Aktie besser eingegrenzt werden – was ja die eigentlich interessante Information für Anleger ist. Dazu sucht der Chartanalyst durch Einzeichnen von Linien im Kurvenverlauf nach bestimmten Erscheinungsbildern und Verlaufsmustern, deren mehr oder weniger typische Ausprägung ihm eine Aussage über die weitere Kursentwicklung ermöglicht. Einige typische

Formationen sind in den Charts oben und auf der folgenden Seite dargestellt.

Fester Bestandteil eines Kurscharts ist neben der eigentlichen Kurslinie auch die Berechnung und Abbildung gleitender Durchschnittslinien, die für unterschiedlich lange Kursperioden berechnet werden – etwa 100 Börsentage (siehe Chart 2). Diese Durchschnittslinien haben den Zweck, das hektische Auf und Ab der ursprünglichen Kurslinie zu „glätten", um so eine klarere Aussage bezüglich der generellen Kursrichtung zu erhalten. Dabei gilt: Je kürzer der Berechnungszeitraum, desto enger folgt die Durchschnittslinie der Kursentwicklung.

Zusätzliche technische Kennzahlen

Selbst erfahrene Chartprofis haben allerdings Schwierigkeiten, allein aus der Kurve den weiteren Kursverlauf einer Aktie herauszulesen. Daher betrachten sie eine Reihe weiterer Kennzahlen, die ihnen helfen, den Trend besser einschätzen zu können.

Eine der wichtigsten Größen ist dabei die Umsatzentwicklung der Aktie. Als Faustregel für einen intakten Trend gilt: Der Aktienumsatz muss sich mit dem Trend entwickeln. In einem Aufwärtstrend steigt er mit dem Kurs an, geht es abwärts, fällt er parallel zur Notierung zurück.

138

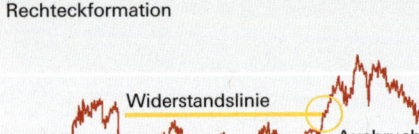
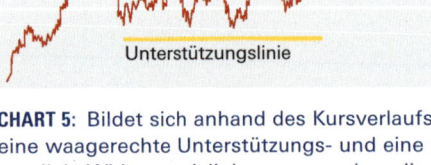

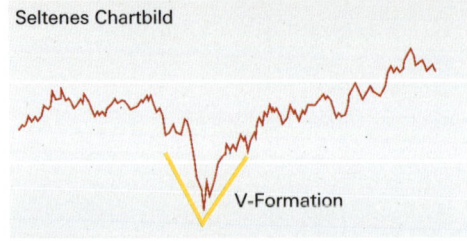

CHART 5: Bildet sich anhand des Kursverlaufs eine waagerechte Unterstützungs- und eine parallele Widerstandslinie aus, sprechen die Techniker von einer Rechteckformation. Der Ausbruch nach oben ist ein Kaufsignal.

CHART 6: V-Formationen entstehen oft in nervösen, von Unsicherheit geprägten Börsenphasen. Nach den Terroranschlägen vom 11. September 2001 brachen beispielsweise die Kurse sturzartig ein, kehrten aber wenig später genauso schnell wieder zur Normalität zurück.

Ein weiteres Kriterium ist der Vergleich der Kursentwicklung einer einzelnen Aktie mit dem Gesamtmarkt. Dabei geht es um die Frage, ob die Kursausschläge des Papiers stärker oder weniger stark sind als die des Marktes. Um dies zu analysieren, wird die Differenz zwischen gestiegenen und gefallenen Aktien eines Börsentags errechnet und zum Vortageswert addiert. Auf diese Weise ergibt sich grafisch die Advance-decline-Linie, was sich ziemlich wörtlich mit Aufstiegs-Abstiegs-Linie übersetzen lässt. Durch einen Vergleich mit der Indexentwicklung lässt sich so ein „Nachlassen" der Aufwärts- beziehungsweise Abwärtskräfte frühzeitig erkennen.

Indikator der technischen Analyse ist das Momentum. Mit ihm wird die Veränderungsgeschwindigkeit beziehungsweise die Veränderungsrate des Aktienkurses und nicht die Kursveränderung selbst gemessen. Dazu wird der aktuelle Kurs vom Durchschnittskurs einer bestimmten Anzahl von Tagen abgezogen. Auch hierdurch sollen Trendwenden klarer erkennbar und damit Aussagen der Chartanalyse gestützt oder abgeschwächt werden.

Die Vorteile der Charttechnik

Der Vorteil der technischen Analyse ist, dass sie von ihrer Grundkonzeption einfach, flexibel und gleichzeitig kostengünstig ist. Man braucht dazu im Grunde nicht mehr als Millimeterpapier, Bleistift und Lineal – auch wenn heutzutage der Computer die Arbeit, aus Tausenden von Kursdaten eine Linie zu zeichnen, viel bequemer erledigt. Zudem gibt es im Internet Dutzende von Seiten, auf denen Charts für eine breite Auswahl von Wertpapieren und Indizes verfügbar sind.

Allerdings dürfen auch von der Chartanalyse keine Wunder und der todsichere Tipp erwartet werden. Im Gegenteil: Gerade wenn es darum geht, Trendwechsel vorherzusagen, zeigt die Methode ihre Schwächen, denn viele der beschriebenen Kursbewegungen und Verlaufsmuster lassen sich erst im Nachhinein mit Sicherheit erkennen und entsprechend interpretieren. Es bleibt daher bei der alten Regel: Prognosen sind ein unsicheres Geschäft.

FUNDAMENTALISTEN VERSUS CHARTISTEN

Für Anleger stellt sich natürlich die Frage, welcher Methode der Vorzug zu geben ist. Eine allgemeingültige Antwort darauf ist nicht möglich. Jedes System hat seine spezifischen Vor- und Nachteile.

Zu den Vorzügen der fundamentalen Analyse gehört, dass sie bei sorgfältiger Anwendung langfristig sehr gute Anlageergebnisse liefert. Dafür ist sie teilweise ziemlich anspruchsvoll und erfordert eine Fülle von Daten und Fakten. Anleger müssen allerdings nicht jede Kennzahl selbst nachrechnen und analysieren. Viele Finanzportale (Adressen siehe Seite 44) bieten ihren Netzbesuchern diese Daten an – häufig sogar kostenlos. Die Schwäche der Fundamentalanalyse ist allerdings, dass sie von der Grundkonzeption her vergangenheitsorientiert ist. Auf neuere Entwicklungen reagiert sie daher verhältnismäßig träge.

Der Pluspunkt der Chartanalyse ist, dass sie sehr vielseitig einsetzbar ist, Veränderungen schnell widerspiegelt und in Grundzügen relativ einfach anzuwenden ist. Die Charttechnik liefert außerdem auch dann brauchbare Hinweise, wenn die wirtschaftliche Situation – so wie etwa auf dem Höhepunkt der Finanzkrise – von sehr viel Unsicherheit geprägt ist und Bilanzzahlen daher nur eine sehr eingeschränkte Aussagekraft besitzen. Zudem eignet sie sich nicht nur für die Aktienanalyse, sondern auch für andere Anlageformen und Finanzmarktgrößen – beispielsweise Indizes, Währungen etc. – sowie Finanzmärkte als Ganzes. Allerdings macht die richtige Deutung der Kurven und Linien auch Profis Schwierigkeiten. Die starken Kurseinbrüche der Finanzkrise beispielsweise haben auch die Chartisten nicht vorhergesehen.

Anleger sollten sich von der „Glaubensdiskussion", die die Anhänger beider Analyseformen mitunter führen, nicht irritieren lassen und nicht ausschließlich auf eine einzige Methode setzen. Am besten ist es, beide Methoden miteinander zu kombinieren und die Ergebnisse der einzelnen Analysen wie bei einem Puzzle zusammenzutragen. Dadurch lassen sich Flops zwar nicht gänzlich vermeiden, aber die Wahrscheinlichkeit, dass eine Verliereraktie im Depot landet, wird erheblich reduziert – und genau darauf gilt es das Hauptaugenmerk bei der Aktienanlage zu legen.

Betrag von
des Freibetrags auf mehrere
mich/uns*) geltenden Sparer-Freibetrags
801 €
200
100 EURO

AKTIONÄRE UND STEUERN

Viele Bürger ärgern sich über die immer komplizierteren Steuer-
regeln, die der Staat erlässt. Anleger wissen ein Lied davon zu
singen. Sie müssen sich seit dem Jahr 2009 mit komplett neuen
Regeln auseinandersetzen. Aktionäre sind davon ganz besonders
betroffen. Gerade deshalb gehört es für sie zum Pflichtprogramm,
sich damit zu beschäftigen.

NEUE STEUERREGELN FÜR ANLEGER

Der Ertrag von Aktieninvestments setzt
sich aus zwei Komponenten zusammen:
der jährlich gezahlten Dividende und einem
mit dem Verkauf realisierten Kursgewinn.
Lange Zeit wurden beide Ertragskompo-
nenten in Deutschland unterschiedlich
besteuert. Das hat sich mit Einführung der
Abgeltungsteuer Anfang 2009 geändert.
Seither gilt für alle Kapitalerträge ein ein-
heitlicher Steuersatz von 25 Prozent (plus
5,5 Prozent Solidaritätszuschlag und gegebenenfalls Kirchensteuer).

Abgeltungsteuer heißt: Bekommt der
Anleger zum Beispiel eine Dividende von
100 Euro von einer seiner Aktiengesellschaften gezahlt, behält die Bank bei der
Auszahlung 25 Euro davon ein und führt
sie an das Finanzamt ab. Dazu kommen
knapp 1,40 Euro Solidaritätszuschlag.

Damit sind sämtliche Ansprüche des Fiskus erledigt. Anleger müssen also später
nicht mehr grundsätzlich im Rahmen ihrer
Steuererklärung die Anlage KAP, in der
die Kapitaleinkünfte abgerechnet werden,
ausfüllen.

Dies zu tun, kann allerdings trotzdem
sinnvoll sein – unter anderem dann,
wenn der persönliche Steuersatz unter
25 Prozent liegt, was nach der Anfang
2010 vorgenommenen allgemeinen Senkung der Steuersätze viel mehr Bürger
betrifft als zuvor. Denn alle, die einen
niedrigeren persönlichen Steuersatz haben, zahlen auch nur diesen niedrigeren
Satz für ihre Kapitaleinkünfte. Die vorab
zu viel gezahlte Abgeltungsteuer wird
dann nach Ausfüllen der Steuererklärung
erstattet.

Das Ausfüllen der Formulare empfiehlt sich auch dann, wenn Anleger ihre Freistellungsaufträge und den Sparerpauschbetrag (nachfolgender Abschnitt) nicht ausgeschöpft und dennoch Abgeltungsteuer oder bei Aktien aus dem Ausland Quellensteuer gezahlt haben. Mit der Steuererklärung können sie die bereits gezahlten Steuern auf die eigentliche Steuerlast anrechnen lassen (siehe Seite 146).

Anlagestrategisch gesehen, bedeutet die Neuregelung eine Entlastung, denn Anleger brauchen sich bei ihren Verkaufsentscheidungen nicht von steuerlichen Fristen und Freibeträgen leiten zu lassen.

Früher war das anders. Denn vor Einführung der Abgeltungsteuer existierte noch die sogenannte Spekulationsfrist, durch die der Verkaufszeitpunkt eine besondere Bedeutung hatte. Verkauften Anleger ein Papier nach Ablauf der Spekulationsfrist von einem Jahr, konnten sie die Kursgewinne steuerfrei kassieren. Nur wenn sie innerhalb des ersten Jahres nach dem Erwerb gleich wieder verkauften, konnte es passieren, dass sie je nach Höhe der Gewinne dafür Steuern zahlen mussten. Heute besteht grundsätzlich Steuerpflicht für Kursgewinne, ganz egal, ob Anleger ihre Aktien nach fünf Tagen, fünf Monaten oder fünf Jahren verkaufen.

Der Kauf und Verkauf einer Aktie in schneller Folge sollte zwar nicht die Regel sein, kann sich aber gerade bei einem spekulativen Investment etwa in Emerging-Markets-Titeln (siehe Seite 168) oder

INFO **Bestandsschutz prüfen**

Wer sein Geld bereits seit einigen Jahren in Aktien und anderen Wertpapieren anlegt, sollte das Kaufdatum seiner Papiere prüfen.

Kursgewinne. Die Regelung, nach der Kursgewinne zu versteuern sind, gilt nur für alle nach dem 1. Januar 2009 angeschafften Aktien und Fondsanteile. Für alle Wertpapiere, die bis Ende 2008 gekauft wurden, besteht ein sogenannter Bestandsschutz. Das heißt, bei einem späteren Verkauf wird ein etwaiges Kursplus von der Steuer verschont.

Kursverluste. Umgekehrt können Kursverluste beim Verkauf eines Altbestandes nicht mit -gewinnen verrechnet werden.

Dividenden. Die ab 2009 ausgezahlten Dividenden sind allerdings voll steuerpflichtig – egal, wann Anleger die Aktie gekauft haben.

Ausnahme. Eine Ausnahme von dieser Bestandsschutzregel gibt es: Bei Zertifikaten sind Kursgewinne bereits steuerpflichtig, wenn sie nach dem 14. März 2007 gekauft wurden.

TIPP **Bei geringem Einkommen NV-Bescheinung beantragen**

Ist Ihr Einkommen insgesamt so gering, dass Sie keine Steuern zahlen, können Sie eine Nichtveranlagungsbescheinigung, kurz NV-Bescheinigung, beim Finanzamt beantragen. Wenn Sie diese Ihrer depotführenden Bank vorlegen, zahlt sie Ihnen Ihre Erträge steuerfrei aus, auch wenn sie den Sparerpauschbetrag übersteigen. Für das Jahr 2012 können Sie bis zu 8 841 Euro an Kapitaleinkünften steuerfrei einnehmen, vorausgesetzt, Sie haben keine weiteren Einnahmen. Antragsformulare gibt es beim Finanzamt oder im Internet unter www.formulare-bfinv.de.

kleinen Wachstumstiteln (siehe Seite 165) anbieten, wenn die allgemeine Börsensituation dafür günstig ist. Dabei können sich Anleger ganz darauf konzentrieren, den optimalen Moment für den Verkauf abzupassen, ohne auf steuerliche Aspekte zu achten.

Genau genommen werden Aktionäre mit der Neuregelung vom Fiskus gleich zwei Mal zur Kasse gebeten, denn die Unternehmen müssen bereits Körperschaftsteuer zahlen, ehe sie den Nettogewinn dann an die Anteilseigner verteilen können. Dafür sind die Körperschaftsteuersätze deutlich gesenkt worden, und diese Entlastung können die Unternehmen – zumindest theoretisch – an ihre Aktionäre in Form höherer Dividenden weiterreichen.

SO SINKT DIE STEUERLAST

Bevor Anleger allerdings tatsächlich zur Kasse gebeten werden, können sie bestimmte Freibeträge und Pauschalen in Anspruch nehmen. Am wichtigsten ist dabei der Sparerpauschbetrag. Er gilt für alle Kapitalerträge, also für Zinsen, Dividenden und Kursgewinne. Für Ledige beträgt er 801 Euro und für Ehepaare 1 602 Euro. Der Nachteil dabei: Über diesen Sparerpauschbetrag sind sämtliche Werbungskosten wie etwa Ausgaben für den Besuch einer Hauptversammlung oder Depotgebühren abgegolten. Höhere Ausgaben können – anders als vor Einführung der Abschlagsteuer – nicht mehr gesondert als Werbungskosten geltend gemacht werden.

Ob diese Einschränkung bei den Werbungskosten jedoch auf Dauer Bestand haben wird, ist fraglich. Denn dass ein Steuerzahler seine tatsächlichen Werbungskosten bei anderen Einkunftsarten auch dann geltend machen kann, wenn sie bestimmte, vom Gesetzgeber festgelegte Grenzen übersteigen, haben hohe deutsche Gerichte wiederholt bestätigt. Eine juristische Klärung dieses Sachverhalts steht indes aus.

Den Freistellungsauftrag nutzen

Damit bei Dividendenzahlungen oder einem Verkauf nicht unnötig Abgeltungsteuer einbehalten wird, die die Anleger aufgrund der Freibeträge und der Pauschalen am Ende des Jahres auf jeden Fall wiederbekämen, können sie ihrer Bank einen Freistellungsauftrag erteilen. Darin wird festgelegt, bis zu welchem Betrag Kapitalerträge ohne Steuerabzug ausbezahlt werden. Erst wenn die im Auftrag genannte Summe erreicht ist, überweist die Bank für jeden darüber hinausgehenden Betrag Abgeltungsteuer an das Finanzamt.

Wer sein Geld bei mehreren (inländischen) Banken angelegt hat, kann seinen Freibetrag beliebig aufteilen, indem er jedem Institut, bei dem er Konten oder Depots unterhält, einen gesonderten Freistellungsauftrag erteilt. Die Summe der in allen Freistellungsaufträgen festgelegten

Beträge darf 801 Euro für Ledige beziehungsweise 1 602 Euro für Ehepaare nicht übersteigen. Andernfalls müssen Anleger damit rechnen, dass das Finanzamt eine Steuererklärung anfordert und prüft, ob und in welcher Höhe Kapitaleinnahmen darin deklariert werden.

Den Kindern Geld übertragen?

Ferner können Eltern noch mit einer einfachen Strategie einer Besteuerung entgehen: indem sie für ihre Kinder ein Konto eröffnen und dorthin Teile ihres Vermögens übertragen. Juristisch gesehen entspricht das einer Schenkung. Der Vorteil: Jedes Kind kann 2012 Kapitaleinnahmen von 8 841 Euro steuerfrei vereinnahmen, denn auch Minderjährigen stehen Sparerpauschbetrag, Grundfreibetrag und der Sonderausgabenpauschbetrag zu. Sie können entweder über eine Einkommensteuererklärung geltend gemacht werden oder die Eltern beantragen beim zuständigen Finanzamt eine Nichtveranlagungsbescheinigung, mit der die Kapitalerträge auch dann steuerfrei ausbezahlt werden, wenn der Sparerpauschbetrag überschritten wird. Voraussetzung ist, dass die jähr-

---

INFO **Freistellungsaufträge sind kostenlos**

Für die Annahme und Änderung von Freistellungsaufträgen dürfen Banken und Sparkassen keine Gebühren verlangen. Dies hat der Bundesgerichtshof in einer Grundsatzentscheidung festgelegt (Az. XI ZR 269/96 und XI ZR 279/96).

lichen Zins- und Dividendeneinnahmen maximal 8 841 Euro betragen und das Kind keine weiteren Einkünfte, etwa aus einem Ferienjob, erzielt.

◥ VORSICHT VERMÖGENSGRENZEN

Dabei sollten Sie allerdings beachten: Wenn Kinder Einnahmen von mehr als 4 500 Euro jährlich oder 375 Euro im Monat haben (Stand: 2012), können sie nicht mehr beitragsfrei in der gesetzlichen Krankenkasse mitversichert werden. Auch für andere (staatliche) Leistungen wie Bafög gelten bestimmte Einkommens- und Vermögensgrenzen.

Zudem gilt: Auf das übertragene Vermögen können die Eltern nicht mehr ohne weiteres zurückgreifen, sondern es nur im Rahmen ihres elterlichen Sorgerechts ausgeben – etwa für die Ausbildung ihrer Kinder. Werden die Kinder volljährig, können sie über das restliche geschenkte Geld frei verfügen. Wollen Eltern sichergehen, dass ihr Kind das geschenkte Vermögen zum Beispiel für seine Ausbildung nutzt, können sie dies bei der Schenkung zur Auflage machen. Dafür sollten sie bei größeren Beträgen aber unbedingt den Rat eines Steuerberaters oder auch eines Anwalts einholen, der sich mit Erb- und Schenkungsteuerrecht befasst.

SONDERFÄLLE: KURSVERLUSTE **UND AUSLANDSDIVIDENDEN**

Kursverluste

Wie sieht es steuerlich aus, wenn ein Aktieninvestment mal mit einem Verlust endet? In der Regel zieht das Finanzamt Verluste, die in Zusammenhang mit der Geldanlage entstanden sind, von der Summe aus Zinsen, Kursgewinnen und Dividenden ab, die im gleichen Kalenderjahr angefallen sind. Ausnahme: Verluste aus Aktien verrechnet es lediglich mit Gewinnen aus dem Verkauf von Aktien – und zwar jeweils in voller Höhe. Gewinne und Verluste, die dabei auf einem Depot anfallen, das bei einer Bank unterhalten wird, verrechnet das Institut intern, bevor

Abgeltungsteuer abgeführt wird. Dagegen können Verluste aus dem Verkauf von Fondsanteilen und Zertifikaten – auch wenn sie sich auf Aktien oder Aktienindizes beziehen – vollständig mit allen Kapitalerträgen und Kursgewinnen des Jahres verrechnet werden.

Anders ist die Regelung, wenn ein Anleger Verluste aus Aktien erzielt hat, die er vor 2009 erworben hatte. Für solche Altverluste gelten besondere Regeln. Wer vor 2009 Aktien gekauft und diese innerhalb der Spekulationsfrist von einem Jahr wieder verkauft hat, kann Verluste aus diesem privaten Veräußerungsgeschäft derzeit

entweder mit Gewinnen aus privaten Veräußerungsgeschäften (zum Beispiel aus dem Verkauf einer vermieteten Immobilie) oder mit Gewinnen aus Kapitalvermögen ausgleichen. Dazu zählt zum Beispiel der Gewinn aus erst 2009 gekauften und bereits wieder verkauften Aktien oder Fondsanteilen. Diese Verrechnung der Altverluste mit Gewinnen aus Kapitalvermögen ist aber nur noch bis 2013 möglich. Ab 2014 ist nur noch die Verrechnung von Altverlusten mit Gewinnen aus privaten Veräußerungsgeschäften möglich. Schon heute ist es nicht gestattet, Altverluste mit Zinsen oder Dividenden gegenzurechnen.

Dividenden aus dem Ausland

Für Aktienanleger ist es wichtig, nicht nur deutsche Unternehmen, sondern auch Aktien ausländischer Emittenten in ihrem Depot zu versammeln. Das verringert das Anlagerisiko (siehe Seite 134), bringt aber steuerliche Probleme mit sich. Lange Zeit machte das Finanzamt dabei nämlich einen Unterschied zu Papieren deutscher Herausgeber, wenn es darum ging, die Körperschaftsteuer, die diese Unternehmen in ihren Heimatländern bereits gezahlt hatten, als Steuervorauszahlung anzuerkennen, so wie das der Fiskus bei inländischen Unternehmen lange Zeit getan hat. Dieses Vorgehen ist nicht rechtens, zumindest wenn es sich um Gesellschaften mit Sitz in der EU handelt. Dies hat der Europäische Gerichtshof Anfang März 2007 entschieden (Rs. C 292/04).

Das Urteil hat grundlegenden Charakter: Dividenden, die von Unternehmen innerhalb der EU gezahlt werden, muss das Finanzamt genauso behandeln wie die deutscher Unternehmen. Wurden die Kapitalerträge schon im Ausland besteuert, können Anleger, um diese Doppelbelastung auszugleichen, die bereits im Ausland gezahlten Abgaben in ihrer Einkommensteuererklärung als Vorauszahlung geltend machen.

Früher war es möglich, diese Quellensteuer wie Werbungskosten für die Geldanlage mit in der Steuererklärung zu berücksichtigen. Seit Anfang 2009 ist es nur noch möglich, die im Ausland gezahlte Quellensteuer mit der in Deutschland fälligen Abgeltungsteuer verrechnen zu lassen. Die ausländische Steuer wird höchstens bis zu dem Wert erstattet, der in Deutschland zu zahlen wäre.

DER LEIDIGE PAPIERKRAM

Um gegenüber dem Finanzamt sämtliche bereits gezahlten Steuern belegen zu können, ist es wichtig, die Informationen und Auszüge der Banken und Fondsgesellschaften gut aufzubewahren. Für die Steuererklärung unverzichtbar ist die Jahressteuerbescheinigung. Banken, Sparkassen oder andere Finanzdienstleister in Deutschland stellen sie Anlegern, die bei ihnen ein Konto oder Depot unterhalten, auf Antrag zur Verfügung.

Für diese Jahressteuerbescheinigung darf das Geldhaus keine Gebühren verlangen. Vom Grundgedanken her soll die Jahresbescheinigung Anlegern helfen, die diversen Formulare in der Steuererklärung richtig auszufüllen. Einen genauen Blick verdient die Unterlage dennoch, denn angesichts der vielen Neuregelungen kann es schnell zu fehlerhaften Angaben auf der Bescheinigung kommen.

Anlegern denen bei der Jahresbescheinigung etwas unklar ist, sollten sich umgehend an ihre Bank oder Fondsgesellschaft wenden und sich die entsprechenden Angaben erläutern lassen. Vor allem die Fondsgesellschaften sind verpflichtet, sehr detaillierte steuerliche Angaben zu jedem ihrer Fonds zu erstellen.

Die Jahressteuerbescheinigung nennt jedoch nur den Gesamtwert der jeweiligen Erträge. Wollen Anleger aufgeschlüsselte Daten, kann eine Erträgnisaufstellung sinnvoll sein. Dafür können die Banken aber eine Gebühr verlangen.

MIT FONDS KOMBINIEREN

Viele Einsteiger sehen sich gerade am Anfang mit der Aufgabe überfordert, aus Tausenden von Aktien selbstständig die lukrativsten herauszupicken. Dennoch brauchen sie deshalb nicht auf die Chancen, die ihnen die Aktienanlage bietet, zu verzichten. Aktienfonds sind in diesem Fall eine prüfenswerte Möglichkeit.

WIE FUNKTIONIEREN FONDS?

Die Idee, die hinter einem Investmentfonds (kurz: Fonds) steckt, ist ebenso einfach wie genial: Viele Kleinsparer schließen sich zusammen und werfen ihre Anlagebeträge in einen Topf. Mit der Verwaltung des Vermögens, das auf diese Weise entsteht, wird ein professioneller Manager beauftragt. Je nach Ausrichtung des Investmentfonds kauft der Manager für das Geld seiner Kunden Immobilien, festverzinsliche Wertpapiere oder Aktien – national, europa- oder weltweit. Dabei verteilt er das Anlagevermögen auf viele verschiedene Märkte und Titel. Bei einem Aktienfonds Welt investiert er es beispielsweise in Aktien von Unternehmen aus Asien, Amerika und Europa, den weltweit wichtigsten Anlageregionen.

Vorteile von Aktienfonds gegenüber der Einzelanlage

Durch die breite Streuung des Vermögens ist das Risiko bei Fonds deutlich geringer als bei der Anlage in einzelne Aktien. Allerdings schützen Investmentfonds nicht automatisch vor Verlusten. Wenn zum Beispiel die Aktienkurse weltweit abstürzen, bekommen das auch Fondsbesitzer zu spüren, denn kein noch so guter Fondsmanager kann Ereignisse wie einen weltweiten Crash voraussehen. Aber den Grundgedanken eines gut strukturierten Aktiendepots, in dem die Kursverluste einzelner Titel durch die Gewinne anderer auf lange Sicht ausgeglichen werden (siehe Seite 14), verwirklicht ein Fonds am besten.

Gleiches Recht für alle

Jeder Anleger erhält für das Geld, das er in den Fonds einzahlt, Anteile. Wichtig dabei ist, dass jeder Anteil im gleichen Maße am Anlageerfolg teilnimmt. Dadurch ist es vollkommen unerheblich, ob ein Sparer 100 oder gar eine Million Euro in einen Fonds steckt. Bezogen auf sein eingesetztes Kapital, ist die Rendite immer gleich. Einer der größten Pluspunkte von Investmentfonds ist, dass sie meist kein großes Anfangskapital erfordern. Bei vielen Fonds beträgt die Mindestanlage nur 50 Euro – allerdings nur dann, wenn Anleger regelmäßig Geld im Rahmen eines Sparplans einzahlen. Bei Einmalanlagen werden in der Regel höhere Mindestanlagesummen vorausgesetzt – je nach Fonds 500 Euro oder mehr. Ausnahme: Beim Börsenkauf von Fonds können Anle-

---

TIPP   **Hier finden Anleger Informationen zu Fonds**

Die Stiftung Warentest untersucht laufend Anbieter von Aktienfonds und veröffentlicht die Ergebnisse monatlich in ihrer Zeitschrift Finanztest. Im regelmäßig aktualisierten Produktfinder im Internet unter www.test.de/fonds finden Sie gegen eine geringe Gebühr alle wichtigen Informationen zu den empfohlenen Fonds: Angaben zur Qualität der Wertentwicklung sowie zur Anlagestrategie, eine Chance-Risiko-Analyse und dazu aussagekräftige Charts und Diagramme.

Die zirka 170 Fonds, die empfohlen werden, filtert Finanztest aus den über 7 000 aktiv in Deutschland vertriebenen und steuerlich transparenten Fonds heraus, die mindestens fünf Jahre alt sind. Finanztest untersucht dafür, welche Fonds in den vergangenen fünf Jahren herausragende Ergebnisse erzielt haben. Bei den Berechnungen für die Wertentwicklung ist unterstellt, dass die Ausschüttungen sofort ohne Aufschlag wieder investiert werden. Interne Fondskosten sind berücksichtigt. Ausgabeaufschläge und Kosten der Depotführung bleiben unberücksichtigt, da sie sich je nach Kaufquelle und Verwahrstelle unterscheiden. Die übrigen Fonds, die durch das Raster fallen, werden nicht ausführlich vorgestellt. Aber Sie finden zu all diesen 7000 Fonds unter www.test.de/fondsfinder kostenlose Basisinformationen.

Eine andere zentrale Onlineadresse für Fondsinteressenten ist die Homepage des Bundesverbands Investment und Asset Management (BVI) www.bvi.de. Dort finden sich Links zu den Seiten fast aller deutschen und einiger ausländischer Fondsgesellschaften. Weitere Internetadressen finden Sie im Serviceteil auf Seite 185.

ger zumindest theoretisch auch mit geringen Summen einsteigen und beispielsweise einen einzigen Fondsanteil ordern. Allerdings ist das wirtschaftlich unsinnig, da die Kaufgebühren dann prozentual sehr hoch ausfallen.

Anlegerschutz bei Investmentfonds

Was ein Fonds ist und wann er sich „Investmentfonds" nennen darf, ist in Deutschland genau geregelt. Mit einer Reihe zusätzlicher Vorschriften hat der Gesetzgeber dafür gesorgt, dass das Kapital von Fondskunden vor Manipulationen und missbräuchlichem Zugriff geschützt ist. Außerdem verlangt der Gesetzgeber, dass jeder Fonds nach bestimmten Grundsätzen gemanagt werden muss und die grundsätzliche Aufteilung des Vermögens nicht nach Gutdünken vorgenommen werden kann. Das Investmentgesetz schreibt zum Beispiel vor, dass maximal 5 Prozent des Fondsvermögens in ein Wertpapier eines Ausstellers investiert werden dürfen. Nur in Ausnahmefällen ist ein Anteil von 10 Prozent erlaubt. Allerdings dürfen alle Wertpapiere, deren Anteil über 5 Prozent liegt, höchstens 40 Prozent des gesamten Vermögens ausmachen. Deutsche Fonds müssen somit mindestens 16 Titel enthalten. In der Praxis wird diese Zahl meist um ein Vielfaches überschritten, sodass das Ausfallrisiko deutlich geringer ist als vom Gesetzgeber gefordert. Sollte wirklich einmal ein Unternehmen, dessen Aktien der Fonds hält, in Konkurs geraten, ist der Verlust gemessen am gesamten Vermögen relativ

gering. Allerdings: Für im Ausland aufgelegte Fonds gelten diese Spielregeln nicht. In vielen Fällen lassen die jeweiligen Landesgesetze eine stärkere Gewichtung einzelner Aktien zu.

Investmentfonds sind teuer

Natürlich bieten die Fondsgesellschaften ihre Dienste nicht zum Nulltarif an. Zwar fallen beim Kauf von Investmentfonds üblicherweise keine Provisionen an, dafür werden Anleger mit einer Reihe anderer Kosten zur Kasse gebeten. Ein erheblicher Posten ist der Ausgabeaufschlag, der beim Kauf in Rechnung gestellt wird. Er bemisst sich als ein bestimmter Prozentwert des Rücknahmepreises und liegt bei Aktienfonds meistens bei 4 bis 5 Prozent. Im Einzelfall werden auch 7 Prozent berechnet. Das zehrt erheblich an der Rendite. Aber es gibt Möglichkeiten, den Ausgabeaufschlag zu drücken. Vor allem Direktbanken, Discountbroker (siehe Seite 23) und „Fondsshops", auch Fondsvermittler genannt, bieten eine Vielzahl von Fonds an, bei denen sie einen Nachlass von 25 bis teilweise 100 Prozent auf den Aufschlag gewähren. Eine Auswahl an Internetadressen von Fondsvermittlern gibt es kostenlos unter www.test.de/freie-fondsvermittler.

Neben dem Ausgabeaufschlag gibt es bei jedem Fonds laufende Kosten, die Anleger nicht auf den ersten Blick sehen, weil sie jährlich oder quartalsweise vom Fondsvermögen abgezogen werden. Zu diesen Kosten gehören die Vergütung für das Fondsmanagement, Depotbankkosten und Transaktionskosten für die Wertpapiere, die der Fondsmanager über einen Broker oder eine Bank ordert. Alles in allem kommen so unter dem Strich in vielen Fällen locker Kosten von mehr als 2 Prozent zusammen, die Jahr für Jahr von dem im Fonds investierten Vermögen abgezogen werden.

AKTIENFONDS IST NICHT GLEICH AKTIENFONDS

Eines der Probleme bei der Wahl eines Fonds ist, dass es zwischen den jeweils verfolgten Anlagestrategien erhebliche Unterschiede gibt. Aktienfonds Welt legen ihr Geld über viele verschiedene Märkte, Branchen und Regionen hinweg an. Weniger umfassend, aber immer noch breit legen Regionenfonds an, die sich auf einzelne Aktienmärkte zum Beispiel in Nordamerika, Europa beziehungsweise Euroland oder der Pazifikregion konzentrieren. Noch stärker schränken dann Länderfonds ihr Anlagespektrum ein.

Darüber hinaus gibt es viele Fonds, die sich einem „Anlagethema" widmen – beispielsweise einzelnen Branchen wie Rohstoffaktien oder Internetwerten. Der Sinn und Zweck solcher eingegrenzten Anlagestrategien ist allerdings zweifelhaft, denn eine stärkere Eingrenzung bedeutet eine geringere Streuung und damit mehr Risiko.

Der neue Publikumsliebling: Indexfonds

Aktienfonds haben in den vergangenen Jahren einen schweren Stand bei den Anlegern gehabt. Im Zuge der Finanzkrise gaben vor allem deutsche Aktiensparer in Scharen ihre Anteile zurück, wie ein Blick auf Umsatzstatistiken belegt. Vielfach landete der Erlös auf Zinskonten oder in Immobilienfonds. Ein erheblicher Teil dieser Gelder wurde jedoch in einen vergleichsweise neuen Fondstyp umgeschichtet, der seit einigen Jahren einen wahren Boom verzeichnet: börsengehandelte Indexfonds, kurz ETF genannt (Abkürzung für Exchange Traded Funds).

Über zehn Jahre nach ihrer Einführung in Europa verwalteten Indexfonds trotz Börsenkrise per Ende 2011 ein Gesamtvermögen von rund 230 Milliarden Euro – Tendenz steigend. Weltweit sind rund 1,2 Billionen Euro in ETFs investiert. Parallel dazu ist die Auswahl an ETFs sprunghaft gestiegen. Konnten die Anleger am Anfang gerade mal aus gut einem Dutzend verschiedener Fonds wählen, so sind es nach einer Statistik der Fondsgesellschaft Blackrock per Ende 2011 über 1 000 verschiedene Produkte, rund drei Viertel davon sind ohne Umwege in Deutschland zu haben.

Wie funktionieren Indexfonds?

Fast jeder Manager eines herkömmlichen Investmentfonds orientiert sich bei der Verwaltung seines Depots an einem Index (siehe Seite 79) und versucht diesen in puncto Wertentwicklung zu schlagen – was allerdings zum Verdruss der Fondsanleger nur etwa einem Drittel der Manager gelingt. Indexfonds machen aus dieser Not eine Tugend. Sie orientieren sich nicht einfach an einem Index, sondern bilden ihn so gut wie möglich nach.

Indexfonds gelten deshalb auch als passiv gemanagte Fonds, weil der Verwalter keinen eigenen Anlageideen folgt. Er stellt sein Depot strikt nach der aktuellen Indexzusammensetzung zusammen. Das heißt im Umkehrschluss allerdings, dass er keine Möglichkeit hat, dem Depot Titel beizumischen, die er selbst für lukrativ hält, oder sogar Aktien in Bargeld umzuschichten, wenn er sinkende Kurse befürchtet.

Die Rendite eines Indexfonds liegt dadurch immer in der Nähe der Indexentwicklung. Dass er kaum jemals besser abschneidet, liegt daran, dass die laufenden Kosten des Fonds (siehe Seite 151) vom Fondsvermögen abgezogen werden und so die Rendite mindern.

Diese Tatsache darf aber nicht über einen wesentlichen Pluspunkt hinwegtäuschen, den ETFs gegenüber herkömmlichen Fonds haben: Sie sind deutlich kostengünstiger. In vielen Fällen sind die laufenden Verwaltungskosten nicht mal halb so hoch wie die der etablierten Konkurrenz, mitunter betragen sie gerade mal ein Zehntel.

Wie viel Anleger an Verwaltungskosten zahlen, können sie schwarz auf weiß im Emissionsprospekt oder auf Fact-Sheets nachlesen, die die Gesellschaften auf ihrer Homepage zum Download anbieten. Versteckte Kosten so wie bei einigen Zertifikaten gibt es nicht (siehe Seite 154). ETFs werden außerdem ohne Ausgabeaufschlag gehandelt. Anleger kaufen ihre Anteile zum Nettokurs – er entspricht quasi dem Rücknahmepreis bei einem herkömmlichen Fonds – über die Börse und zahlen dafür nur die Transaktionsgebühren wie beim Kauf von Aktien (siehe Seite 24).

Die Vor- und Nachteile von Indexfonds

Dass immer mehr Anleger zu Indexfonds greifen, hat noch eine Reihe weiterer Gründe: Sie schätzen die Transparenz, Liquidität und Sicherheit.

So sind die in ETFs investierten Gelder vor Verlust durch eine Insolvenz der Fondsgesellschaft oder Unterschlagung genauso geschützt wie bei herkömmlichen Fonds (siehe Seite 151). ETFs werden zudem laufend an der Börse gehandelt, wobei „Market Maker" oder „Spezialisten" (siehe Seite 38) für die notwendige Liquidität sorgen. Auf diese Weise ist ein Kauf und Verkauf zu den üblichen Börsenhandelszeiten praktisch jederzeit möglich, sodass die Investoren auch in turbulenten Börsenphasen zeitnah auf aktuelle wirtschaftliche Ereignisse reagieren und ihr Anlagekapital schnell und einfach umschichten können.

INFO Zertifikate: Anlageform mit Tücken

Nicht nur Aktien selbst bieten viele Anlagemöglichkeiten. Auch bei den Anlageformen, mit denen sich in den Aktienmarkt investieren lässt, ist das Angebot in den vergangenen Jahren deutlich gestiegen. Ein wahrer Verkaufsschlager waren dabei lange Zeit Zertifikate. Diese vergleichsweise junge Anlageform schickte sich zeitweise sogar an, zu einer ernsthaften Konkurrenz für Fonds zu werden. Der generelle Charme von Zertifikaten liegt in ihren vielfältigen Anlagemöglichkeiten. So bieten zum Beispiel einige dieser Papiere die Aussicht, auch dann eine gute Rendite zu erzielen, wenn die Kurse am Aktienmarkt auf der Stelle treten, mit anderen können Anleger dagegen gezielt auf sinkende Kurse setzen. Zertifikate haben allerdings auch eine Reihe von speziellen Nachteilen gegenüber Fonds. Nachfolgend die wichtigsten Unterschiede:

Bonitätsrisiko. Ein ganz erheblicher Nachteil von Zertifikaten ist die Tatsache, dass bei ihnen neben dem Anlagerisiko auch ein Bonitätsrisiko besteht. Rein rechtlich zählen sie nämlich als Anleihe, also als Schuldverschreibung desjenigen, der sie ausgibt – in der Regel ist das eine Bank. Bis Herbst 2008 schenkten Anleger diesem Punkt wenig Beachtung, denn meist handelte es sich dabei um Geldhäuser mit erstklassigem Ruf. Mit der Pleite des US-Instituts Lehman Brothers wurde den Anlegern jedoch schlagartig bewusst, dass die Bonität des Emittenten enorm wichtig ist bei der Auswahl eines Papiers. Denn wenn das Institut in finan-

zielle Schwierigkeiten gerät, wird die Rückzahlung des Zertifikats zum Roulettespiel – was für die Anleger im Fall der Lehman-Papiere mit einem Totalverlust endete.

Modifizierte Wetten. Anders als Fondsanteile verbriefen Zertifikate kein konkretes Vermögensrecht. Sie sind eine Art modifizierte Wette auf die Kursentwicklung anderer Anlageobjekte – Basisinstrument genannt. Geht die Wette auf, bekommt der Anleger am Fälligkeitstag des Papiers einen bestimmten Betrag in bar ausgezahlt, mitunter bekommt er aber auch die Anlageobjekte, auf die sich das Zertifikat bezieht, ausgeliefert – beispielsweise eine Aktie.

Breites Spektrum. Es gibt unterschiedliche Typen von Zertifikaten. Mit Indexzertifikaten zum Beispiel nehmen Anleger – genauso wie mit Indexfonds (siehe Seite 152) – an der Wertentwicklung eines bestimmten Börsenbarometers teil. Für pessimistische Anleger gibt es sogar eine Sondervariante, die genau spiegelverkehrt die Indexentwicklung nachzeichnet: Fallen die Kurse, steigt der Wert des Indexzertifikats – und umgekehrt. Strategiezertifikate beziehen sich auf einen Korb von Aktien, der ähnlich wie bei einem herkömmlichen Aktienfonds nach bestimmten Kriterien zusammengestellt und verwaltet wird. Und Bonuspapiere bieten Anlegern die Chance auf eine hohe Auszahlung bei Fälligkeit des Papiers, wenn bis dahin der Kurs des Basisinstruments einen bestimmten Schwellenwert nicht unterschreitet. Das Anlagekonzept von

Fonds ist dagegen vergleichsweise eindimensional. Von Ausnahmen wie etwa ETFs, die sich auf den Short-Dax beziehen, abgesehen, setzt der Anleger mit den meisten Fonds auf steigende Kurse.

Undurchsichtige Konstruktionen.
Nicht nur die Anlagemöglichkeiten, sondern auch das Angebot bei Zertifikaten ist gewaltig. Rund 400 000 Zertifikate mit unterschiedlichen Laufzeiten, Basisinstrumenten, Namen und Anlagekonzepten machen es Anlegern schwer, wenn nicht gar unmöglich, den Überblick zu behalten. Angesichts zum Teil sehr verwinkelter Konstruktionen und individueller Ausstattungsmerkmale riskieren sie, wichtige Details zu übersehen, was in der Endabrechnung zu teuren Missverständnissen führen kann. Häufig können nicht einmal Fachleute die komplizierten Produkte erklären. Zertifikate scheinen zudem auf den ersten Blick deutlich kostengünstiger zu sein als Fonds. Doch auch hier lauert die Tücke im Detail. So beziehen sich Indexpapiere oft auf Kursindizes (siehe Seite 81), und die Käufer etwa von Bonuspapieren müssen auf die Dividenden verzichten, die der Basiswert während der Laufzeit ausschüttet. Auch bei Fonds ist die Auswahl nicht gerade klein, dennoch ist es durchaus möglich, einen passenden Fonds zu finden – auch, weil das eigentliche Anlagekonzept vergleichsweise leicht durchschaubar ist.

Zudem wissen Anleger bei einem ETF besser als bei einem aktiv gemanagten Fonds, wie ihr Geld verwaltet wird, denn die Wertentwicklung des Fonds entspricht in etwa immer der des Index, auf den sich der Fonds bezieht. Um das zu erreichen, hält der Fonds genau die Titel, die sich auch im Index befinden – so zumindest der ursprüngliche Grundgedanke von Indexfonds.

In der Praxis jedoch droht von dieser Idee immer weniger übrig zu bleiben. Denn der europäische ETF-Markt hat sich in den letzten Jahren deutlich gewandelt. Aus der ursprünglich einfachen und auch für Laien verständlichen Geldanlage sind in vielen Fällen hochkomplexe Finanzprodukte geworden, deren Anlagegeschäfte mitunter sogar Profis nicht ohne Schwierigkeiten nachvollziehen können. Die manchmal waghalsigen Transaktionen einiger ETFs haben mittlerweile die staatlichen Finanzkontrolleure auf den Plan gerufen. Sowohl das deutsche Bafin als auch die europäische Finanzaufsicht ESMA prüfen, ob es im Sinne des Anlegerschutzes notwendig ist, ETFs stärker zu regulieren und damit die Branche an die Leine zu nehmen.

Im Kern der Auseinandersetzung geht es um die Frage, ob die ETFs die Wertpapiere, die im Index enthalten sind, tatsächlich im Depot halten müssen oder ob das Versprechen gegenüber den Anlegern reicht, dass der Fonds die Indexentwicklung nachvollzieht, auch wenn er dazu Geschäfte abschließt, die unter

Umständen nicht einmal den Besitz der Indextitel voraussetzen.

Swaps oder Leihgeschäfte?

Dabei lässt sich das Feld der ETFs in zwei große Gruppen einteilen: Die eine besteht aus denjenigen Fonds, die alle oder zumindest einen Teil der Originaltitel aus dem Index wirklich kaufen. Diese sogenannten physisch replizierenden Indexfonds klingen zunächst nach einer soliden und sicheren Sache. Allerdings gibt es auch bei ihnen einen Haken.

Die meisten dieser Fonds behalten ihre gekauften Papiere nämlich nicht im Depot, sondern verleihen sie an andere Marktteilnehmer. Dafür erhalten sie eine Leihgebühr, die sie größtenteils an die Anleger weitergeben und damit die Wertentwicklung der Fonds verbessern. So können mehr oder weniger die Kosten kompensiert werden, die durch die Nachbildung des Index und die laufende Verwaltung entstehen. Denn bei physisch replizierenden Fonds muss das Fondsmanagement jede kleine Änderung in der Zusammensetzung des Indexkorbs möglichst genau nachvollziehen, einzelne Indexpapiere also unter Umständen verkaufen und dafür andere in das Depot neu aufnehmen. Dabei fallen Transaktionskosten an, die die Fondsgesellschaft zusätzlich zu den Verwaltungsgebühren laufend vom Fondsvermögen abzieht (siehe Seite 151). Folge: Die Wertentwicklung des ETF hinkt auf lange Sicht immer stärker hinter dem Index her. Anleger kaufen einen ETF aber gerade mit der Aussicht, die Indexrendite zu erzielen.

Durch die Leihgeschäfte sind die Anbieter in der Lage, dieses Versprechen annähernd einzulösen. Rechtlich gesehen dürfen sie das komplette Fondsvermögen verleihen – und tun das auch oft. Das Risiko dabei: Der Geschäftspartner des Leihgeschäfts geht pleite und kann die geliehenen Papiere nicht zurückgeben. Den Schaden haben in diesem Fall die Anleger und nicht etwa die Fondsgesellschaft. Um dem vorzubeugen, verlangen die ETF-Anbieter von ihrem Geschäftspartner daher zusätzliche Sicherheiten in Form von Anleihen oder Aktien – im Idealfall mehr, als es dem Gegenwert der verliehenen Papiere entspricht. So haben sie einen zusätzlichen Sicherheitspuffer, sollten sie im Ernstfall die Sicherheiten verwerten müssen und nur mit einem Abschlag am Markt verkaufen können.

Ungefähr die andere Hälfte der europäischen ETFs, und dies stellt die zweite Gruppe dar, nutzt dagegen die Methode der „synthetischen Replikation". Das Prinzip dabei: Der ETF-Anbieter stellt ein den Investmentgesetzen entsprechend breit gestreutes Portfolio zusammen, das aber nicht die Indextitel enthalten muss. Ein ETF auf den Deutschen Aktienindex Dax könnte auf diese Weise beispielsweise auch japanische Aktien im Portfolio haben. Zusätzlich schließt der ETF ein Tauschgeschäft ab, einen sogenannten Swap. Der Wert des Swaps entspricht immer der Differenz der Wertentwicklung des Index

TIPP Aktienfonds: So sollten Sie vorgehen

Anlagekonzept wählen: Wenn Sie sich wenig um Ihre Papiere kümmern, aber nicht auf Aktien verzichten möchten, kaufen Sie am besten Aktienfonds Welt, Europa oder Euroland. Hier ist Ihr Vermögen breit auf verschiedene Länder und Branchen verteilt und das Risiko somit gut gestreut. Möchten Sie gezielt in einzelne Märkte wie etwa Schwellenländer oder spezielle Aktien wie zum Beispiel Small-Caps investieren, können Sie zu entsprechenden Regionen- oder Themenfonds greifen. Die breite Streuung begrenzt auch hier das vergleichsweise höhere Anlagerisiko.

Strategie: Sie können sich entscheiden zwischen aktiv gemanagten Fonds und Indexfonds (ETF). Indexfonds schneiden so gut oder schlecht ab wie der Markt, in den sie investieren. Aktiv gemanagte Fonds bieten Ihnen die Chance auf eine höhere Rendite. Allerdings schaffen es nur wenige Manager, den breiten Markt auf Dauer zu schlagen, und es kann Ihnen passieren, dass Sie mit einem solchen Fonds sogar schlechter abschneiden als der Markt.

Fondssuche: Wenn Sie auf aktiv gemanagte Fonds setzen wollen, ziehen Sie am besten die Fondsbewertung der Stiftung Warentest heran. Sie finden sie in jedem Finanztest-Heft oder gegen eine geringe Gebühr unter www.test.de/fonds. Wählen Sie einen Fonds aus dem oberen Bereich der Tabelle. Es muss nicht zwingend der beste sein. Achten Sie nicht nur auf eine gute Bewertung, sondern auch darauf, welche Strategie er verfolgt.

Indexauswahl: Entscheiden Sie sich für Indexfonds, wählen Sie möglichst breit aufgestellte Indizes. Sehr gut geeignet sind der Weltindex MSCI World, er enthält viele Hundert Werte. Für den europäischen Aktienmarkt kommen vor allem der MSCI Europe und der Index DJ Stoxx 600 infrage, die ebenfalls beide mehrere Hundert Aktien abbilden. Auswahlindizes wie der DJ Stoxx 50 oder der Dax enthalten dagegen nur 50 beziehungsweise 30 Titel – wenn auch die jeweils größten Unternehmen Europas beziehungsweise Deutschlands. Kaufen Sie einen Fonds, der sich auf einen ungewöhnlichen Index – zum Beispiel einen Strategieindex – bezieht, nur dann, wenn Sie das Anlagekonzept auch verstehen und nachvollziehen können.

Qualitätscheck: Prüfen Sie regelmäßig, ob Ihr Fonds noch in puncto Wertentwicklung und Anlagerisiko zu den Topprodukten seiner Gruppe zählt. Das gilt besonders dann, wenn Sie einen aktiv gemanagten Fonds gekauft haben.

Kauf: Am preiswertesten bekommen Sie die Fonds bei Direktbanken oder bei freien Fondsvermittlern im Internet. Dort gibt es hohe Rabatte auf den Ausgabeaufschlag. Eine kostengünstige Alternative ist der Kauf über die Börse. Viele Tausend Fonds werden mittlerweile dort gehandelt – nicht zuletzt die kostengünstigen Indexfonds. Fragen Sie Ihren Bankberater gezielt danach, wenn er diesen Fondstyp nicht von sich aus anbietet. Viele Banken verkaufen ETFs nur ungern, weil sie kaum daran verdienen. Achten Sie auch auf die Depotgebühren.

zu der der Wertpapiere im Fonds. Steigen die Kurse der Papiere im Fonds stärker als der Index, wird der Swap negativ. Steigt der Index stärker als die Papiere im Fonds, wird der Swap positiv. Der Swap-Partner, meist eine große Investmentbank, garantiert der Fondsgesellschaft dabei, dass die Wertentwicklung des Fonds insgesamt im Ergebnis die gleiche ist wie die des Index. Wie der Swap-Partner aber genau die Rendite des Index erwirtschaftet, können die Fondsanleger leider nicht nachverfolgen.

Der Vorteil des Swap-Geschäfts für die Fondsgesellschaft ist jedoch: Sie muss sich nicht um das laufende Management des Fondsdepots kümmern und ständig darauf achten, den Index nachzubilden. Das spart Kosten – vor allem, wenn der Index viele, unter Umständen nur schlecht handelbare Titel enthält. Allerdings besteht auch bei dieser Methode im Grundsatz das gleiche Risiko wie bei den Leihgeschäften: Ein Tauschpartner kann pleitegehen und seinen Verpflichtungen nicht (mehr) nachkommen. In diesem Fall würde der Swap wertlos. Um solche Verluste zu begrenzen, hat der Gesetzgeber festgelegt, dass ein Swap mit einem einzelnen Swap-Partner maximal 10 Prozent vom Fondsvermögen ausmachen darf oder besichert werden muss.

Was ist denn nun aber sicherer: ein physisch replizierender oder ein synthetisch replizierender Fonds? Auf diese Frage gibt es keine pauschale Antwort: Grundsätzlich bergen alle ETFs ein sogenanntes Kontra-

hentenrisiko, die einen wegen der Leihgeschäfte, die anderen wegen Swaps. Wer einen ETF sucht, kann sich an den Fonds orientieren, die wir in unserem Produktfinder unter www.test.de/fonds empfehlen. Sie weisen keine erkennbaren Mängel in der Risikosteuerung auf.

Bei allen Diskussionen um das Kontrahentenrisiko von ETFs sollten ihre Vorteile nicht völlig aus dem Blick geraten. Dank des breiten Angebots können Anleger mit ETFs auch ausgeklügelte Anlagestrategien speziell am Aktienmarkt verfolgen. Ebenso lässt sich mit ETFs ein Depot aufbauen, das alle wichtigen Anlageklassen abdeckt (siehe Seite 16). Denn neben ETFs auf bekannte Aktienindizes wie etwa den Dax und den Euro Stoxx (siehe Seite 88) gibt es inzwischen eine Fülle von Fonds, die sich auf Aktien oder Anleihen ebenso wie auf einzelne Branchen- oder Regionenindizes beziehen. So gibt es zum Beispiel ETFs, die sich auf Emerging-Markets-Indizes (siehe Seite 168) oder „Anlagethemen" beziehen – etwa den Klimawandel oder nachhaltige Investments (siehe Seite 171). Auch komplette Investmentstile wie etwa Value-Investing (siehe Seite 180) und Dividendenstrategien (siehe Seite 176) lassen sich über entsprechende Indexfonds abbilden. Fonds auf Anleihe-, Rohstoff- und Immobilienindizes komplettieren das Feld. Und nicht zuletzt können Anleger mit speziellen ETFs sogar anders als herkömmliche Fonds auf sinkende Kurse spekulieren und damit das Depot absichern.

Anleger sollten sich also durch die Diskussion zu den Risiken von ETFs nicht zu sehr verunsichern lassen: Das größte Risiko bei der Geldanlage bleibt das Marktrisiko. Mit einem ETF machen die Anleger das Auf und Ab des Gesamtmarktes voll mit. Diese Fonds sind daher dann eine gute Wahl, wenn der entsprechende Markt steigt. Schlecht sieht es dagegen in Phasen aus, in denen der Markt, auf den sich der Index bezieht, stark abstürzt.

Die Qual der Wahl

Unter den über 10 000 in Deutschland zugelassenen Aktienfonds diejenigen zu finden, deren Anlagekonzept zu den eigenen Anlagevorstellungen passt, ist die eine Schwierigkeit. Eine andere ist, in dieser Gruppe ein Angebot zu finden, das qualitativ und quantitativ zu überzeugen weiß.

Nagelprobe für die Profis

Eine wenig geeignete Methode, um dieses Problem zu lösen, ist, denjenigen Fonds herauszusuchen, der in der jüngsten Vergangenheit die höchsten Renditen erzielt hat. Auch wenn fast jeder Berater und jeder Fondsprospekt darauf hinweisen, dass die Ergebnisse der Vergangenheit nur sehr bedingt Rückschlüsse auf zukünftige Erfolge zulassen, glauben vor allem Einsteiger, dass ein Fonds mit gutem Anlageergebnis zumindest tendenziell von der guten Arbeit des Fondsmanagers zeugt. Doch das ist nur bedingt der Fall.

Das erste Problem bei solchen Rendite-Betrachtungen, die von vielen Anlagemagazinen und Börsenjournalen (siehe Seite 48) regelmäßig zu „Hitparaden" zusammengestellt werden, ist, dass sie nur die Anlageergebnisse einer bestimmten Zahl von Fonds für einen genau definierten Zeitraum wiedergeben. Schon geringfügige Verschiebungen des Stichtags führen vielfach jedoch zu ganz anderen Ergebnissen.

Ein weiterer Schwachpunkt: der Vergleich von „Äpfeln und Birnen". In den Ranglisten werden verschiedenartige Fondskonzepte wahllos in einen Topf geworfen. Aktienfonds konzentrieren sich zwar auf eine Anlageform, sie legen aber ihr Geld, wie im vorangegangenen Abschnitt erläutert, in zum Teil ganz unterschiedlichen Märkten und nach verschiedenen Strategien an. Ein fairer Vergleich ist daher nur zwischen Fonds mit gleichem

Anlageschwerpunkt (Europa, Deutschland etc.) möglich.

Ergebnisse am Risiko messen

Doch selbst wenn ein Aktienfonds unter den genannten Voraussetzungen ein gutes Anlageergebnis erzielt, heißt das immer noch nicht, dass das Management gut gearbeitet hat. Genauso wichtig wie eine hohe Rendite ist für den Anleger, welche Risiken der Fondsverwalter im Verhältnis zum erwirtschafteten Ergebnis eingegangen ist. Um das herauszufinden, analysieren professionelle Fondstester die Entwicklung des Anteilspreises während eines bestimmten Zeitraums. Dabei interessiert sie nicht nur, ob der Fondspreis innerhalb der Betrachtungsperiode an Wert gewonnen oder verloren hat. Bei annähernd gleichem Ergebnis ist derjenige Fonds besser, der die geringeren Schwankungen aufweist, denn dies spricht dafür, dass der Fondsmanager sein Ergebnis unter Inkaufnahme geringerer Risiken erzielt hat. Außerdem: Je höher die Schwankungen des Fondsanteils waren, desto größer ist die Wahrscheinlichkeit, dass ein gutes Ergebnis nur ein „Glückstreffer" war, der sich durch die Wahl des Stichtags ergeben hat.

Fondswährung: Achtung, optische Täuschung!

Viel stärker als von den Kursschwankungen des Fondsanteils lassen sich viele Anleger davon beeindrucken, wenn die Währung, in der ein Aktienfondsanteil notiert, nicht der Euro ist. Grundsätzlich ist es vernünftig, bei Aktienanlagen wie bei jeder anderen Anlageentscheidung auch das Währungsrisiko zu berücksichtigen (siehe Seite 134). Die Fondswährung aber, also die Währung, in der der Fondsanteil berechnet wird, hat nichts mit dem Währungsrisiko eines Fonds zu tun. Das wird bestimmt durch die Währungen der Aktien, in die der Fonds investiert.

Beispiel: Legt ein Aktienfonds sein Geld ausschließlich in US-amerikanischen Titeln an, ergeben sich Wertveränderungen für deutsche Anleger nicht nur aus den Kursschwankungen der Aktien, sondern auch aus Kursveränderungen des US-Dollars. Ist die Fondswährung der Euro, macht sich das bei der täglichen Anteilspreisberechnung bemerkbar – auch wenn Anleger dies nicht sofort mitbekommen. Angenommen, die Aktienkurse bleiben über einen Börsentag hinweg konstant und nur der Dollarkurs steigt in dieser Zeit, dann steigt zwangsläufig auch das in Euro bewertete Fondsvermögen und damit der Anteilswert. Denn obwohl sich der Dollarpreis der einzelnen Werte im Fondsdepot nicht verändert hat, werden sie auf Euro-Basis wertvoller. Wird der Anteil dagegen in Dollar berechnet, ändert sich im obigen Beispiel auf dem Papier zunächst nichts. Nehmen aber deutsche Anleger den Taschenrechner zur Hand, rechnen den Anteilspreis zum aktuellen Devisenkurs in Euro um und vergleichen ihn mit dem Euro-Gegenwert des Vortags, werden sie den wechselkursbedingten Wertzuwachs feststellen.

FONDS STRATEGISCH EINSETZEN

Fast jede Strategie können Anleger mittels Fonds besser realisieren als mit dem direkten Kauf von Aktien. Wer sein Depot vollständig mit Fonds aufbaut, steht also nicht schlechter da als bei der Direktanlage. Im Gegenteil: Fehlt es Anlegern nicht nur an Zeit und Engagement, sondern auch am notwendigen Kapital, sind Aktienfonds eine gute Alternative.

Sinnvoll kombinieren

Der Charme der Fondsanlage besteht vor allem in der (sinnvollen) Kombination mit Einzeltiteln. Mit Fonds können Anleger ein breit gestreutes und gut strukturiertes Aktiendepot aufbauen, ohne dass sie auf den spekulativen Reiz der Einzelanlage ganz verzichten müssen. Eine mögliche Strategie dabei ist, zwei oder drei einzelne Aktien mit einem marktbreit anlegenden Fonds zu ergänzen, um so das Gesamtrisiko zu senken. Anleger, die sich dagegen etwas weiter auf das Börsenparkett gewagt haben und bereits ein halbes oder ganzes Dutzend Einzelaktien halten, können ihr Depot mit einem Länder- oder Regionenfonds ergänzen, um auf diese Weise bestimmte Märkte zusätzlich abzudecken. Der Vorteil: Sie müssen sich nicht mit der Auswahl einzelner Titel aus diesem Markt beziehungsweise der entsprechenden Region beschäftigen. Nur wenige Privatanleger werden sich beispielsweise bei südostasiatischen Aktien so gut auskennen, dass sie dort eigenständig und auf einer fundierten Basis eine Auswahl treffen können. Außerdem sind die Kaufmöglichkeiten in verschiedenen Märkten für ausländische Anleger begrenzt, zum Beispiel in China.

Aber auch wer sein Aktiendepot nur mit Fonds bestückt, kann beliebig kombinieren. Statt eines weltweit anlegenden Fonds können Anleger beispielsweise einzelne Länder- und/oder Regionenfonds in Eigenregie mischen – etwa zu jeweils einem Drittel einen Fonds mit Anlageschwerpunkt Japan, Nordamerika und Europa. Das Ganze lässt sich noch ergänzen mit Spezialitätenfonds – beispielsweise einem Branchenfonds.

Auch Anleger tragen Verantwortung

Wer solche vergleichsweise spekulativen Fonds kauft, sollte aber daran denken, dass er sich dabei mehr und mehr vom Ursprungsgedanken der Fonds-Philosophie entfernt. Statt einer pflegeleichten Anlageform, die eine Vermögensverwaltung aus einer Hand bietet, übernimmt der Anleger immer mehr selbst das Ruder und muss im Grunde Chancen und Risiken, Ein- und Ausstiegszeitpunkt in bestimmten Grenzen genauso wie bei der Anlage in einzelnen Aktien eigenständig steuern. Eine solche Strategie bietet sich meist nur für erfahrenere Anleger an, die sich diese Entscheidungen auch zutrauen.

STRATEGIEN
FÜR DEN ERFOLG

In den vorangegangenen Abschnitten wurde gezeigt, welche Faktoren den Kurstrend von Aktien beeinflussen und welche Methoden es gibt, Chancen und Risiken von Dividendentiteln einzuschätzen. Für den Anlageerfolg in der Börsenpraxis ist es jedoch notwendig, sich zusätzlich eine Anlagestrategie zurechtzulegen. Das Ziel dabei: Statt planlos zu kaufen und zu verkaufen, verfolgen Anleger eine systematische Investmentphilosophie.

DIE RICHTIGEN BAUSTEINE

Zwei grundsätzliche Merkmale machen ein gutes Strategiekonzept aus: Streuung und Methode.

Wie bereits zu Beginn des Buches erwähnt, sollten Anleger ihr für Aktieninvestments zur Verfügung stehendes Kapital mindestens auf fünf bis zehn verschiedene Titel verteilen. Ist das unter Kostengesichtspunkten nicht möglich (siehe Seite 24), besteht die Alternative darin, Einzelwerte mit einem oder mehreren Aktienfonds (siehe Seite 161) zu kombinieren.

Eine solche Aufteilung hat vor allem zwei Effekte. Zum einen wird dadurch verhindert, dass das gesamte Aktiendepot in den Keller rauscht, wenn sich eine der Aktien als Fehlgriff und Verlustbringer erweist – was immer vorkommen kann. Zweitens ist es unwahrscheinlich, dass sich alle Käufe als Flops erweisen. Im Idealfall kann die schlechte Entwicklung des einen Wertes durch die Kursgewinne der anderen Titel mehr als kompensiert werden. Dabei gilt der Grundsatz: Je stärker das Depot nach unterschiedlichen Gesichtspunkten (Branchen, Größe der Unternehmen, siehe nachfolgender Abschnitt) ausbalanciert wird, Fachleute sprechen von Diversifikation, desto geringer schwankt der Wert des gesamten Portfolios, also die Gesamtheit aller Investments in einem Depot. Über eines sollte sich allerdings jeder Aktienkäufer klar sein: Auch eine noch so breite Streuung schützt nicht vor einem allgemeinen Kurseinbruch an den Weltaktienmärkten. Die Entwicklung der Weltbörsen im Zuge der Finanzkrise hat dies eindrucksvoll belegt.

Der dritte Effekt einer breiten Streuung ist psychologischer Natur. Erfahrungsgemäß ist die Hemmschwelle vieler Anleger, Verluste konsequent zu realisieren, umso höher, je höher der Betrag ist, den sie dann „abschreiben" müssen. Wer zum Beispiel 10 000 Euro zu gleichen Teilen auf zwei Aktien verteilt, hat bei einem – durchaus möglichen – Kurseinbruch von 10 Prozent eines Titels gleich 500 Euro eingebüßt. Und bei ebenfalls nicht ungewöhnlichen 20 Prozent sind es schon 1 000 Euro.

Ein Aktienkäufer, der dagegen den gleichen Betrag gleichmäßig auf zehn verschiedene Titel verteilt, hat, wenn eine Position 10 Prozent verliert, nur ein Minus von 100 Euro zu verkraften. Doch Achtung: Von den relativ geringen Beträgen dürfen sich Anleger nicht blenden lassen und den Fehler machen, ihre Verluste unkontrolliert laufen zu lassen (siehe Seite 18).

◼ DIE RICHTIGE BALANCE IM DEPOT

Auf der anderen Seite dürfen es Privatanleger mit der Diversifikation auch nicht übertreiben. Mehr als 30 Titel sollte das Depot auf keinen Fall umfassen, sonst droht der Überblick verloren zu gehen.

Halten Sie nicht mehr als 10 bis 15 verschiedene Titel in Ihrem Aktiendepot. Aller Erfahrung nach stellt dies für private Anleger den besten Kompromiss zwischen Diversifikation und Übersichtlichkeit dar.

Das Depot sortieren

Eine sinnvolle Streuung besteht jedoch nicht nur darin, ein oder zwei Dutzend Aktien im Depot zu versammeln, die sich nach eingehender technischer und fundamentaler Analyse (siehe Seite 125) als aussichtsreich erweisen. Zu groß ist dabei die Gefahr, dass Anleger ein buntes Sammelsurium zusammentragen, das dem Ziel einer ausgewogenen und diversifizierten Mischung zuwiderläuft. Anhand der folgenden Kriterien können Anleger den Kurszettel sortieren und ihr Depot in einem zweiten Schritt strukturieren. Denn in den meisten Fällen ist zu beobachten, dass der wirtschaftliche Erfolg eines Unternehmens auf Dauer auch etwas mit seiner Größe zu tun hat. An der Börse werden daher Aktien in Größenklassen unterteilt, die Rückschlüsse auf die „Anlagegüte" eines Papiers zulassen.

Solide Standardtitel

Ganz oben stehen die Standardwerte. Das sind die größten und wichtigsten Unternehmen eines Aktienmarkts. Meist sind es weltweit tätige Großkonzerne, die innerhalb ihrer Branche eine Spitzenstellung einnehmen und deren Name auch abseits der Finanzmärkte einen guten Ruf besitzt. Im internationalen Sprachgebrauch der Börsianer werden diese Titel auch als Bluechips bezeichnet. An der deutschen Aktienbörse finden sich diese Topwerte im Dax wieder. Lange vertraten Experten die Ansicht, dass sich die Kurse von Bluechips wesentlich stabiler entwickeln als die von Nebenwerten. Doch die vergangenen Jahre haben gezeigt, dass diese pauschale Annahme so nicht gilt. Denn von den starken Kurseinbrüchen im Zuge der Finanzkrise waren Standardaktien genauso betroffen wie die Anteile kleinerer Unternehmen.

Mid-Caps: Die Werte aus der zweiten Reihe

Auf die Bluechips folgen die Werte der „zweiten Reihe": Unternehmen, die es in Sachen Marktkapitalisierung und oft auch mit dem Bekanntheitsgrad der Standardwerte nicht aufnehmen können, die aber keine Leichtgewichte sind, die sogenannten Mid-Caps. Die Bezeichnung steht als Abkürzung für den Ausdruck „Middle Capitalization", übersetzt mittlere (Börsen-)Kapitalisierung.

Diese Titel sind so etwas wie das Rückgrat eines Aktienmarkts. Rein zahlenmäßig übertrumpfen sie die Standardwerte bei weitem. Oft sind es alte Unternehmen aus Traditionsbranchen, die es meist deshalb nicht in die oberste Börsenliga schaffen, weil sie sich in ihrer Geschäftstätigkeit auf Nischenbereiche beschränken. Andere wiederum haben das Zeug, zu einem „Global Player", einem der weltweit führenden Unternehmen in ihrem Bereich aufzusteigen, das sich dann an der Börse zu einem Standardwert entwickelt. Der Softwareriese SAP zum Beispiel hat 1991 als kleines Unternehmen sein Börsendebüt gegeben und sich dann über den MDax bis in den Dax emporgearbeitet. Das zeigt, dass Mid-Caps nicht von vornherein unattraktiv für eine Anlage sind. Im Gegenteil: Oftmals weisen sie langfristig gesehen eine ebenso solide und stabile Geschäftsentwicklung wie die Bluechips auf.

Small-Caps: Viel Licht und Schatten

Am Ende der Rangskala stehen die Small-Caps – Werte, die verhältnismäßig klein sind und nur eine geringe Marktkapitalisierung auf die Waage bringen. Analog zu den Mid-Caps steht diese Abkürzung für „Small Capitalization", niedrige (Börsen-)Kapitalisierung. Dieses zahlenmäßig am üppigsten besetzte Feld stellt für Anleger sicherlich die größte Herausforderung dar, denn dort tummeln sich ganz unterschiedliche Unternehmen – junge, aufstrebende Wachstumsunternehmen, die sich nur auf wenige Produkte oder Dienstleistungen konzentrieren, aber auch Gesellschaften, die wirtschaftlich gesehen allenfalls Mittelmaß darstellen und deswegen an der Börse ein Schattendasein fristen.

Grundsätzlich besitzen als attraktiv einzustufende Small-Caps im Vergleich zu den Bluechips zwar ungleich größere Kurschancen, aber eben auch die höheren Risiken. Ein Konjunktureinbruch, ein verpasster Markttrend oder Qualitäts- und Managementprobleme – all das sind Ereignisse, die sich bei einem kleinen Unternehmen relativ schnell zu einer die Existenz bedrohenden Krise ausweiten können.

Aktienklassen richtig mischen

Für Anleger kommt es darauf an, die richtige Mischung aus Bluechips, Mid- und

Welche Aktien in welcher Konjunkturphase?

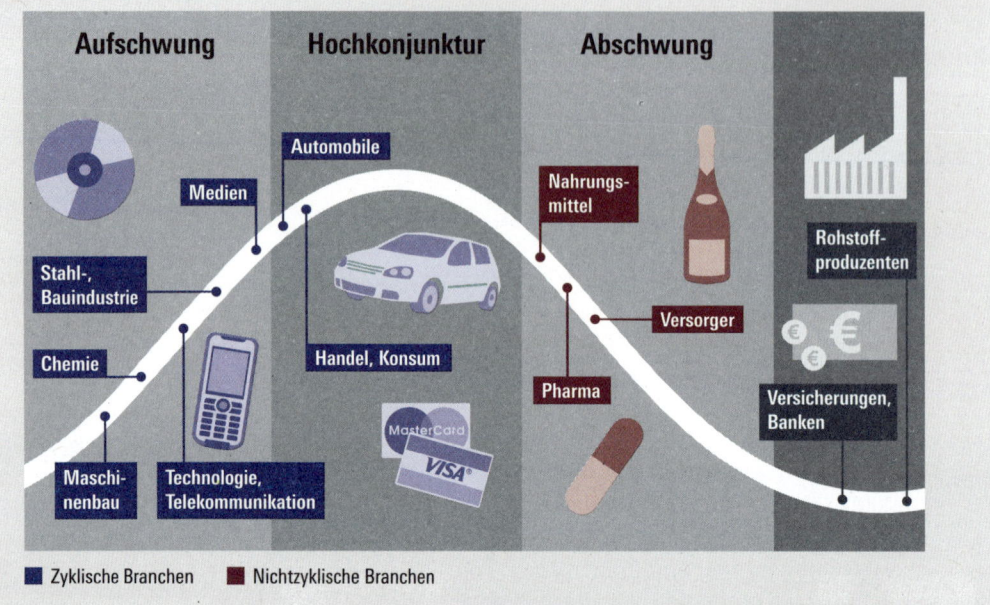

Aufschwung   Hochkonjunktur   Abschwung

Automobile

Medien

Nahrungs-mittel

Rohstoff-produzenten

Stahl-, Bauindustrie

Versorger

Chemie

Handel, Konsum

Pharma

Versicherungen, Banken

Maschi-nenbau

Technologie, Telekommunikation

■ Zyklische Branchen   ■ Nichtzyklische Branchen

Small-Caps zu finden. Für Neueinsteiger ist es jedoch ratsam, sich am Anfang ausschließlich auf die Standardwerte zu konzentrieren. Sie bilden sozusagen das Fundament des Aktiendepots. Wer etwas Erfahrung gesammelt und die Nebenwerte schon eine Weile beobachtet hat, kann daraus Titel beimischen, um weitere Branchen abzudecken und das Depot stärker zu diversifizieren.

Das Auf und Ab der Branchen

Es ist zu beobachten, dass Unternehmen nicht nur wegen ihrer Größe, sondern auch wegen ihrer Branchenzugehörigkeit in unterschiedlichem Maße und zu verschiedenen Zeitpunkten von wirtschaftlichen Auf- und Abschwungphasen (siehe Seite 67) betroffen sind.

Zyklische Titel nehmen nacheinander Fahrt auf
Gesellschaften, deren Geschäftsentwicklung sehr stark von den regelmäßig auftretenden Wellenbewegungen der Konjunktur beeinflusst wird, bezeichnen Anlageexperten als „Zykliker". Dazu zählen zum Beispiel Chemiewerte, Automobilhersteller und Konsumtitel. Die ökonomischen Gründe dafür liegen auf der Hand: Wenn es in der Wirtschaft gut läuft, werden mehr Energie und Rohstoffe benötigt, mehr Produkte transportiert und am Ende auch konsumiert. Doch Anleger dürfen nicht vergessen: Die Kursentwicklung an den Aktienmärkten läuft der realen Wirtschaftsentwicklung um sechs bis neun Monate voraus (siehe Seite 12). Zyklische Werte können daher schon den Rückwärtsgang einlegen, obwohl die Konjunktur noch auf Hochtouren läuft. Umgekehrt lohnen sie unter Umständen schon dann einen Einstieg, wenn die Wirtschaft lahmt und nur „notorische Optimisten" bereits Anzeichen für den Aufschwung sehen. Schon deshalb ist die ständige Kontrolle der Wertentwicklung beim eigenen Depot, aber auch des gesamten Aktienmarkts wichtig.

Defensive Werte: Stabilität fürs Depot

Das Gegenteil der Zykliker sind Gesellschaften, deren Geschäftsentwicklung kaum von Konjunkturschwankungen beeinflusst wird. Bestes Beispiel dafür sind Pharmaaktien. In der „Pillenbranche" hat sich die Nachfrage über die vergangenen Jahre hinweg stabil aufwärts entwickelt – in erster Linie deshalb, weil immer mehr Menschen immer öfter und länger Medikamente einnehmen und die medizinische Forschung immer neue und letztlich auch teurere Präparate entwickelt. Konjunkturelle Schwankungen haben hierauf nahezu keinen Einfluss.

Andere Bereiche, die ebenfalls als defensiv gelten, wie es unter Fachleuten heißt, sind Nahrungs- und Genussmittelunternehmen (Getränkekonzerne, Produzenten von Tiefkühlkost etc.) sowie Energie- und Versorgungsunternehmen.

Die Verteilung macht's

Warum ist es nun so wichtig, dass sich Aktienanleger bei der Auswahl ihrer Titel an den Branchen und deren Konjunkturverhalten orientieren? Ganz einfach: Die Aktienkursentwicklung eines Unternehmens reflektiert diese konjunkturellen Schwankungen. Ein lang andauernder Kursaufschwung an der Börse erfasst daher auf kurze Sicht nicht alle Werte in gleichem Maße. Ganz im Gegenteil: Die Stabilität einer Hausse (siehe Seite 11) zeigt sich darin, dass es zu einer Branchenrotation bei den Titeln mit den höchsten Kursgewinnen kommt. Wenn dagegen nur wenige Werte den Markt „tragen", steht der Aufschwung erfahrungsgemäß eher auf tönernen Füßen.

Experten zufolge kommt dem richtigen Branchenmix bei der Aktienanlage enorme Bedeutung zu. Er ist auf Dauer fast noch wichtiger für den Anlageerfolg als die Wahl der einzelnen Aktien.

Spezialisten oder besser Mischkonzerne?

Eine entscheidende Frage bei der Einzelauswahl ist nun, ob Anleger eher auf Unternehmen setzen sollen, die sich auf wenige Bereiche konzentrieren und ein klares Branchenprofil besitzen, oder ob Mischkonzerne die bessere Wahl sind, bei denen Konjunkturschwankungen von den unterschiedlichen Geschäftsbereichen intern aufgefangen und geglättet werden. Fachleute bezeichnen dies als interne Diversifikation.

Lange Zeit sah es so aus, als gäbe die Börse darauf eine eindeutige Antwort: Die Kurse von Unternehmen mit klarem Branchenprofil, die sich nur auf wenige Produkte unter Umständen in nur einem Geschäftsbereich konzentrieren, in der Fachsprache Pure Plays genannt, schnitten allgemein besser ab und erreichten höhere Bewertungen als Mischkonzerne. Schließlich können die Anleger mit den eindeutig positionierten Unternehmen ihr Aktiendepot sehr viel genauer nach einzelnen erfolgversprechenden Branchen sortieren.

Das Credo vieler Anlagestrategen hat durch den starken Kursrutsch an den Weltbörsen allerdings einen Knacks erhalten, denn die Aktien vieler Mischkonzerne haben sich in dieser Phase wacker geschlagen. Zwar mussten auch sie mitunter deutliche Einbußen verkraften, die Notierungen vieler klar fokussierter Gesellschaften fielen jedoch weit stärker, weil sie eben auch stärker von der negativen Konjunkturentwicklung in ihrer Branche betroffen waren und die Finanzdecke häufig wesentlich eher aufgezehrt ist als die von Mischkonzernen. Ganz extrem machte sich dies in den vergangenen Jahren bei Bank- und Versicherungsaktien bemerkbar, deren Kurse aufgrund der Finanzkrise besonders stark unter die Räder kamen.

Industrienationen oder Schwellenländer?

Auch wenn die Branchenmischung eines der wichtigsten Kriterien bei der Zusammenstellung des Aktiendepots ist, so darf die regionale Zugehörigkeit der Gesellschaften nicht völlig außer Acht gelassen werden, da die gesamtwirtschaftliche Entwicklung nicht in allen Regionen beziehungsweise Ländern der Welt gleich verläuft. Experten rechnen zwar damit, dass die zunehmende Globalisierung des Wirtschaftsgeschehens mittel- bis langfristig dazu führt, dass sich die Volkswirtschaften vor allem der großen Industrienationen – USA, Kanada, Japan, Großbritannien, Schweiz und Euroland – immer stärker miteinander verzahnen und damit angleichen, sodass regionale Gesichtspunkte für diese Märkte im Vergleich mit der Branchenstreuung zunehmend an Bedeutung verlieren.

Dennoch: Die Kapitalmarktwissenschaftler der Universität Mannheim haben ausgerechnet, dass Anleger auf lange Sicht auf rund 1 Prozentpunkt Rendite verzichten, wenn sie ihr Depot zu stark auf einheimische Werte konzentrieren. Einen Gegenpol zu den großen und etablierten Volkswirtschaften bilden zum Beispiel die Schwellenländer, die „Emerging Markets" (übersetzt: aufstrebende Märkte).

Was sind Emerging Markets?

Nach der Definition der Weltbank zählen zu den Emerging Markets diejenigen Länder, deren jährliches Bruttoinlandsprodukt pro Kopf bei bei unter 10 200 Dollar liegt und die über einen funktionierenden Kapitalmarkt verfügen. Ende 2009 erfüllten rund dreißig Länder dieses Kriterium. Wenn Anlageexperten den Begriff „Emerging Markets" verwenden, meinen sie jedoch üblicherweise die am weitesten entwickelten Börsen in Lateinamerika (Argentinien, Brasilien, Mexiko, Chile), Osteuropa (Russland, Polen, Tschechien, Ungarn), Südostasien (Indien, China) und teilweise auch Afrika (in erster Linie Südafrika). So umfasste zum Beispiel der Emerging-Market-Index des Indexanbieters MSCI Ende 2011 gut 30 Länder.

Eine Sonderstellung innerhalb der Emerging Markets nehmen die sogenannten BRIC-Länder ein. So wird die Gruppe der führenden Schwellenstaaten, bestehend aus Brasilien, Russland, Indien und China, bezeichnet. Ihre herausragende

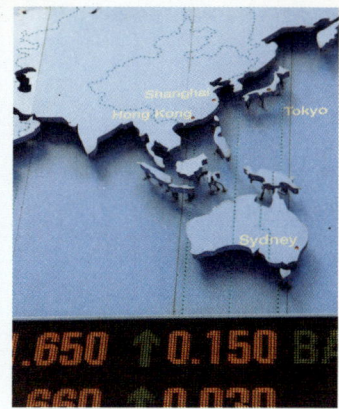

Stellung verdanken diese Länder zum einen ihrer enormen Größe, zum Zweiten dem rasanten Wachstumstempo ihrer Volkswirtschaften. China zum Beispiel hat zeitweise die deutsche Wirtschaft als „Exportweltmeister" entthront, und Experten zufolge wird es nur eine Frage der Zeit sein, bis die BRIC-Länder den etablierten Industrieländern, allen voran den USA, wirtschaftlich den Rang ablaufen.

Wo Chancen locken ...

Was diese Märkte für Anleger so interessant macht, ist, dass sie trotz des anhaltend hohen Konjunkturtempos weiterhin großes Wachstumspotenzial bieten. Drei Viertel der Weltbevölkerung leben dort. Schon heute stellen allein die BRIC-Staaten Milliardenmärkte dar – für Handys ebenso wie für Pkws und Finanzdienstleistungen –, und das bei einem Wachstum, das wesentlich höher ist als das der „etablierten" Industrieländer. Dazu sind Emerging Markets innerhalb eines weltweit orientierten Aktienportfolios besonders gut zur Risikostreuung geeignet, weil die Kurse dort in der Vergangenheit kaum mit denen der großen Weltbörsen parallel liefen. Im Gegenteil: Während zum Beispiel im Jahr 2009 die Kurse an den Börsen in New York, London, Paris und Frankfurt noch im Sinkflug waren, hatten sich die Notierungen vieler Schwellenländer-

Aktien schon längst wieder von den allgemeinen Kurseinbrüchen in der Finanzkrise berappelt.

... gibt es auch Risiken

Mit höheren Chancen sind zwangsläufig aber auch größere Risiken verbunden. Die wirtschaftliche und politische Situation der meisten Schwellenländer gilt nicht als zuverlässig stabil und stellt in vielen Fällen einen großen Unsicherheitsfaktor bei der Anlage dar. So besteht die Gefahr, dass wirtschaftliche Reformen und Strukturanpassungen wie etwa die Privatisierung von Staatsbetrieben nicht weiter vorangetrieben werden. Die Folge sind zum Teil gravierende Krisen, die die Finanzmärkte regelmäßig in Atem halten, wie zum Beispiel in Argentinien, das aufgrund einer verfehlten Wirtschaftspolitik Anfang 2002 zahlungsunfähig geworden ist.

Ein weiterer Risikofaktor ist, dass die Infrastruktur der jungen Finanzmärkte im Vergleich zu den großen Weltbörsen zum Teil immer noch Schwächen aufweist. Die Marktkapitalisierung (siehe Seite 83) ist im Verhältnis zur gesamten Wirtschaftsleistung des jeweiligen Landes oftmals verschwindend gering, und die Organisation des täglichen Handels kann mit dem Standard hochentwickelter Börsen in manchen Fällen nicht mithalten.

In vielen Fällen kommen ausländische Anleger beispielsweise erst Tage oder gar Wochen später in den Besitz der von ihnen gekauften Papiere oder sie können ihren Verkaufserlös nicht so ohne weiteres einstreichen, weil es Kapitalbeschränkungen gibt. Allerdings wäre es falsch, alle Schwellenbörsen unterschiedslos in einen Topf zu werfen. Märkte wie etwa Singapur und Hongkong beweisen seit langem, dass sie internationales Niveau besitzen.

Ein Investment in Emerging Markets erfordert von deutschen Anlegern zudem viel Zeit, Mühe und nicht zuletzt gute Englischkenntnisse, um an gezielte Informationen aus diesen Regionen heranzukommen. Und selbst dann ist die Gefahr groß, dass wichtige Daten nicht verfügbar oder nicht verlässlich sind.

Profitorientiert oder ethisch-ökologisch?

Anleger wollen mit ihren Aktieninvestments Geld verdienen – aber immer mehr Wertpapiersparer achten darauf, dass dies nicht um jeden Preis geschieht. In den vergangenen Jahren ist das Volumen der Gelder, die nach ökologischen und ethischen Kriterien angelegt werden, enorm gestiegen.

TIPP **Das sollten Sie bei der Anlage in Emerging-Markets-Aktien beachten**

Erfahrungen sammeln. Sammeln Sie bei einer Aktienanlage zuerst Erfahrungen vor der eigenen Haustüre, bevor Sie in Titel aus den Emerging Markets investieren. Emerging Markets bieten überdurchschnittliche Gewinnchancen, aber eben auch Risiken. Investieren Sie deshalb nie mehr als 10 Prozent Ihres gesamten Anlagekapitals in diese Märkte.

Alternative: Investmentfonds. Berücksichtigen Sie bei einer Anlage in Emerging Markets Investmentfonds (siehe Seite 149) als Anlagealternative. Bei dieser Anlageform kümmert sich ein Manager, der teilweise vor Ort sitzt, aktiv um die Auswahl der lukrativsten Titel und übernimmt die laufende Verwaltung. Für den Einstieg bieten sich globale Emerging-Market-Fonds an. Spezielle Emerging-Market-Länder- oder Regionenfonds (siehe Seite 152) sind dagegen eher für ein spekulatives Investment geeignet.

Währungsrisiken berücksichtigen. Behalten Sie das Währungsrisiko im Auge. Der Absturz der Landeswährung ist bei Emerging Markets keine Seltenheit. Mexiko, Argentinien, Thailand – in der Vergangenheit gab es genug Beispiele dafür. Euro-Anleger haben in all diesen Fällen erhebliche Verluste erlitten.

TIPP Hilfe bei der Suche nach nachhaltigen Investments

Leider gibt es bislang noch kein allgemein anerkanntes „Öko- oder Ethik-Siegel" für Geldanlagen – quasi einen „Blauen Engel" für Aktien. Aber die Stiftung Warentest hat bereits mehrmals Fonds, die nach nachhaltigen Kriterien anlegen, untersucht. Sie finden die Informationen im Internet unter www.test.de. Die Stiftung Warentest hat zudem einen Ratgeber zum Thema unter dem Titel „Grüne Geldanlage" herausgegeben.

Nachhaltig – was heißt das?

Mittlerweile werden die beiden Kriterien „ethisch" und „ökologisch" auch unter der Bezeichnung „nachhaltige Geldanlagen" zusammengefasst. Der Begriff der Nachhaltigkeit ist aus der Forstwirtschaft entliehen. Damit ist gemeint, dass ein Forstwirt, der dauerhaft von seiner Arbeit leben will, in einem Jahr immer nur so viele Bäume schlagen und vermarkten darf, wie er gleichzeitig neu anpflanzt. Anderenfalls drohen ihm in zehn oder zwanzig Jahren empfindliche Einnahmeinbußen.

Für nachhaltig orientierte Anleger sind daher neben Renditeaspekten auch soziale und ökologische Gesichtspunkte bei der Auswahl ihrer Geldanlagen entscheidend. Sie suchen nach Unternehmen, die diese Kriterien erfüllen, damit deren Aktien für ein Investment überhaupt infrage kommen.

Die Schwierigkeit ist allerdings, dass „nachhaltig" kein exakt abgegrenzter und definierter Begriff ist. Darunter versteht im Einzelfall jeder Anleger etwas anderes. Für den einen reicht es, dass ein Unternehmen seine Produktion so weit wie möglich ökologisch gestaltet, andere wiederum lehnen Unternehmen kategorisch ab, die Rüstungsgüter, Kernkraftwerke, Tabakprodukte oder Automobile produzieren – egal, wie umweltschonend dies passiert. Bei dieser Art von Aktienauswahl werden Anleger wohl weniger mit der Zusammenstellung eines Kriterienkatalogs überfordert sein als vielmehr mit dem Problem, das ins Auge gefasste Unternehmen daraufhin zu überprüfen, ob und inwieweit es diesen Anforderungen tatsächlich entspricht.

Indizes für Öko-Aktien

Orientierung bieten auch hier Indizes. Es gibt inzwischen weit mehr als ein Dutzend Kursbarometer, die die Wertentwicklung von Unternehmen, die ökologisch und nachhaltig wirtschaften, messen. Mit ihnen können Anleger vergleichsweise einfach nachverfolgen, wie sich ihr Investment im Verhältnis zum Kauf „herkömmlicher" Aktien entwickelt. Viele Aktienfonds, die sich auf Aktien speziell aus diesem Bereich konzentrieren, nehmen sich zudem oftmals einen Öko-Index als Benchmark.

In Deutschland am bekanntesten ist der internationale Naturaktienindex (NAI). Er gilt unter den Fachleuten als konsequenteste Umsetzung des Versuchs, ethisch korrekte und umweltbewusste Unternehmen aus der Schar der an der Börse gelisteten Unternehmen herauszufiltern. Am 1. April 1997 ging der NAI, der 30 Aktien enthält, an den Start.

Ein Anlageausschuss aus sechs Experten überprüft die Zusammensetzung des Naturaktienindex regelmäßig. Eine wichtige Frage dabei ist, ob ein Indexunternehmen weiterhin die strengen Aufnahmekriterien etwa in Sachen Umweltschutz und nachhaltiges Wirtschaften erfüllt. Bestimmte Branchen wie etwa Atomenergie-Unternehmen und Rüstungskonzerne sind von vornherein tabu.

Der FTSE-4-Good- und die Dow-Jones-Sustainability-Indizes umfassen ebenfalls Öko-Aktien aus aller Welt, doch die Auswahlkriterien sind andere. Die Dow-Jones-Sustainability-Indizes zum Beispiel verfolgen das Best-in-Class-Prinzip: Keine Branche wird von vornherein ausgeschlossen. Vielmehr kommen aus jeder Branche die Firmen in den Index, die auf ihrem Gebiet eine Vorreiterrolle in Sachen Umweltschutz und Nachhaltigkeit einnehmen.

Auch die Deutsche Börse hat auf diesen Trend reagiert. Sie hat Anfang Juni 2007 ihre Index-Familie um den Öko-Dax erweitert, der schwerpunktmäßig Aktien von deutschen Unternehmen beinhaltet, die sich mit der Erzeugung von Energie aus Sonne, Wind, Wasser oder Biomasse beschäftigen.

INFO **Öko-Indizes im Netz**

- Naturaktienindex: www.nai-index.de
- FTSE-4-Good-Index: www.ftse.com/Indices/FTSE4Good_Index_Series
- Dow-Jones-Sustainability-Indizes: www. sustainability-Index.com
- Öko-Dax: www.dax-indices.com

Exkurs: Der (Un-)Sinn von Börsenregeln

Auf dem Parkett mangelt es nicht an „geflügelten Worten". Viele dieser gut gemeinten Ratschläge basieren auf langjährigen Beobachtungen von Händlern.

„Sell in May and go away" ist eine der bekanntesten Weisheiten. Dahinter steckt die Erfahrung, dass Aktien am besten verkauft werden sollten, wenn der Wonnemonat Mai ins Land zieht. Wissenschaftler haben anhand historischer Daten tatsächlich herausgefunden, dass die Sommermonate an der Börse oftmals schlecht liefen, die Spätsommer- und Herbstmonate in einigen Jahren sogar besonders schlecht. So lag der „Schwarze Freitag" (siehe Seite 12) im Oktober. Dagegen entwickelten sich die Kurse in den Wintermonaten statistisch gesehen überdurchschnittlich gut.

Statistik liefert zwar je nach Methode mehr oder weniger scharfe Aussagen über Wahrscheinlichkeiten, erlaubt aber keine Einzelfallprognose. Wer sich zum Beispiel im Frühjahr 2009 die „Mai-Regel" zu Herzen genommen hatte, verpasste nach dem Tiefpunkt im März des Jahres die nachfolgenden kräftigen Kurssteigerungen an den Weltbörsen. Auch im Jahr 2006 fuhren Aktieninvestoren mit der Mai-Regel nicht unbedingt gut. Der Wonnemonat dieses Jahres brachte zwar einen deutlichen Kurseinbruch, aber wenige Wochen danach legten die Kurse bereits wieder den Aufwärtsgang ein. Auch hier hätten also Anleger, die erst im November wieder eingestiegen wären, eine große Chance verpasst.

Grundsätzlich gilt, dass jede Börsenweisheit auf Dauer immer nur so gut ist wie die Zahl der Anleger, die sie nicht befolgen. Wenn alle Marktteilnehmer sich nach den Börsenweisheiten richteten, träte das gewünschte Ergebnis nicht mehr ein. Das gilt auch für Regeln wie „Kaufen, wenn die Kanonen donnern", also einsteigen in politisch sehr unruhigen (Kriegs-)Zeiten, oder „Buy on the rumour, sell the facts", das heißt, auf ein positives Gerücht hin in eine Aktie einsteigen und das Papier abstoßen, wenn sich dieses Gerücht bewahrheitet.

Manche Sprüche führen sich mit ironischem Zwinkern selbst ad absurdum: „Aktien sind nie zu teuer, um sie zu kaufen, und nie zu billig, um sie zu verkaufen", heißt es beispielsweise auf dem Parkett. Dahinter steckt die Idee, dass ein Anleger eine Aktie, von der er hundertprozentig überzeugt ist, auch dann kaufen kann, wenn der Kurswert nach allgemeiner Einschätzung bereits als relativ teuer anzusehen ist (siehe Seite 127). Wer sich mit den Aktien kleiner Technologieunternehmen im Zuge der geplatzten Internetblase zur Jahrtausendwende die Finger verbrannt hat, mag diesen Sinnspruch jedoch wie Hohn empfinden ...

Es bleibt die Erkenntnis, dass Börsenweisheiten kein Ersatz für eine ausgeklügelte Strategie sind. Oder wie es Börsenaltmeister André Kostolany formuliert: „Wer nicht fähig ist, sich selber eine Meinung zu bilden und eine Entscheidung zu treffen, darf nicht zur Börse!"

STRATEGIEN FÜR JEDEN ANLEGERTYP

Wie die vorangegangenen Abschnitte gezeigt haben, gibt es viele Kriterien, nach denen Geld in Aktien investiert werden kann und wie sich einzelne Aktien aus der großen Masse herausfiltern lassen. Dazu wurde erläutert, welche verschiedenen Faktoren den Kurstrend von Aktien beeinflussen und welche Methoden es gibt, Chancen und Risiken an der Aktienbörse einschätzen zu können.

Dies ist jedoch nur der eine Schritt. Mindestens genauso wichtig ist es, sich eine Anlagestrategie zurechtzulegen. Denn nur so wird sich ein dauerhafter Anlageerfolg einstellen. Ziel dabei ist, dass Anleger ihre einzelnen Einstiegs-, Ausstiegs- und Umschichtungszeitpunkte systematisieren, der Anlageprozess weitgehend unabhängig von Stimmungen und Gefühlen abläuft, die Aktienkäufer sehr schnell zu wankelmütigem Verhalten und teuren Fehlentscheidungen verleiten (siehe Seite 18).

Das darf auf der anderen Seite aber nicht dazu führen, dass sie der einmal zurechtgelegten Methodik blind folgen. Die auf Dauer perfekte Strategie ist noch nicht gefunden. Jeder Investmentansatz bedarf laufend einer kritischen Überprüfung. Denn eine hohe Treffsicherheit beim Auswahlprozess von „Gewinnern" resultiert aus dem Zusammenspiel aller Faktoren und Methoden. Zudem muss der verfolgte Investmentansatz auch zum eigenen Anlagecharakter passen. Schließ-

lich ist es wenig sinnvoll, eine sehr bewegliche Strategie zu verfolgen, die zu vergleichsweise häufigen Umschichtungen im Depot führt. Das bedeutet nicht nur, dass sich Anleger sehr intensiv um ihre Anlagen kümmern müssen, sondern auch, dass sie höhere Risiken eingehen und höhere Kaufkosten haben.

Vorsichtige Anleger

Vorsichtige Anleger stecken bei Aktien in einem grundsätzlichen Dilemma: Auf der einen Seite möchten sie Verluste möglichst hundertprozentig ausschließen, andererseits sollten auch sie einen Teil ihres Vermögens in Dividendentitel investieren, um deren Renditechancen zu nutzen. In diesem Fall verdienen die Faktoren Anlagedauer und Streuung besondere Berücksichtigung.

So nämlich lässt sich am ehesten die Tatsache nutzen, dass bei Aktien das auf kurze Sicht zweifellos vorhandene Kursrisiko mit zunehmendem Zeithorizont deutlich zurückgeht (siehe Seite 12). Das gilt allerdings nur, wenn Anleger ihr Geld auf Dauer und breit gestreut investieren und nicht versuchen, zwischenzeitliche Kursschwankungen durch Umschichtungen und hektisches Handeln auszunutzen. Vorsichtige Aktiensparer sollten daher eine langfristige Kaufen-und-halten-Strategie verfolgen, auch „Buy and hold"-Strategie genannt.

Passive Strategien bevorzugen

Eine möglichst breite Streuung bei einem gleichzeitig stabilen Depotaufbau lässt sich am besten und einfachsten mit Passivstrategien realisieren. Die dafür geeignete Anlageform sind Indexfonds (siehe Seite 152). Mit ihnen investieren Anleger automatisch in den gesamten Markt, der durch den jeweiligen Index repräsentiert wird (siehe Seite 79). Auf diese Weise erhalten sie ein breit gestreutes Aktiendepot und brauchen sich dennoch nicht um die Auswahl einzelner Titel zu kümmern.

Wichtig ist bei dieser Strategie nur, mittels unterschiedlicher Fonds mehrere Märkte beziehungsweise Indizes sinnvoll miteinander zu kombinieren oder möglichst breit aufgestellte Indexfonds zu wählen, in denen sowohl große als auch kleine Unternehmen abgebildet werden. Hier kommt beispielsweise der Weltindex MSCI World infrage, für den europäischen Aktienmarkt sind der MSCI Europe und der Index DJ Stoxx 600 geeignet.

Zusätzlicher Vorteil der Indexfonds: Mit ihnen lassen sich Passivstrategien auch mit kleinem Vermögen umsetzen. Und sie sind nicht schlechter einzuschätzen als aktive Methoden, wie die Tatsache beweist, dass es viele Fondsverwalter auf Dauer nicht schaffen, den Index, an dem sie sich orientieren, zu schlagen. Dennoch stellen die aktiv verwalteten, marktbreit anlegenden Investmentfonds (siehe Seite 149) für vorsichtige Aktienanleger eine Alternative zu Indexfonds dar.

Chancen- und risikoorientierte Anleger

Viele Anleger wollen allerdings das Heft selbst in die Hand nehmen und ihr Geschick an den Märkten versuchen. Das macht schließlich auch den spekulativen Reiz der Börse aus. Wer dabei zu Einzeltiteln greifen will, tut gerade zu Anfang gut daran, sich auf wenige Märkte oder Branchen zu konzentrieren. Er läuft sonst Gefahr, sich zu verzetteln.

Diese Empfehlung widerspricht ganz offensichtlich der eingangs gemachten Empfehlung, das Depot nicht einseitig auszurichten, sondern eine ausgewogene Mischung herzustellen. Die Lösung besteht darin, einzelne Aktien mit Fonds zu kombinieren. Mit einer Mischung aus verschiedenen Index- und aktiv gemanagten Fonds lassen sich alle wichtigen Märkte einfach und kostengünstig abdecken (siehe Seite 161). Sie bilden sozusagen das Rückgrat des eigenen Aktiendepots und stabilisieren die Wertentwicklung. Mit der Beimischung einzelner Aktien können Anleger dann gezielt Einzelchancen nutzen, ohne dass sie dabei unverhältnismäßig hohe Risiken eingehen – wenn sie ihren Einsatz im Verhältnis zum Gesamtdepot in Grenzen halten.

Der Reiz der Spekulation

Wer ausschließlich in Einzelwerten anlegen will, muss deswegen nicht gleich ein Zocker oder Hasardeur sein. Es gibt auch dabei Strategien, mit denen man sein Geld spekulativ, aber dennoch durchdacht und mit kalkuliertem Risiko investiert.

Eine Möglichkeit ist, den Kurszettel nach fundamentalen und charttechnischen Gesichtspunkten zu durchstöbern und beispielsweise in lukrativ erscheinende Standardwerte und Marktführer einzelner Branchen zu investieren. Ein grober Orientierungsmaßstab können dabei Megatrends sein. Darunter verstehen Experten weltweite, länger andauernde Wirtschaftsentwicklungen, von denen viele Unternehmen aus unterschiedlichen Bereichen profitieren – und mit ihnen die Anleger. Zu den Megatrends zählen beispielsweise die Entwicklung der Informationstechnologie einschließlich Telekommunikation oder der Themenbereich Pharma/Gesundheit/Biotechnologie, der darauf basiert, dass immer mehr Menschen immer älter werden und für immer mehr Krankheiten wirksame Therapien und Arzneien entwickelt werden. Allerdings: Auch Megatrends währen nicht ewig. Und bei der gezielten Einzelauswahl haben Anleger zudem das Problem, diejenigen Werte herauszupicken, die von dem jeweiligen Trend am meisten profitieren.

Eine andere Variante besteht darin, mit einem relativ einfach anmutenden „Kochrezept" eine eigenständige Strategie zu verfolgen. Zum Beispiel, indem stets nur Aktien mit dem niedrigsten Kurs-Gewinn- oder Kurs-Umsatz-Verhältnis einer Branche für das Depot ausgesucht werden (siehe Seite 127). Vorteil dieser Methode: Anleger müssen sich nicht in alle Feinheiten einer Bilanz einarbeiten oder sich auf das zweifelhafte Urteil von Analysten ver-

lassen. Die Kursdaten, auf denen die Kennzahlen basieren, sind zudem objektiv, unverfälscht und für jeden einfach nachvollziehbar.

Die Dividendenstrategie

Bereits in den 1920er-Jahren tüftelte der Amerikaner Benjamin Graham an einer simplen Anlagestrategie, die auf der Dividendenrendite basierte (siehe Seite 131). Seine von vielen Anhängern weiterentwickelte Idee besteht darin, aus einer Gruppe von Standardwerten, beispielsweise aus den Dax-Indizes oder dem Dow-Jones-Index, zu einem beliebigen Stichtag diejenigen zehn Aktien (Top-10-Strategie) – Varianten geben auch zwölf Titel vor (Top-12-Strategie) – auszusuchen, die die höchste Dividendenrendite aufweisen. Nach einem Jahr wird Bilanz gezogen, und es werden erneut die zehn Index-Titel mit der höchsten Dividendenrendite zusammengestellt, wobei das Depot so umgeschichtet und ausgeglichen wird, dass jeder Titel wieder etwa im gleichen Verhältnis im Portfolio vertreten ist. Zwischenzeitlich gezahlte Dividenden werden bei dieser Gelegenheit wieder angelegt.

... und ihre Weiterentwicklungen

Eine Weiterentwicklung der Dividendenstrategie besteht in der Low-five-Methode. Deren einfache Regel lautet: Aus der Top-10-Liste der Dividendentitel (alternativ: 12) werden die fünf Aktien mit dem zahlenmäßig niedrigsten Kurs ausgesucht.

Kosten zum Beispiel von den zehn Aktien mit der höchsten Dividendenrendite drei Aktien mehr als 100 Euro, zwei mehr als 50 Euro, vier weniger als 40 Euro und eine weniger als 20 Euro, werden nur die fünf billigsten gekauft. Auch hier beträgt die Anlagedauer ein Jahr.

Eine nochmalige Abwandlung sieht vor, dass die Aktie mit dem nominal niedrigsten Kurs weggelassen wird. Das heißt, der Anleger lässt von den fünf billigsten die allerbilligste weg. Er investiert also nur in vier Aktien. Diese Methode klingt fast zu simpel, um tatsächlich zu funktionieren. In der Vergangenheit sind die Ergebnisse dieser Strategien jedoch über lange Jahre hinweg in vielen Fällen besser ausgefallen als die der ursprünglichen Top-10- beziehungsweise Top-12-Methode. Allerdings weist das Gesamtdepot aufgrund der geringeren Anzahl an Titeln gleichzeitig auch ein deutlich höheres Schwankungsrisiko auf.

Die Methode nicht blind einsetzen

Mit der Dividendenstrategie in ihren verschiedenen Ausprägungen ließen sich lange Zeit erstaunlich gute Resultate erzielen. Das liegt unter anderem daran, dass Divi-

denden einen viel höheren Anteil an der Wertentwicklung eines Aktieninvestments haben, als dies viele Anleger zunächst vermuten, da sie vor allem auf Kursgewinne schielen. Doch der Gewinnbeitrag der jährlichen Ertragsausschüttung darf nicht gering geschätzt werden. So haben Dividendenzahlungen nach Expertenberechnungen seit dem Jahr 1991 gut 40 Prozent zur Gesamtrendite des Dax beigetragen (Stand: Ende 2010).

Dennoch: Über die vergangenen Jahre hinweg wurden die Anlageerfolge der Dividendenstrategie immer kleiner. Das weltweit schlechte Börsenjahr 2008 endete sogar mit einem Desaster. Denn aus dem Dax wäre der Dividendenstrategie zufolge unter anderem die Wahl auf Commerzbank, Deutsche Telekom, Deutsche Post, Lufthansa und ThyssenKrupp gefallen. Diese fünf Aktien verloren jedoch weit mehr an Wert als der ohnehin abwärts trudelnde Dax. Noch viel schlechter fiel die Bilanz bei den entsprechenden Titeln aus dem Dow Jones und dem Euro Stoxx im Vergleich zum jeweiligen Index aus.

Befürworter der Dividendenmethode verweisen allerdings darauf, dass bei der Auswahl der Titel Aktienrückkäufe (siehe

Seite 98) unberücksichtigt bleiben. Diese sind streng genommen nichts anderes als eine verdeckte Ausschüttung an die Aktionäre. So wählen Anleger unter Umständen gar nicht die Aktien mit der de facto höchsten Ausschüttungsquote aus. Dennoch zeigt die Entwicklung einen Risikopunkt der Strategie: Sie setzt darauf, dass die zuletzt gezahlten Dividenden auch in Zukunft in etwa gleicher Höhe ausgeschüttet werden. Das ist jedoch ungewiss und von der Geschäftsentwicklung der jeweiligen Unternehmen abhängig – auch wenn es beispielsweise im Dax eine Reihe von Konzernen gibt, die über lange Jahre sehr stabile Dividenden gezahlt haben.

Mitunter ist die Dividendenrendite auch gerade deswegen so hoch, weil der Aktienkurs in Erwartung einer Dividendenkürzung oder gar -streichung bereits stark gesunken ist. Unter Umständen rutscht so ein Pleitekandidat ins Depot. Für das Geschäftsjahr 2009 zum Beispiel hatten viele Unternehmen aus dem Dax ihre Dividende wegen der schlechten Wirtschaftslage unerwartet komplett gestrichen oder die Gewinnbeteiligung so stark zusammengestrichen, dass kaum von einer Dividendenrendite gesprochen werden konnte.

Daher ist es empfehlenswert, bei der Dividendenstrategie auch ein paar Gedanken darauf zu verwenden, wie wahrscheinlich es ist, dass die Dividende der ausgewählten Unternehmen auf Dauer und in mindestens gleicher Höhe gezahlt wird. Meist lässt sich dies zu Jahresanfang bes-

ser abschätzen als gedacht, schließlich haben die Unternehmen über das zu diesem Zeitpunkt bereits abgelaufene Geschäftsjahr in Form der Quartalsberichte laufend berichtet (siehe Seite 54) und sich bei dieser Gelegenheit oft auch zur anvisierten Dividende geäußert.

Die Trendfolge- oder Momentumstrategie

Die Relative-Stärke-Methode, auch Trendfolge- oder Momentumstrategie genannt, setzt auf diejenigen Aktien, die in einer bestimmten Periode besonders gut gelaufen sind – es landen sozusagen immer die „Siegeraktien" im Depot.

Dabei hat sich diese Strategie in vergangenen Aufwärtsphasen an der Börse oftmals als umso erfolgreicher erwiesen, je kürzer der Zeitraum gewählt wurde – etwa ein Monat statt einem (Kalender-) Jahr. Ähnlich wie bei der Dividendenstrategie gilt allerdings auch hier: Eine Garantie, dass dieser Zusammenhang auch in Zukunft so zu beobachten ist, gibt es nicht.

Der generelle Vorteil dieser Strategie besteht jedoch darin, dass Anleger automatisch mit dem Strom an der Börse schwimmen, also über mehrere Monate oder gar Jahre andauernde Aufwärtstrends aktiv ausnutzen, was sich in der Vergangenheit vor allem bei Standardwerten als langfristig erfolgreich erwiesen hat.

Umgekehrt machen Anleger Abwärtsphasen an der Börse mit dieser Strategie in der Regel voll mit, denn in dieser Börsensituation werden die Siegeraktien erfahrungsgemäß zuerst verkauft, um erzielte Kursgewinne sicherzustellen. Und: Der Depotbestand wird relativ häufig umgeschichtet, was die Kosten in die Höhe treibt.

Die Umkehrstrategie

Statt auf die Überflieger zu setzen, geht die Umkehrstrategie genau den entgegengesetzten Weg: Sie setzt antizyklisch auf die Aktien, die bei den Börsianern in Ungnade gefallen sind, das heißt, auf die Verlierertitel etwa eines Kalenderjahrs. Dahinter steckt die Hoffnung, dass die niedrigen Kurse eine günstige Einstiegsmöglichkeit darstellen und die entsprechenden Werte über kurz oder lang wieder den Anschluss an die Spitze schaffen werden.

Die Annahme, dass sich diese Strategie nur bei grundsoliden Unternehmen empfiehlt, die zum Beispiel nur aufgrund einer allgemeinen Marktschwäche oder einer schwachen Branchenkonjunktur ins Stolpern geraten sind, ist mit der Finanzkrise eher bestätigt worden, wie eine Studie der Citigroup zeigt. Die Anlageexperten der US-Bank stellten im Februar 2009 – also auf dem Höhepunkt der Börsenkrise – eine Liste mit „Überlebenden"-Aktien zusammen – Unternehmen, deren Kurse am Boden lagen, die nach Ansicht der Analysten aber das Zeug dazu hatten, sich wieder zu berappeln, wenn Börse und Wirtschaft die Talsohle durchschritten haben. Auf der Liste standen Titel wie zum Beispiel die Commerzbank, Postbank – die Verlierer des Jahres 2008! – und die britische Bar-

---

INFO   **Wer hoch fliegt, kann tief stürzen**

Die Momentumstrategie ist vor allem bei der Anlage in sehr kleinen Unternehmen nicht ohne Tücken. Das hat der US-amerikanische Vermögensverwalter John Dorfman an einem sicherlich nicht repräsentativen, aber eindrucksvollen Beispiel demonstriert. Er beschäftigte sich 1999 mit denjenigen Titeln, die drei Jahre zuvor durch exorbitante Kurssteigerungen für Furore gesorgt hatten. Das Ergebnis seiner Recherche fiel ernüchternd aus: Alle drei Topwerte galten in dem Jahr ihres Höhenflugs als Jahr-

2000-Spekulation – als Werte also, die von den erwarteten Computerschwierigkeiten beim Übergang in das neue Jahrtausend besonders profitieren sollten. Der größte Gewinner, das Softwareunternehmen TSR, mit einem Kursplus von 967 Prozent im Jahr 1996 fiel von zwischenzeitlich 18,75 auf 8 US-Dollar. Die Notierung hatte sich also mehr als halbiert. Den beiden anderen Jahr-2000-Wetten Viasoft und Zitel war es zwischenzeitlich sogar noch schlechter ergangen.

clays-Bank – allesamt Unternehmen, die zu „normalen" Zeiten als äußerst solide gelten, von denen aber kaum jemand sagen konnte, ob sie die Turbulenzen in der Finanzbranche überleben würden, die durch die Pleite der US-Bank Lehman ausgelöst wurden. Aber auch angeschlagene Industriekonzerne wie der Computerchip-Hersteller Infineon kamen auf die Citigroup-Liste. Ergebnis nach einem Jahr: Jede Aktie hatte nicht nur überlebt, in fast allen Fällen hatten sie ihren Anlegern einen überdurchschnittlichen Gewinn beschert. Eine Verdoppelung oder gar Verdreifachung des Kurses war keine Seltenheit.

Ein Absturz mit einem nachfolgenden Comeback vieler Standardaktien ist kein Einzelfall in der Börsengeschichte. Auch nach dem Platzen der Internet-Blase unmittelbar nach der Jahrtausendwende sind die Notierungen vieler hochprofitabler Unternehmen zuerst unter die Räder gekommen und haben in der anschließenden Aufschwungphase überdurchschnittlich an Wert gewonnen.

 **NICHTS FÜR SCHWACHE NERVEN**

Die antizyklische Strategie ist deutlich riskanter als die der relativen Stärke. Sie erfordert gute Nerven, ein hohes Stehvermögen und große Risikobereitschaft. Bis sich der Erfolg eines Investments zeigt, können nämlich durchaus vier oder fünf Jahre vergehen. Und sie erfordert mentale Stärke, denn schließlich spricht die allgemeine Stimmung zum Einstiegszeitpunkt deutlich gegen die jeweilige Aktie. Nicht zuletzt ist bei dieser Strategie die Gefahr groß, dass am Ende doch einige Pleitekandidaten im Depot landen, die zu Verlusten führen.

Strategie für Schnäppchenjäger: Value-Investing

Aktien finden, die im Sonderangebot sind – auf diesen einfachen Nenner lässt sich eine Anlagestrategie bringen, die Börsianer „Value Investing" nennen. Das Prinzip dabei: Anleger suchen nach Aktien, die weit unter ihrem „wahren Wert", also zu einem vergleichsweise sehr günstigen Preis gehandelt werden. Als günstig beziehungsweise unterbewertet gilt ein Unternehmen, wenn es substanzstark ist, das heißt über hohe Vermögenswerte („value") verfügt, die in der Bilanz allerdings nur zu einem Bruchteil ihres Preises erscheinen. Gleichzeitig macht es von Jahr zu Jahr stabile Gewinne und hat im Idealfall dennoch ein niedriges Kurs-Gewinn- und Kurs-Buchwert-Verhältnis (siehe Seite 127).

Diese Art, sein Geld in Aktien zu investieren, hat in der Vergangenheit viele Anleger reich gemacht – allen voran die US-Börsenlegende Warren Buffett, der als Vorbild der Value-Investoren gilt. Auch viele Fondsmanager versuchen, auf diese Weise das Geld ihrer Kunden zu mehren. Doch auch wenn der Erfolg dieses Investmentansatzes in Untersuchungen theoretisch belegt werden konnte, scheitern viele Profis in der Praxis. Der Grund: Value-Investing erfordert viel Geduld und einen sehr langen Anlagehorizont. Dazu benötigt der Investor bei der Umsetzung der vermeintlich einfachen Anlagekriterien viel Erfahrung und auch ein glückliches Händchen. Schließlich gibt es bei dieser Strategie keine klaren Regeln wie etwa bei der Dividendenstrategie. Und nicht zuletzt erweist sich so manche vermeintlich günstige Aktie als reiner Hoffnungsposten und Klotz im Depot, weil der Kurs über Jahre hinweg nicht oder kaum vom Fleck kommt. Fazit: Für Einsteiger am Aktienmarkt ist diese Strategie kaum geeignet, wer dagegen Erfahrung gesammelt hat, Ausdauer mitbringt und das notwendige Quäntchen Glück hat, das man auch an der Börse benötigt, kann mit der Substanzstrategie auf Dauer und mit hoher Wahrscheinlichkeit viele Treffer landen.

ADRESSEN

BÖRSENPLÄTZE IN DEUTSCHLAND

BÖAG Börsen AG
(Hamburg/Hannover)
Kleine Johannisstraße 4
20457 Hamburg
Tel. 0 40/36 13 02-0
und
An der Börse 2
30159 Hannover
Tel. 05 11/32 76 61
www.boersenag.de

Börse Berlin-Bremen
Berliner Börse AG
Fasanenstraße 85
10623 Berlin
Tel. 0 30/31 10 91-0
www.berlinerboerse.de

Börse Düsseldorf AG
Ernst-Schneider-Platz 1
40215 Düsseldorf
Tel. 02 11/13 89-0
www.boerse-duesseldorf.de

Börse München
Bayerische Börse AG
Karolinenplatz 6
80333 München
Tel. 0 89/54 90 45-0
www.bayerische-boerse.de

Börse Stuttgart AG (inkl. Euwax)
Baden-Württembergische Wertpapierbörse
Börsenstraße 4
70174 Stuttgart
Tel. 07 11/22 29 85-0
www.boerse-stuttgart.de
www.euwax.de

Deutsche Börse AG
Neue Börsenstraße 1
60487 Frankfurt/Main
Tel. 0 69/21 1-0
www.deutsche-boerse.com

BÖRSENAUFSICHT

Bundesanstalt für
Finanzdienstleistungsaufsicht (Bafin)
Abteilung Wertpapieraufsicht
Marie-Curie-Straße 24–28
60439 Frankfurt/Main
und
Abteilung Banken- und Versicherungsaufsicht
Graurheindorfer Straße 108
53117 Bonn
Tel. 02 28/29 97 02 99
www.bafin.de

Links zu den
Aufsichtsbehörden der Bundesländer:
www.boersenaufsicht.de

AKTIONÄRSVEREINIGUNGEN

Bund der Kapitalanleger e.V.
Postfach 1217
66558 Ottweiler
Tel. 0 68 24/9 11 54
www.bund-der-kapitalanleger.de

**Dachverband der kritischen Aktionärinnen
und Aktionäre e.V.**
Pellenzstraße 39
50823 Köln
Tel. 02 21/5 99 56 47
www.kritischeaktionaere.de

**Deutsche Schutzvereinigung für
Wertpapierbesitz e.V. (DSW)**
Peter-Müller-Straße 14
40468 Düsseldorf
Tel. 02 11/66 97 01
www.dsw-info.de

WEITERE NÜTZLICHE ADRESSEN

**Bundesverband Investment und
Asset Management e.V. (BVI)**
Bockenheimer Anlage 15
60322 Frankfurt/Main
Tel. 0 69/15 40 90-0
www.bvi.de

**Deutsche Vereinigung für Finanzanalyse
und Asset Management e.V. (DVFA)**
Mainzer Landstraße 47a
60329 Frankfurt/Main
Tel. 0 69/2 64 84 80
www.dvfa.de

Deutsches Aktieninstitut e.V. (DAI)
Niedenau 13–19
60325 Frankfurt/Main
Tel. 0 69/9 29 15-0
www.dai.de

Finanzportale und Nachrichtenagenturen
siehe Seite 44

Tageszeitungen
siehe Seite 47

Wirtschafts- und Anlegermagazine
siehe Seite 48

KONJUNKTURDATEN

Cosa Markt-Daten
Private Homepage mit
US-Konjunkturdaten in Text und Grafik
www.markt-daten.de

Deutsche Bundesbank
Wilhelm-Epstein-Straße 14
60431 Frankfurt/Main
Tel.: 0 69/95 66-0
www.bundesbank.de

Deutsches Institut für Wirtschaftsforschung e. V.
(DIW Berlin)
Mohrenstraße 58
10117 Berlin
Tel. 0 30/8 97 89-0
www.diw.de

ZBW – Deutsche Zentralbibliothek
für Wirtschaftswissenschaften
Leibniz-Informationszentrum Wirtschaft
Düsternbrooker Weg 120
24105 Kiel
Tel. 04 31/88 14-1 (Zentrale)
und
Standort Hamburg:
Neuer Jungfernstieg 21
20354 Hamburg
Tel. 0 40/4 28 34-219
(Team Information Hamburg)
www.zbw.eu

ifo Institut für Wirtschaftsforschung e. V.
(Geschäftsklimaindex)
Poschingerstraße 5
81679 München
Tel. 0 89/92 24-0
www.ifo.de

Institut für Weltwirtschaft an der
Universität Kiel (IfW)
Hindenburgufer 66
24105 Kiel
Tel. 04 31/88 14-1
www.ifw-kiel.de

Institut für Wirtschaftsforschung Halle
Kleine Märkerstraße 8
06108 Halle (Saale)
Tel. 03 45/77 53-60
www.iwh-halle.de

Rheinisch-Westfälisches Institut
für Wirtschaftsforschung e. V.
Hohenzollernstraße 1–3
45128 Essen
Tel. 02 01/81 49-0
www.rwi-essen.de

Statistisches Bundesamt
Gustav-Stresemann Ring 11
65189 Wiesbaden
Tel. 06 11/75-1
www.destatis.de

Elektronischer Bundesanzeiger
(inkl. Forum, in dem sich Aktionäre für
Klagen zusammenschließen können)
www.ebundesanzeiger.de

**Weitere Internetadressen zur Wirtschafts-
entwicklung**
siehe Seite 70

**INTERNETADRESSEN
FÜR FONDSINTERESSENTEN**

www.fondscheck.de
www.fondsweb.de
www.onvista.de, Menüpunkt „Fonds"
und „ETF"
www.test.de/freie-fondsvermittler
www.vwd.de, Menüpunkt „vwd Funds
Service"

Fondsanalysen im Internet
Morningstar www.morningstar.com
Standard & Poor's www.funds-sp.com
Stiftung Warentest: www.test.de/
fondsfinder

**INTERNETADRESSEN
FÜR ZERTIFIKATEINTERESSENTEN**

www.euwax.de
www.onvista.de, Menüpunkt „Zertifikate"
www.zertifikatecheck.de
www.zertifikatejournal.de
www.zertifikatereport.de

BANK-ZENTRALORGANISATIONEN

Deutscher Sparkassen- und Giroverband
Charlottenstraße 47
10117 Berlin
Tel. 0 30/2 02 25-0
www.dsgv.de

**Bundesverband der Deutschen Volksbanken
und Raiffeisenbanken e. V. (BVR)**
Schellingstraße 4
10785 Berlin
Tel. 0 30/20 21-0
www.bvr.de

Bundesverband deutscher Banken
Burgstraße 28
10178 Berlin
Tel. 0 30/16 63-0
www.bankenverband.de

FACHBEGRIFFE ERKLÄRT

Ad-hoc-Mitteilung: Unternehmen sind verpflichtet, ihre Jahres- und Quartalsberichte und andere kursbewegende Ereignisse unverzüglich (ad hoc) dem breiten Anlegerpublikum bekannt zu machen.

Amtlicher Handel: Handelssegment, das der Gesetzgeber für die Börsen vorsieht. Unternehmen, die sich hier listen lassen, durchlaufen vor der Aufnahme in den Handel ein öffentlich-rechtliches Zulassungsverfahren – im Unterschied zum Freiverkehr. Im Amtlichen Handel ist ein Emissionsvolumen von mindestens 1,25 Milliarden Euro vorgeschrieben.

Assetklasse: Jede Anlageform lässt sich einer Assetklasse zuordnen. Zu den wichtigsten Assetklassen zählen Aktien, Anleihen und andere Zinsanlagen, Währungsinvestments, Immobilien und Bargeld.

Ausgabeaufschlag: Gebühr, die die Banken, die Fonds verkaufen, für ihre Dienste verlangen.

Benchmark: Richtgröße, aber auch Zielvorgabe.

Bluechip: Die größten und wichtigsten Unternehmen eines Aktienmarktes.

Bruttoinlandsprodukt: Die Summe aller produzierten Waren und Dienstleistungen innerhalb einer Volkswirtschaft in einer bestimmten Periode.

Bundesanzeiger: Früher eine Art Tageszeitung, in der unter anderem Unternehmen gesetzlich vorgeschriebene Bekanntmachungen veröffentlichen müssen. Der Bundesanzeiger erscheint mittlerweile nur noch in elektronischer Form (www.ebundesanzeiger.de).

Chart: Grafische Abbildung des Kursverlaufs einer Aktie. Die Charttechnik versucht daraus Rückschlüsse auf die zukünftige Trendrichtung zu ziehen.

Corporate Governance: Unternehmensrichtlinien für faires und nachhaltiges Wirtschaften.

Delisting: Ein Großaktionär nimmt ein Unternehmen von der Börse.

Discountbroker: Anderes Wort für Direktbank – eine Bank, die keine Filialen unterhält und hauptsächlich über das Internet oder per Telefon erreichbar ist.

Diversifikation: Die Streuung eines Vermögens auf viele verschiedene Anlageformen, Märkte und einzelne Papiere.

EBIT: Abkürzung für Earnings before Interests and Taxes. Ergebnis vor Zinsen und (Ertrags-)Steuern.

EBITDA: Abkürzung für Earnings before Interests, Taxes, Depreciation and Amortisation. Ergebnis vor Zinsen, (Ertrags-)Steuern, Abschreibungen und Eigenkapital-Amortisation.

Emerging Markets: Aufstrebende Märkte, auch Schwellenländer genannt. Länder, die sich in einer Art Zwischenstadium von einem Entwicklungsland hin zu einer hochentwickelten Industrienation befinden. Dazu gehören zum Beispiel Brasilien, China und Russland.

Emission: Die Ausgabe eines Wertpapiers.

Emissionsbank: Diejenige Bank, die das Unternehmen beim Börsengang begleitet und den Verkauf der Aktien an das breite Anlegerpublikum organisiert.

Emittent: Herausgeber eines Wertpapiers.

ETF: Abkürzung für Exchange Traded Funds. Fonds, die wie Aktien flexibel an der Börse gehandelt werden – wie die meisten Indexfonds.

Fondsbank: Spezialinstitut, das die Verwahrung und Verwaltung von Fonds verschiedener Fondsgesellschaften anbietet, nicht aber den Verkauf oder eine Anlageberatung.

Fondsvermittler: Eine Art freier Handelsvertreter für Fonds, der Fonds lediglich vermittelt und auf eigene Rechnung verkauft, nicht aber Fonds selbst auflegt.

Freefloat: Anteil der Aktien, die nicht in Händen eines Großaktionärs liegen, auch als Streubesitz bezeichnet.

Freiverkehr: Unternehmen müssen für den Start an der Börse nicht unbedingt eines der gesetzlichen Segmente wie zum Beispiel den Amtlichen Handel wählen. Für die Teilnahme am Freiverkehr reichen wenige Unterlagen. Der Freiverkehr bietet nicht die Anlegersicherheit der gesetzlichen Handelssegmente.

General-Standard: So etwas wie das Basissegment an der deutschen Börse. Unternehmen, die sich dort listen lassen, müssen mindestens die Anforderungen des Geregelten Marktes und des Amtlichen Handels erfüllen.

Geregelter Markt: Handelssegment, das der Gesetzgeber für die Börsen vorsieht. Unternehmen, die sich hier listen lassen, durchlaufen vor der Aufnahme in den Handel ein öffentlich-rechtliches Zulassungsverfahren – im Unterschied zum Freiverkehr. Das Mindestemissionsvolumen beträgt 250 000 Euro.

Going private: Ein Unternehmen ist nicht mehr daran interessiert, neue Investoren zu bekommen, und wird von der Börse genommen (Delisting). Gegenteil: Going public.

Illiquide: Wenn ein Papier kaum gehandelt wird, weil es dafür nur wenige Käufer gibt, ist der Handel illiquide.

Index: Eine Art Marktbarometer, das die Kursentwicklung einer bestimmten Zahl gleichartiger Wertpapiere widerspiegelt.

Indexfonds: Fonds, bei dem der Manager einen Index nachbildet.

IPO: Initial Public Offering. Öffentliches Zeichnungsangebot.

Isin: Abkürzung für International Securities Identification Number, eine internationale Wertpapier-Identifikationsnummer.

Liquide: Unter anderem Ausdruck dafür, wie schnell eine Kapitalanlage zu Bargeld gemacht werden kann. Im engen Sinn: Qualitative Maßzahl dafür, wie rege ein bestimmtes Papier an der Börse gehandelt wird.

Market Maker: Banken oder Händler, die beide Marktseiten darstellen, indem sie verbindliche Kauf- und Verkaufskurse stellen, sogenannte Quotes.

Market-Order: Preislich unlimitierte Order.

Marktkapitalisierung: Der Börsenwert eines Unternehmens. Er ergibt sich aus der Zahl der an der Börse zugelassenen Aktien multipliziert mit dem aktuellen Aktienkurs.

Operatives Geschäft: Die gewöhnliche Geschäftstätigkeit eines Unternehmens. Ein operativer Gewinn (oder Verlust) ergibt sich vereinfacht gesagt aus dem Jahresergebnis der Geschäftstätigkeit, bereinigt um Sondereinflüsse und reine Bilanzumbuchungen.

Parketthandel: Zu früheren Zeiten wurden die Geschäfte ausschließlich im Handelssaal der Börse, auf dem Börsenparkett, abgeschlossen. Mittlerweile läuft der Handel vollelektronisch per Computer und Internet, persönliches Erscheinen der Händler ist nicht mehr erforderlich.

Portfolio: Gesamtheit der Vermögenswerte in einem Bestand.

Prime-Standard: Handelssegment an der Deutschen Börse. Unternehmen, die sich dort listen lassen, müssen über den General-Standard hinaus noch einige Transparenzkriterien erfüllen.

Skontroführung: So heißt die Tätigkeit eines sogenannten Spezialisten, so werden die Skontroführer an der Frankfurter Börse genannt, wenn sie für ein bestimmtes Wertpapier, etwa die Lufthansa-Aktie, Handelskurse feststellen.

Spin-off: Ein Unternehmen gliedert einzelne Geschäftsbereiche aus, macht sie rechtlich selbstständig und bringt sie unter Umständen an die Börse.

Spread: Die Differenz zwischen zwei Preisen. Dies kann die Handelsspanne eines Maklers oder Händlers ebenso sein wie der Kursunterschied zwischen zwei Gattungen einer Aktie.

Squeeze-out: Ein Großaktionär drängt bei einem Übernahmeversuch die Kleinaktionäre aus der Aktie heraus und zwingt sie zum Verkaufen. Er kann dies tun, wenn er 90 Prozent der Aktien besitzt.

Stammaktien: Die Besitzer von Stammaktien genießen alle satzungsmäßigen Rechte als Anteilseigner eines Unternehmens. Sie haben ein Rede- und Stimmrecht auf der Hauptversammlung.

Vinkulierte Namensaktien: Sie können nur mit Zustimmung des Vorstands übertragen werden. Verkauft ein Aktionär, ohne die Einwilligung einzuholen, und wird sie ihm nachträglich verweigert, ist die ganze Transaktion nichtig.

Vorzugsaktien: Besitzer von Vorzugsaktien haben nur in Ausnahmefällen ein Stimmrecht auf der Hauptversammlung und bekommen dafür eine höhere Dividende.

Zeichnungsgewinn: Das Plus zwischen Ausgabekurs und erstem Börsenpreis einer Neuemission.

REGISTER

IMPRESSUM

© 2012 Stiftung Warentest, Berlin
4., überarbeitete Auflage

Stiftung Warentest
Lützowplatz 11–13
10785 Berlin
Telefon 0 30/26 31–0
Fax 0 30/26 31–25 25
www.test.de

Vorstand: Hubertus Primus
Weiteres Mitglied der Geschäftsleitung:
Dr. Holger Brackemann
(Bereichsleiter Untersuchungen)

Programmleitung: Niclas Dewitz
Autor: Thomas Luther
Projektleitung: Ursula Rieth
Lektorat: Ursula Rieth, Veronika Schuster
Fachliche Beratung: Roland Aulitzky, Tom Krüger,
Isabell Pohlmann, Rainer Zuppe
Korrektorat: Christoph Nettersheim

Titelentwurf: Susann Unger, Berlin
Layout: Pauline Schimmelpenninck Büro für
Gestaltung, Berlin
Grafik und Satz: Oxana Rödel, Absatz DTP-Service,
Teltow
Verlagsherstellung: Rita Brosius (Ltg.), Susanne Beeh
Produktion: Vera Göring
Bildredaktion: Nadine Rennert, Berlin,
Anne-Katrin Körbi
Illustrationen: Kati Hammling, Brieselang
Bildnachweis – Titel: istock – TommL
Innenteil: Baiersdorf, BMW, Colourbox, Deutsche
Bank, Deutsche Börse, Fotex/R. Zorin, istock, just-
swift, picture-alliance/R. Schlesinger/A.Dedert/P. Stef-
fen, P. Widmann, Saba Laudanna/ sabalaudanna.de,
Schapowalow/Niehuus, Siemens AG/A Beier, team-
work/Karwasz, thinkstockphoto, Vario Images/Joern
Wolter
Litho: tiff.any GmbH, Berlin
Druck: AZ Druck und Datentechnik GmbH, Berlin/
Kempten

Einzelbestellung
Stiftung Warentest
Telefon: 0 180 5/00 24 67
Fax: 0 180 5/00 24 68
(je 14 Cent pro Minute aus dem Festnetz, maximal
42 Cent pro Minute aus dem Mobilfunknetz)
www.test.de

Redaktionsschluss: März 2012

ISBN 978–3–86851–333–2